10년차 디자이너에게 1:1로 배우는

모바일 UX/UI 디자인 강의

김영삼 지음

 with

Adobe XD

한빛미디어
Hanbit Media, Inc.

지은이 김영삼

대학에서 패션 디자인을 전공하였으며 국내 IT 시장 초창기 때부터 지금까지 모바일 UX/UI 디자인과 이모티콘 제작 및 디자인을 해왔습니다. 한국 매크로미디어 MAX(모바일 게임 부분 대상), 아이리버(모바일 플래시 게임 부분 특별상), 친환경상품진흥원(게임 부분 3위), 보건복지가족부(UCC 애니메이션 부분 장관상) 등 수상 경력이 있습니다. 현재는 대학교 및 다양한 교육기관에서 모바일 UX/UI 디자인과 이모티콘 관련 강의를 진행하며, 다수의 앱 개발 및 디자인을 병행하고 있습니다.

저서
《이모티콘으로 돈벌기》(한빛미디어, 2019)
《눈길을 사로잡는 스마트폰 앱 UX/UI 디자인》(위키북스, 2014)

Email cafelove33@hanmail.net
Youtube youtube.com/김영삼032cafe
Facebook http://facebook.com/032cafe
Cafe cafe.naver.com/032cafe
Blog blog.naver.com/032cafe

10년차 디자이너에게 1:1로 배우는

모바일 UX/UI 디자인 강의 with Adobe XD

초판 1쇄 발행 2021년 8월 30일

지은이 김영삼 / **펴낸이** 김태헌
펴낸곳 한빛미디어(주) / **주소** 서울시 서대문구 연희로2길 62 한빛미디어(주) IT출판사업부
전화 02-325-5544 / **팩스** 02-336-7124
등록 1999년 6월 24일 제25100-2017-000058호 / **ISBN** 979-11-6224-468-5 13000

총괄 전정아 / **책임편집** 배윤미 / **기획** 장용희 / **교정** 박서연
디자인 박정화 / **전산편집** 김희정
영업 김형진, 김진불, 조유미 / **마케팅** 박상용, 송경석, 한종진, 이행은, 고광일, 성화정 / **제작** 박성우, 김정우

이 책에 대한 의견이나 오탈자 및 잘못된 내용에 대한 수정 정보는 한빛미디어(주)의 홈페이지나 아래 이메일로 알려주십시오.
잘못된 책은 구입하신 서점에서 교환해 드립니다. 책값은 뒤표지에 표시되어 있습니다.
한빛미디어 홈페이지 www.hanbit.co.kr / **이메일** ask@hanbit.co.kr / **자료실** www.hanbit.co.kr/src/10468

지금 하지 않으면 할 수 없는 일이 있습니다.
책으로 펴내고 싶은 아이디어나 원고를 이메일(writer@hanbit.co.kr)로 보내주세요.
한빛미디어(주)는 여러분의 소중한 경험과 지식을 기다리고 있습니다.

모바일의 시대, 하지만 UX 디자인은?

국내 모바일 환경은 IT의 발전과 함께 진화하고 있으며, 세계적으로도 콘텐츠와 기술력에 있어서 항상 선두를 유지해왔습니다. 불과 몇 년 사이에 국내 스마트폰 보급율이 90%를 넘어섰고 그에 따라 모바일 앱 시장은 IT에서 빠질 수 없는 중요한 자리를 차지하고 있습니다. "어떤 운영체제가 전망이 좋다더라.", "어떤 개발 언어를 배워야 한다더라." 등 마치 프로그램 언어로만 모바일 앱이 만들어지는 것 같은 분위기가 일어났습니다.

물론 앱 개발에는 프로그램 언어 개발 환경이 중요합니다. 하지만 앱 트렌드에서는 감성과 철학을 빼놓을 수 없습니다. 최근 들어 앱 개발에 필요한 UX, UI, 기획, 디자인 쪽으로도 관심이 늘고 있습니다. 앱 개발을 단순한 프로그래밍과 운영체제의 조합이 아닌 다른 시각에서 접근하는 방식에도 관심을 두기 시작했습니다. 이것이 바로 UX를 기반으로 한 접근 방식입니다.

앱 서비스와 웹 서비스는 수많은 코딩과 이미지의 조합으로 이루어집니다. 모바일 기기는 24시간 동안 사용자와 함께하기에 그 위력이 대단합니다. 이러한 앱에 생명력을 불어넣는 것이 바로 UX 디자이너의 역할입니다. 하지만 UX 디자이너들이 수행해야 하는 과정을 정확하고 체계적으로 다루기는 쉽지 않습니다.

UX/UI 디자인의 시작

우리가 접하는 서비스와 디자인 환경은 점차 다양해지고 전문적으로 변하고 있습니다. 디자이너의 손끝에서 시작한 디자인은 전문 프로토타입 툴에서 마무리됩니다. 그 중심에는 Adobe XD가 있습니다. XD는 여러 프로토타입 툴 중에서 매우 쉽고 정확하게 다양한 운영체제와 디바이스에 최적화된 결과물을 만들어낼 수 있습니다.

이 책은 UX 디자이너가 알아야 할 UX 지식부터 업무 수행 방법, 운영체제별 정확한 프로토타입 제작, XD의 사용법 등 전문 UX 디자이너가 갖춰야 할 역량을 중심으로 집필하였습니다.

디자이너라는 이름으로 그래픽 툴만 만지는 역할에 그치지 않고, 전문 UX/UI 디자이너로 성장할 수 있는 새로운 시작을 위해 저의 경험과 기술을 아낌없이 드리겠습니다. 지금까지의 경험을 모두 여러 분의 것으로 만드시길 바랍니다.

김영삼

이 책의 구성

CHAPTER

디자인 현장의 워크플로우를 따라 실무 이론을 생생하게 알려줍니다. 단계별로 살펴본다면 모바일 앱 디자인이 진행되는 프로세스를 쉽게 이해할 수 있습니다.

02 / UX 디자인을 완성하는 세 가지 요소

IT 관련 서비스를 제작할 때 'UX 디자인'이란 표현을 자주 사용합니다. 도대체 UX 디자인이 무엇이고, 어떻게 접근하여 디자인해야 할까요? 여기서는 UX 디자인을 정의하고 이를 완성하는 세 가지 요소에 대해 알아봅니다.

UX(User Experience) 이해하기

디자이너마다 'UX'라는 단어를 해석할 때 조금씩 다른 개념으로 접근하는 경우가 많습니다. UX의 의미를 직역(直譯, literal translation)하면서 해석을 달리하게 되는데, UX의 사전적 의미는 다음과 같습니다.

> UX는 User Experience로 '사용자 경험'이라고 해석합니다. 즉, UX는 한 개인이 특정한 제품이나 서비스, 그리고 그것의 전달 과정을 설계된 방식대로 상호작용하면서 가지는 모든 경험의 결과를 의미합니다.
> 《위키피디아(Wikipedia)》

여기서 대부분의 디자이너가 'Experience'에 집중합니다. Experience는 '경험'으로 해석할 수 있는데, 이 '경험'을 '앞으로 해야 할 경험'이라는 의미로 이해하게 되면 '편리해야 한다'는 것에 초점을 맞추게 됩니다. 디자이너들은 서비스의 디자인과 제작을 시작할 때 '사용자가 얼마나 편리하게 사용할까?', '어떻게 하면 효율적으로 서비스를 조작할까?' 등 사용자의 편리성과 조작

2단계. 동일 사용자층 서비스 찾아 분석하기

우리 서비스와 주제가 겹치지는 않지만 비슷한 사용자층을 가진 서비스를 찾습니다. 예를 들어, 우리 서비스가 10~20대 여성 사용자를 위한 SNS라면 실제 10~20대 여성 사용자에게 인기 있는 서비스를 찾는 것입니다.

▲ 카테고리(주제)는 달라도 동일 사용자를 가진 서비스 찾기(10~20대 여성이 자주 사용하는 서비스 예시)

비록 서비스의 성격은 다를 수 있으나 같은 사용자층을 공유하므로 해당 사용자들의 감성, 선호하는 디자인 등을 참고할 수 있습니다.

3단계. 디자인 포지션(Design Position) 확정하기

카테고리 분석에서 찾은 다양한 서비스들을 기능과 사용자층 성격으로 분류합니다. 디자인 포지션을 통해 우리 서비스의 방향성과 실제 경쟁이 되는 서비스군을 찾습니다. 디자인 포지션은 두 가지 비교점을 분석하는데, 크게 기능과 사용자층에 대비되는 두 가지 요소를 찾습니다.

먼저 기능적인 부분에서 대비되는 두 가지 요소를 찾습니다.

'기능 vs 감성', '텍스트 vs 사진', '복잡한 메뉴 vs 단순한 메뉴'와 같이 서비스 성격에 따라 대비 요소를 찾고 양쪽으로 분류합니다. 그런 다음 '여성 vs 남성', '학생 vs 직장인', '오픈 소셜 vs 로컬 소셜' 등과 같이 사용자 대비 요소를 양쪽으로 분류합니다.

> TIP 오픈 소셜은 트위터, 페이스북과 같이 다방면으로 친구 추가가 이루어지는 SNS를 말합니다. 반면에 로컬 소셜은 인스타그램, 카카오 스토리와 같이 선택적 친구 추가가 이루어지는 SNS를 말합니다.

TIP

이론이나 실습에서 놓치기 쉬운 부분, 헷갈릴 수 있는 부분을 정리했습니다. 유용한 정보와 참고 사항이니 꼭 읽고 넘어가도록 합니다.

에 집중합니다. 이러한 해석이 틀린 것은 아니지만 모든 콘텐츠의 제작을 '사용자의 편리함'에서 시작하는 것은 다소 편향된 접근 방식입니다. 편리함이 UX의 중요한 요소이기는 하지만 절대적인 것은 아닙니다.

Experience = 경험 = 편리함?, Experience = 경험 = 익숙함!

Experience의 의미는 '경험에서 나온 익숙함'을 의미합니다. 즉, 사용자의 생활 패턴이나 서비스를 사용하는 행태, 사용자들이 해당 서비스에서 경험한 익숙함을 분석하여 그에 맞는 서비스를 기획하고 디자인하는 것이 UX 디자인입니다. 실무에서 UX 디자이너가 디자인하기 전에 알아야 할 UX의 세 가지 요소에 대해 자세히 알아보겠습니다.

하나. UX는 발명이 아닌 발견이다

많은 기획자나 디자이너는 새로운 서비스를 기획하고 디자인할 때, 전에는 없던 새롭고 창의적인 것을 만들려고 합니다. 하지만 성공한 서비스들을 잘 살펴보면 기존의 서비스를 현재 환경과 기술에 맞게 재구성하여 새로운 형태의 서비스로 만든 것들이 많습니다. 최근 인기 있는 서비스를 확인해보면 대부분이 기존에 있던 서비스가 재구성되어 스마트폰을 이용한 서비스로 나온 것임을 확인할 수 있습니다. UX를 이용하여 서비스를 기획하거나 디자인할 때 완전히 새로운 서비스를 추구하기보다는 우리가 익숙하게 사용하고 있는 서비스를 현재에 맞게 재구성하는 방법도 좋은 접근 방식 중 하나입니다.

▲ PC용 메신저에서 스마트폰용 메신저로 변화

10년차 선배의 멘토링

실무에서 꼭 필요한 노하우, 놓치지 말아야 할 업무 지식을 담았습니다. 더 빠르고 효율적으로 일할 수 있는 노하우를 익혀봅니다.

10 년차 선배의 멘토링 채도를 이용하여 스마트폰에 그레이디언트 적용

스마트폰은 RGB 모드로 색상을 표현합니다. 따라서 검은색(Black)이 섞여 있는 명도의 변화 방법을 사용하면 스마트폰은 자체로서 메모리의 소모를 줄이기 위해 색상을 단순화하려고 합니다. 이러한 이유로 검은색이 많이 포함되면 자칫 색상이 깨질 수 있습니다. 명도의 조절보다 채도의 조절로 색상 단계를 만드는 것이 유리합니다.

▲ 채도의 변화   ▲ 명도의 변화

디자인 당시에는 나타나지 않은 색상의 변화가 실제 스마트폰 앱으로 만들어졌을 때는 변화가 생깁니다. 바로 두 번째 색의 K값(검은색)의 변화를 표현하기 위해 스마트폰 자체에서 색상을 최적화하기 때문입니다. 메인 컬러 및 포인트 컬러를 설정할 때에는 명도의 조절보다 채도의 조절로 색상을 설정하는 것이 효율적입니다.

포인트 컬러 설정하기

포인트 컬러는 메인 컬러에서 사용하지 않은 색상 중 콘텐츠의 집중과 인지, 유도에 사용되는 컬러입니다. 화면에서 사용자가 반드시 확인해야 하는 내용이나 사용성이 높은 메뉴, 사용자가 선택한 후 꼭 인지해야 할 메뉴 등에 사용됩니다. 보통 메인 컬러와 보색(Complementary Color) 컬러 또는 메인 컬러보다 높은 채도의 색상을 사용합니다. 포인트 컬러를 메인 디자인에 많이 사용하면 집중도가 떨어질 수 있으니 필요한 요소에만 적용하여 사용자의 사용성 및 인지, 유도를 이끌어내도록 합니다.

▲ 메인 컬러 대비 보색의 포인트 컬러   ▲ 메인 컬러 대비 고채도의 포인트 컬러

이 책의 구성

이것이 모바일 앱 디자인이다

실습 PREVIEW와 함께 제작 사양을 먼저
확인합니다. 디자인 프로세스상 어디서도
볼 수 없고 들을 수 없던 알짜 과정만 모
았습니다. 실제로 디자인을 진행하듯 재미
있게 실습할 수 있도록 도와줍니다.

PREVIEW

#SNS 간단 로그인

#이메일, 패스워드 입력 방식

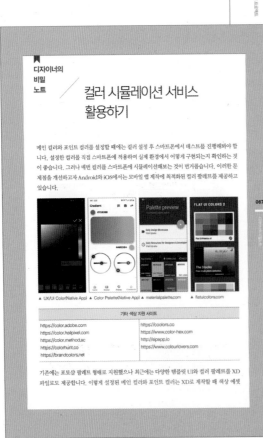

067

디자이너의 비밀 노트

자세히 살펴봐야 할 모바일 앱 디자인의
실무 정보를 소개합니다. 더 높은 품질의
디자인 결과물을 만들 수 있는 방법, 업
무를 제대로 처리할 수 있는 핵심 비결을
확인합니다.

준비 파일 PROJECT 01\iOS 젬픽 로그인 폴더

#회원 가입 방식

#최신 트렌드

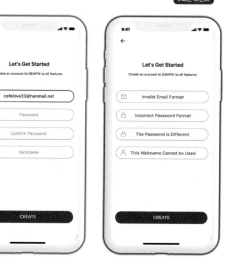

프로젝트 실습

실무에서 자주 작업하는 프로젝트입니다. XD 활용법과 모바일 앱 디자인 제작 노하우를 가득 담았고 운영체제에 따라 다르게 진행되는 제작 방법을 꼼꼼하게 확인할 수 있습니다.

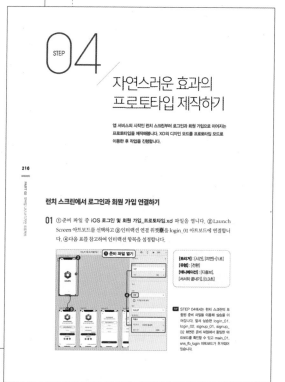

STEP 04

자연스러운 효과의 프로토타입 제작하기

앱 서비스의 시작인 런치 스크린부터 로그인과 회원 가입으로 이어지는 프로토타입을 제작해봅니다. XD의 디자인 모드를 프로토타입 모드로 이동한 후 작업을 진행합니다.

216

런치 스크린에서 로그인과 회원 가입 연결하기

01 ①준비 파일 중 iOS 로그인 및 회원 가입_프로토타입.xd 파일을 엽니다. ②Launch Screen 아트보드를 선택하고 ③인터랙션 연결 위젯을 login_01 아트보드에 연결합니다. ④다음 표를 참고하여 인터랙션 항목을 설정합니다.

이 책에 사용된 모든 실습 예제 및 완성 파일은 한빛출판네트워크 홈페이지(www. hanbit.co.kr)에서 다운로드할 수 있습니다. 홈페이지 메인 화면에서 [자료실] 버튼을 클릭한 후 자료실 페이지에서 도서명으로 검색합니다. 도서의 [예제소스]를 클릭하여 다운로드할 수 있습니다. 예제 파일은 따라 하기를 진행할 때마다 사용되므로 컴퓨터에 복사해두고 활용합니다. 좀 더 빠르게 다운로드하고 싶다면 www.hanbit.co.kr/src/10468로 접속해 다운로드합니다.

Q&A

모바일 앱 UX/UI 디자인 궁금증

Adobe XD의 특징과 설치 방법, UX 디자인에 필요한 정보를 미리 알아봅니다. 차근차근 읽어보며 모바일 앱 디자인의 프로세스를 이해합니다.

모바일 앱 디자인을 위한 프로세스 이해하기

하나의 앱 서비스를 디자인하기 위해서는 많은 과정을 거칩니다. 포토샵과 일러스트레이터 프로그램만으로는 이 많은 과정을 소화해내는 데 한계가 있습니다. 최근 많이 제작되는 모바일 앱 또는 반응형 웹 사이트와 같이 결과물을 쉽고 체계적으로 제작할 수 있게 등장한 툴이 바로 프로토타입 툴입니다.

서비스 기획	UI 스토리 보드	프로토타입 제작	최종 결과물
· UX 기반 서비스 기획	· 와이어 프레임 설계	· 전체 UI 디자인	· 운영체제별 이미지 제작
· 사용사 분석(태스크 분석)	· UI 뎁스와 GUI 설계	· 디자인 가이드	· Android 최적화
· 디자인 포지션	· 디자인 포지션	· 인터랙션 및 애니메이션	· iOS 최적화
· 무드보드	· 포지티브/네거티브 와이어	· 해상도별 이미지 제작	· 웹 최적화
· 서비스 BX 설정	· 인터랙션 표기		· 개발자 공유 및 협업

위 과정을 통해 모바일 앱 디자인은 디자이너 개인이 모든 것을 제작할 수 없다는 것을 알 수 있습니다. 개발자 또는 기획자들과의 업무 협업으로 완성되는 작업인 것입니다. 최근에 나온 프로토타입 툴은 업무 협업을 원활히 할 수 있는 개발자 공유 기능을 제공하므로 효율적인 제작 프로세스를 만들어나갈 수 있습니다.

Adobe XD

Adobe XD(이하 XD)는 조작이 쉽고 인터페이스 설계가 직관적입니다. 포토샵과 일러스트레이터와의 호환성도 뛰어나며 동일한 명령 체계를 가지고 있어 많은 디자이너가 프로토타입 툴로 XD를 선택하고 있습니다. 특히 다른 프로토타입 툴보다 접근성과 호환성이 좋아 사용자들이 점점 늘고 있습니다. 지속적인 업그레이드로 성능 개선이 이루어지기 때문에 다양한 플러그인을 제공합니다. 최근에는 Android, iOS에서도 관련 디자인 가이드와 UI-Kit를 XD 형태로 제공하고 있습니다.

보통 XD는 포토샵과 일러스트레이터 등과 함께 사용하지만 XD 자체의 디자인 기능이 뛰어나기 때문에 독자적으로도 충분히 UX 디자인을 구현할 수 있습니다. 더불어 인터랙티브한 프로토타입 제작까지 가능합니다. 제작한 UI는 별도의 공유 소프트웨어 없이 프로토타입 공유 기능으로 바로 공유할 수 있어 최적의 협업 프로세스를 활용할 수 있습니다.

접근성과 호환성

XD는 Adobe 사용자들에게 익숙한 인터페이스와 동일한 명령어 체계를 가지고 있습니다. 즉 처음 XD를 사용하는 디자이너들도 쉽고 익숙하게 다룰 수 있도록 설계되었습니다. 무엇보다 포토샵, 일러스트레이터와 높은 호환성을 가지고 있어 무난하게 디자인 작업을 수행할 수 있습니다.

▲ 포토샵의 PSD   ▲ 일러스트레이터의 AI   ▲ XD의 외부 파일 불러오기

XD의 가져오기 기능을 통해 포토샵의 PSD 파일과 일러스트레이터의 AI 파일을 불러와 XD에서 직접 수정하여 사용할 수 있습니다. 다른 프로토타입 툴인 Sketch 파일도 불러와 사용할 수 있습니다.

Windows와 macOS에서 모두 사용

스케치(Sketch)는 모든 버전이 유료이고 mac(매킨토시)OS 환경에서만 사용할 수 있습니다. 반면에 XD는 누구나 사용할 수 있는 무료 버전이면서 Windows와 macOS 환경 모두에서 사용할 수 있습니다. 특히 macOS에서 제작한 XD 파일을 다시 Windows XD로 불러와 사용할 수 있어 편리합니다.

▲ Windows용 XD

▲ mac용 XD

지속적인 업데이트와 다양한 플러그인, UI-Kit 제공

XD는 한번 Adobe ID로 로그인하면 지속적인 업데이트로 최신 버전을 사용할 수 있습니다. 성능 개선 및 최신 트렌드를 반영한 다양한 플러그인과 디자인 레퍼런스도 활용할 수 있습니다.

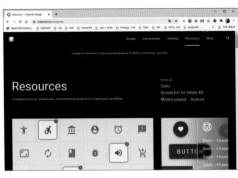

▲ Android 머티리얼 리소스

▲ iOS 디자인 리소스

디자인부터 인터랙션 구현까지

UX 디자이너는 XD 하나로 웹 및 모바일 앱에 인터랙티브한 사용자 경험을 디자인할 수 있습니다. XD의 디자인 모드를 활용하면 아트보드에서 UI를 쉽고 효율적으로 디자인할 수 있습니다. 프로토타입 모드에서는 인터랙션 연결 위젯으로 아트보드를 서로 연결하여 실제 제작될 인터랙션을 적용한 프로토타이핑을 제작할 수 있습니다. 더 나아가 협업자와 서로 공유하고 보완할 수 있는 인터랙티브한 프로토타입을 완성할 수 있습니다.

▲ 디자인 모드에서 UI 디자인하기

▲ 프로토타입 모드에서 프로토타이핑 제작하기

디자인 및 프로토타입 공유

XD의 공유 모드를 통해 개발자나 기획자 및 디자이너들과 간편하게 디자인을 공유하고 공동 작업을 수행할 수 있습니다. 디자인 검토, 개발, 프레젠테이션, 사용자 테스트 및 사용자 정의와 같은 사전 설정을 사용하여 내 프로젝트를 공유하고 공유 링크를 관리할 수 있습니다.

무료 설치

XD는 다른 프로토타입 툴과 다르게 누구나 어떤 운영체제에서도 무료로 사용할 수 있습니다. XD를 설치하기 위해서는 먼저 Adobe에 회원 가입을 해야 합니다. Adobe에 회원 가입을 한 사용자는 무료로 XD를 설치하고 사용할 수 있습니다. 하지만 무료 사용에는 다음과 같은 몇 가지 제약이 따릅니다. 링크 공유는 한 개, 문서로 초대도 한 개 아이디를 추가할 수 있으며, 클라우드 문서에 한 개의 프로젝트만 공유할 수 있습니다.

목차

모바일 UX/UI 디자인

목차

10년차 디자이너에게 1:1로 배우는 모바일 UX/UI 디자인 실무

목차

PART
02

모바일 UX/UI 디자인 프로젝트

목차

PROJECT 03 ——————
슬라이드 효과의 메인 페이지 디자인 iOS

목차

PROJECT 06 ─────────
공유 기능을 이용한 개발자 협업

10년차
선배의 멘토링

모바일 UX/UI 디자인

PART

01

모바일 앱 UX의 시작

모바일 앱 UX를 이해하기 위한 모바일 기반의 앱 설계부터 디자인, 제작까지의 과정을 알아봅니다. UX의 세 가지 요소와 실무에서 UX 디자인이 이루어지는 과정, 직관적인 UX 디자인을 하기 위한 다섯 가지 필수 사항을 살펴봅니다.

01

모바일 앱과
UX 디자인의 발전

스마트폰 발전에 따른 화면 크기의 변화와 모바일 앱과 UX 디자인의
전체적인 발전 과정을 살펴봅니다.

UX 디자인의 등장

최근에 모바일 앱 개발이 활발히 이루어지면서 모바일 앱 디자인을 전문으로 하는 프로토타입
툴이 많이 생겨났습니다. 모바일 앱을 디자인하거나 설계할 때 프로토타입 툴을 사용하는 이유
는 무엇일까요? 모바일 앱은 작은 화면 안에 모든 콘텐츠가 보이고 사용자는 원하는 대로 앱을
조작하며 사용합니다. 단순히 디자인된 화면만 보고 버튼만 클릭하는 콘텐츠가 아니라 사람의
조작으로 다양한 인터랙션(Interaction)을 구현하게 됩니다.

▲ 스마트폰은 전화 목적 외의 다양한 콘텐츠를 제공하며 효율적인 사용성을 요구함

스마트폰은 다양한 기능이 합쳐지면서 더욱 복잡해지고 있습니다. 스마트폰과 모바일 앱을 사용하는 데 있어 사용자는 좀 더 편리하고 효율적인 사용성을 요구하게 됩니다. 이에 스마트폰용 모바일 앱을 개발하는 제작자들은 단순 프로그래밍과 디자인만 하던 제작 방식에서 벗어나 사용자를 고려한 효율적인 사용성에 대한 고민을 하게 되었습니다. 이것이 '사용자 경험(User Experience)'을 바탕으로 한 UX 디자인의 시작이 되었습니다.

UX라는 용어가 본격적으로 나오게 된 시점은 스마트폰이 출시된 시기와 비슷합니다. 2009년 애플에서 iPhone 3를 출시하면서 전화, 문자 기능만 있던 휴대전화가 다양한 콘텐츠 즉, 앱(Application : App)을 탑재하여 휴대전화 이상의 기능을 수행하게 되었습니다. 스마트폰의 다양한 기능은 사용자에게 밀접한 콘텐츠로 자리 잡게 되었고, 이에 좀 더 효율적인 앱 사용성과 시각적인 연출은 자연스럽게 앱 제작에 중요한 배경이 되었습니다.

화면 크기의 변화와 UX의 발전

여러 가지 UX 요소 중에서 꼭 알아두어야 할 중요한 것은 화면 크기의 변화와 사용자 조작(Interaction, 사용자 인터랙션)의 발전입니다.

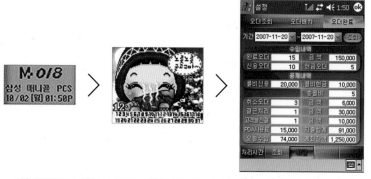

▲ 작은 화면에서 큰 화면으로, 흑백에서 컬러로의 변화는 디자이너에게 큰 변화를 가져옴

1995년~2000년(PCS폰) | 초기 휴대전화의 주된 기능은 장소에 구애받지 않은 편리한 전화 통화에 있었습니다. 96×48px의 작은 디스플레이 화면은 흑백 또는 네 가지의 회색으로 표현한 4Gray 형태로 전화번호, 문자 메시지, 시계 등의 간단한 정보를 보여주는 정도에 그쳤습니다.

2000년~2006년(피처폰 1세대) | 휴대전화 기능이 점차 발전하면서 화면은 120×96px 크기로 커지고 색상은 256가지를 표현하는 컬러 휴대전화가 출시되었습니다. 이때가 도트(Dot) 디자인이 각광받고 배경화면을 꾸미는 콘텐츠가 본격적으로 나오는 시기입니다.

2006년~2009년(피처폰 2세대) | 화면 크기가 240×320px로 커지고 다양한 모바일 콘텐츠(모바일 게임, 동영상 스트리밍 서비스)가 등장하게 됩니다. 이때부터 현재의 앱과 같은 형태의 서비스들이 하나둘씩 나오기 시작합니다. 그러나 휴대전화 운영체제의 규격화, 인터넷 속도, 데이터 비용 등의 문제로 많은 인기를 끌지는 못했습니다.

▲ 스마트폰이 등장하면서 다양한 콘텐츠와 UX의 중요성이 대두됨

2009년~2012년(스마트폰 1세대) | 스마트폰이 출시되고 IT 업계의 모든 서비스 방향은 스마트폰 중심으로 움직이게 됩니다. 화면 크기는 320×480px, 480×800px로 커지고 트루 컬러(True Color)가 적용되면서 더 많은 디자인과 GUI(Graphical User Interface) 요소가 추가되었습니다. 이때부터 서비스의 사용성과 브랜드의 가치를 높이는 디자인이 중요한 요소가 되면서, UX의 필요성과 중요성이 대두되기 시작합니다.

2013년~2016년(스마트폰 2~3세대) | 몇몇 스마트폰 제조사를 중심으로 화면 크기를 대폭 키우는 시도가 있었습니다. IT 업계에서는 빅데이터(Big Data)를 활용한 서비스가 출시되기 시작했고 제한된 화면에서 많은 정보를 보여주는 인포그래픽(Infographics)이 UX 디자인의 대표 요소로 자리 잡게 되었습니다. 정보 시각화를 활용한 서비스들이 대거 출시된 시기입니다.

2017년~2021년(스마트폰 4세대) | 스마트폰의 기능이 날로 발전하면서 센서를 이용한 서비스가 출시되었습니다. 다양한 서비스를 동시에 사용할 수 있는 멀티태스킹(Multitasking) 기능도 추가되어 이를 제어하기 위한 UI가 발전하기 시작했습니다. 사용자의 조작에 따른 스마트폰의 반응, 외부 기기와의 연동, 다른 사용자와의 공유를 활용한 서비스 등 스마트폰의 UI 관련 서비스가 출시되었습니다.

▲ GPS, 생체 인식과 같은 다양한 센서의 활용, 멀티태스킹, 인터랙션을 고려한 설계와 디자인

실무에서 말하는 모바일 UX 디자인

UX와 UX 디자인은 자주 함께 사용합니다. UX는 넓은 의미 또는 종합적인 Overall UX와 좁은 의미 또는 직관적인 Intuitive UX로 나뉩니다. 두 가지 모두 UX라는 의미를 담고 있지만, 실무에서는 조금 다른 포지션에서 UX 관련 업무를 수행합니다.

> **포괄적인 Overall UX**
> 서비스 기획, 설계, 마케팅, 사용자 분석 등 서비스 자체를 기획하고 설계하는 과정
>
> > **직관적인 Intuitive UX**
> > 서비스 자체를 구체화하고 시각화하는 과정

Overall UX

Overall UX는 UX 개념에서 넓은 의미를 담고 있으며, 서비스 자체를 설계하고 기획 및 제작하는 방법을 말합니다. 예를 들어 '사용자들이 필요한 모바일 **메신저**를 만들다', '모바일 감성 **소셜 네트워크 서비스**를 만들다', '내 주변 사람들과 **중고거래**를 하는 서비스를 만들다'와 같이 서비스 자체를 만드는 것을 말합니다. 이때 메신저, SNS, 중고거래와 같은 서비스를 최근 기술과 환경에 맞게 재구성하여 새로운 서비스를 만듭니다.

Intuitive UX

Intuitive UX는 실제 사용자들이 서비스를 접하고 사용할 수 있도록 구체화하고 시각화하는 작업이라 할 수 있습니다. 우리가 말하는 UX 디자인이 바로 Intuitive UX와 같은 직관적인 UX입니다.

이 책에서는 UX 디자이너로서 수행해야 할 Intuitive UX에 대해 자세히 알아보고, Intuitive UX를 줄여서 UX 디자인이라고 하겠습니다.

02 / UX 디자인을 완성하는 세 가지 요소

IT 관련 서비스를 제작할 때 'UX 디자인'이란 표현을 자주 사용합니다.
도대체 UX 디자인이 무엇이고, 어떻게 접근하여 디자인해야 할까요?
여기서는 UX 디자인을 정의하고 이를 완성하는 세 가지 요소에 대해
알아봅니다.

UX(User Experience) 이해하기

디자이너마다 'UX'라는 단어를 해석할 때 조금씩 다른 개념으로 접근하는 경우가 많습니다.
UX의 의미를 직역(直譯, literal translation)하면서 해석을 달리하게 되는데, UX의 사전적 의
미는 다음과 같습니다.

> UX는 User Experience로 '사용자 경험'이라고 해석합니다. 즉, UX는 한 개인이 특정한 제품이나 서비스,
> 그리고 그것의 전달 과정을 설계된 방식대로 상호작용하면서 가지는 모든 경험의 결과를 의미합니다.
>
> 〈위키피디아(Wikipedia)〉

여기서 대부분의 디자이너가 'Experience'에 집중합니다. Experience는 '경험'으로 해석할 수
있는데, 이 '경험'을 '앞으로 해야 할 경험'이라는 의미로 이해하게 되면 '편리해야 한다'는 것에
초점을 맞추게 됩니다. 디자이너들은 서비스의 디자인과 제작을 시작할 때 '사용자가 얼마나 편
리하게 사용할까?', '어떻게 하면 효율적으로 서비스를 조작할까?' 등 사용자의 편리성과 조작

에 집중합니다. 이러한 해석이 틀린 것은 아니지만 모든 콘텐츠의 제작을 '사용자의 편리함'에서 시작하는 것은 다소 편향된 접근 방식입니다. 편리함이 UX의 중요한 요소이기는 하지만 절대적인 것은 아닙니다.

> Experience = 경험 = 편리함?, Experience = 경험 = 익숙함!

Experience의 의미는 '경험에서 나온 익숙함'을 의미합니다. 즉, 사용자의 생활 패턴이나 서비스를 사용하는 행태, 사용자들이 해당 서비스에서 경험한 익숙함을 분석하여 그에 맞는 서비스를 기획하고 디자인하는 것이 UX 디자인입니다. 실무에서 UX 디자이너가 디자인하기 전에 알아야 할 UX의 세 가지 요소에 대해 자세히 알아보겠습니다.

하나. UX는 발명이 아닌 발견이다

많은 기획자나 디자이너는 새로운 서비스를 기획하고 디자인할 때, 전에는 없던 새롭고 창의적인 것을 만들려고 합니다. 하지만 성공한 서비스들을 잘 살펴보면 기존의 서비스를 현재 환경과 기술에 맞게 재구성하여 새로운 형태의 서비스로 만든 것들이 많습니다. 최근 인기 있는 서비스를 확인해보면 대부분이 기존에 있던 서비스가 재구성되어 스마트폰을 이용한 서비스로 나온 것임을 확인할 수 있습니다. UX를 이용하여 서비스를 기획하거나 디자인할 때 완전히 새로운 서비스를 추구하기보다는 우리가 익숙하게 사용하고 있는 서비스를 현재에 맞게 재구성하는 방법도 좋은 접근 방식 중 하나입니다.

▲ PC용 메신저에서 스마트폰용 메신저로 변화

▲ 중고거래, 인테리어, 금융, 부동산 등 오프라인에서 온라인으로 이동한 서비스

우리가 UX를 이야기할 때 빼놓을 수 없는 사람이 애플의 스티브 잡스입니다. 많은 사람들이 스티브 잡스의 말 한마디에 열광하고 그의 선택을 따르고 배우려고 합니다. 스티브 잡스는 자서전에 다음과 같은 말을 남겼습니다.

> 사용자는 실제 서비스를 보기 전에는 그 서비스를 원했는지조차 모른다.
> UX란 무언가를 보고 '오! 멋지다. 이거 신기한 걸?'이라고 느끼는 것이 아니다.
> '그래! 맞다. 맞아. 이게 필요했었어!'라고 느끼는 것이 바로 UX이다.

UX 디자인을 준비하는 디자이너라면 새로운 서비스를 만들기 전에 기존의 서비스가 최근 사용자들에게 어떠한 경험과 기술, 가치를 제공하는지에 대한 연구와 분석을 먼저 해야 합니다. 이렇게 분석한 자료를 토대로 새로운 서비스를 제작한다면, 사용자들의 숨어 있던 다양한 니즈(Needs)가 충족되어 유용하고 인기 있는 서비스가 될 것입니다.

둘. UX는 편리함보다 익숙함을 따른다

앞서 이야기했듯이 대부분의 사용자는 편리함보다 익숙함을 따릅니다. UX의 Experience는 편리함을 위해 만든 것이 아니라 익숙하게 사용하다 보니 편리해진다는 의미입니다. 제작자 입장에서 UX는 어떻게 하면 사용자가 우리의 서비스를 익숙하게 사용할 것인가를 고민하는 하나의 기획 전략으로 볼 수 있습니다. 예를 들어, 애플 사용자들은 iPod부터 iPhone까지 새로운 단말기가 등장할 때마다 애플의 고유한 UI와 감성, 디자인에 열광합니다. 분명 애플에서 기술이 더 발전된 단말기가 출시되더라도 기존에 사용했던 단말기에서 경험한 애플 고유의 감성은 유지될 것입니다. 여기에는 애플의 운영체제인 iOS도 큰 역할을 합니다. 애플 기기를 사용하는 사용자들은 동일한 운영체제를 사용한다는 동질감, 익숙함을 느끼는 것입니다.

▲ 디자인 형태는 바뀌었지만 고유 감성을 유지하는 애플 iOS

이러한 익숙함은 실제 UI 디자인에서 확인할 수 있습니다. 유명 디자인 웹사이트에서 UX를 검색해보면 화려하고 다양한 디자인이 나옵니다. 그러나 정작 우리가 자주 사용하는 앱 서비스는 비슷한 디자인에서 조금씩만 변화를 주는 것들이 대부분입니다. 이는 화려하고 아름다운 UI보다 많은 사용자에게 검증되고 효율적인 UI를 사용한다는 의미로 해석할 수 있습니다. 시각적인 효과보다 익숙하고 효율적인 UI 설계가 먼저입니다. 화려하고 아름다운 디자인에만 집중하다 보면 간혹 서비스 사용성이 떨어지는 현상도 일어납니다.

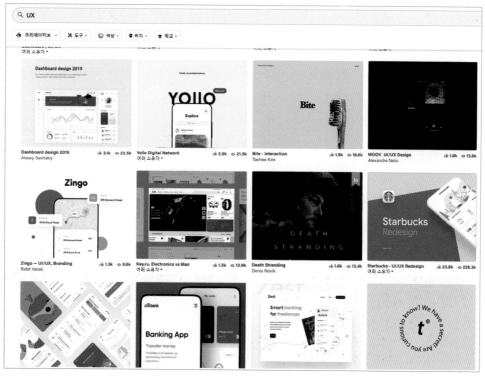

▲ 다양한 UX 디자인 사례

10 년차 선배의 멘토링 Android와 iOS의 UI-Kit 활용하기

UX 디자인 및 설계를 하는 실무자라면 디자인 사이트보다 각 운영체제에서 제공하는 최적화된 UI 가이드를 먼저 확인해야 합니다. 모바일 대표 운영체제인 Android나 iOS와 같은 운영체제 사이트에서는 효율적이고 검증된 UI 가이드라인을 제시하고 있습니다.

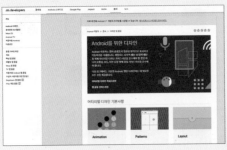

▲ Android Quality Guidelines

▲ iOS Human Interface Guidelines

특히 Android와 iOS 모두 XD 형태의 UI-Kit를 제공합니다. 이 UI-Kit는 각 모바일 운영체제에 가장 최적화된 UI를 제공하므로 UX 디자이너들은 이 UI-Kit를 배경으로 UI 설계를 하는 것이 좋습니다. XD 및 UI-Kit 다운로드하기는 119쪽에서 자세하게 알아봅니다.

셋. UX는 제품이 아닌 가치를 제공한다

최근 인기 있는 서비스를 보면 그것이 가지고 있는 감성이나 브랜드(Brand)에 따라 사용자 선호도가 달라진다는 것을 알 수 있습니다. 어떤 서비스는 비싸고 불편할 수도 있지만 그 브랜드만이 갖는 특별한 경험과 감성이 사용자들을 사로잡는 것입니다. 최근 UX 기반의 서비스 기획과 디자인을 할 때 효율적인 사용성과 성능 외에도, 브랜드 가치를 높이는 부분에 많은 신경을 씁니다. 이를 BX(Brand Experience)라고 하며 UX 디자인에 중요한 요소로 자리 잡고 있습니다.

'커피'를 떠올려봅시다. 가장 먼저 떠오르는 브랜드는 아마 스타벅스일 것입니다. 불과 몇 년 전까지만 하더라도 비싼 커피 값과 사용자(고객)가 직접 주문하고 정리까지 해야 하는 셀프 서비스(Self-Service)에 부정적인 시선도 많았습니다. 그러나 사용자는 기꺼이 비용을 지불하며 스타벅스의 고급스러운 커피와 분위기를 즐깁니다. 같은 공간을 공유하고 있는 사용자들과 고급 브랜드의 가치를 함께 이용한다는 유대감도 형성합니다.

▲ 하나의 문화로 자리 잡은 스타벅스 인증샷

이처럼 브랜드의 가치를 선호하는 사용자가 많아지면서 UX를 기획하고 디자인하는 제작자들도 성능과 기능 외에 브랜드의 가치를 높이는 방법에 대해 고민합니다. 서비스 자체의 기능과 효율성만 따지던 방식에서 벗어나 서비스를 사용할 사용자들이 무엇을 원하는지, 그들이 서비스를 어떻게 사용할 것인지, 서비스에 어떤 경험을 가질지에 대한 것에 초점을 맞춥니다.

10년차 선배의 멘토링 익숙한 BX 요소와 UX 시나리오

UX 시나리오는 UX 디자이너가 서비스 설계를 하는 과정입니다. 경쟁 서비스 분석, 유사 카테고리 분석, 디자인 리서치 등을 제작하는 과정을 통해 사용자의 공통된 선호도를 분석하여 해당 서비스의 디자인 방향성을 잡습니다. 이러한 과정이 바로 브랜드의 감성과 가치를 뽑는 BX 과정이라고 할 수 있습니다.

▲ 브랜드를 나타내는 BX 요소(앱 스타일)

제시된 이미지를 보면 떠오르는 브랜드가 있을 것입니다. UX 디자이너들은 이러한 브랜드를 사용자들이 익숙하게 받아들이고 경험할 수 있게 분석하고 디자인하는 업무를 수행합니다.

03

직관적인 UX 디자인 요소

직관적인(Intuitive) UX에는 여러 가지 디자인 요소가 있습니다.
UX 디자이너는 한 분야에 국한되지 않고 서비스의 설계부터 최종
디자인까지 모든 과정을 수행합니다. UX 디자이너가 필수로 알아야 할
대표 요소에 대해 알아봅니다.

BX(Brand Experience)

최근 사용자들은 서비스와 브랜드에 대한 경험을 중요하게 보고 있습니다. BX는 서비스의 기능 및 성능 외에 사용자가 해당 브랜드에 대한 감성이나 가치를 가질 수 있도록 브랜드의 이미지를 대표할 수 있는 디자인 과정을 말합니다. 이 과정은 우리 서비스와 경쟁 서비스 분석, 디자인 포지셔닝, 무드보드 등을 통해 우리 서비스의 사용자를 분석합니다. 사용자들이 어떤 레이아웃, 색감, 디자인, 로고 등을 좋아하는지 찾아내 우리 서비스에 대입합니다. 모바일 앱에서는 '앱 스타일'이라고 부르기도 합니다.

▲ 메타포와 색상 조합을 이용해 브랜드를 나타낸 BX

작게는 색상, 메타포, 로고 등을 통해 브랜드의 이미지를 알리고 크게는 레이아웃, 특별한 인터랙션, 서비스 및 마케팅 방법 등을 통해 사용자에게 브랜드 경험을 제공합니다. 이러한 메타포를 활용한 디자인은 사용자에게 쉽게 인식될 수 있고 단순한 메타포일수록 더 많은 사용자가 해당 브랜드를 떠올릴 수 있어서 디자인에 자주 활용됩니다.

TIP 디자인에서 사용하는 메타포(Metaphor)는 특정한 의미와 비유를 나타내거나 상징적인 이미지를 말합니다. 대표적으로 말풍선, 하트, 별 등이 있으며 주로 앱 아이콘이나 버튼 등에 사용합니다.

다양한 모바일 앱 BX

BX 디자인은 단지 로고와 아이콘에만 적용하지 않습니다. 서비스의 독특한 레이아웃이나 GUI, 애니메이션 등을 이용해 해당 서비스만의 BX를 완성할 수도 있습니다.

▲ 핀터레스트   ▲ 틱톡   ▲ 인스타그램   ▲ 카카오톡

핀터레스트 ┃ 모서리가 둥근 라운드코너의 섬네일을 불규칙한 크기로 배치한 레이아웃으로 유명합니다. 작은 변화이지만 핀터레스트가 출시되었을 때 참신하고 독특한 UI로 인해 많은 사용자와 디자이너들이 주목했습니다. UI 디자인에서 '핀터레스트 UI'라는 용어까지 등장해 사용되고 있습니다.

틱톡 ┃ 독특한 UI와 인터랙션으로 많은 관심을 받고 있습니다. 슬라이드 방식의 화면 전환이 아닌 스냅 슬라이드(Snap-Slide) 방식을 사용해 콘텐츠의 집중도를 높입니다. 짧은 영상을 포인트로 보여주는 제작 방식은 콘텐츠 소비 속도를 빠르게 진행합니다. 챌린지 유행이 등장하는 배경이 되기도 하였습니다.

TIP 스냅 슬라이드는 상하 스와이프(Swipe) 시 한 화면씩 화면 정중앙에 걸리게 하는 기법으로 콘텐츠의 집중도를 높입니다.

인스타그램 ┃ 한 화면에 사진과 내용을 동시에 보여주기 위한 정사각형과 4:3 비율의 사진 영역이 배치됩니다. 이것은 스마트폰 카메라 기능에도 영향을 주어 별도의 편집 없이 인스타그램 전용 사진 규격으로 촬영할 수 있는 기능도 생겨나게 하였습니다. 텍스트 없는 간단명료한 메뉴도 인스타그램의 BX 특징입니다.

카카오톡 | 사각형 바탕에 말풍선을 사용하여 명확한 BX 디자인을 보여줍니다. UI 진행에서도 상대방이 메시지를 읽지 않으면 숫자 '1'이 사라지지 않는 것도 특징입니다. 읽음 표시의 숫자 '1'은 카카오톡만의 감성이며 다른 메신저 등에서도 이 방식을 많이 채용하고 있습니다.

BX는 해당 서비스만의 특징과 감성을 표현하여 그 방식 자체로 브랜드를 연상할 수 있게 하는 UX 디자인의 요소입니다. 또한 사용자들에게 그 서비스 경험이 익숙해지면 하나의 고유명사처럼 사용되기도 합니다.

연락해 = 카톡해   배달시켜 = 배민시켜   송금해 = 토스해

SNS해 = 인스타해   찾아봐 = 유튜브봐   방구해 = 직방해

▲ 사용자의 일상에 자연스럽게 접목돼 고유명사가 되는 브랜드 경험

UI(User Interface)

UI(User Interface)는 사용자 인터페이스로 폰트, 컬러, 레이아웃 등을 활용한 화면 디자인을 말합니다. 실제 의미는 사용자가 서비스를 조작(Interaction)하는 것을 포함합니다. 반면 UX 디자이너들에게는 디자인을 하기 전, 제작 과정에서 UI를 설계하는 것을 의미합니다. 이를 스토리보드(Storyboard)라고도 합니다. UX 디자이너는 서비스 또는 앱의 모든 실행 화면과 과정을 스토리보드로 제작합니다. 이것은 개발 파트에서도 화면 구성을 하는 데 필요한 요소입니다. UI 설계는 화면 전체 설계라는 의미도 있지만 개발자와의 협업에도 사용됩니다. 즉, 어떤 서비스든 UI 설계가 먼저 이루어져야 합니다.

UI 설계에서 꼭 표현되어야 하는 것이 있습니다. 첫 번째는 서비스가 이루어질 모든 화면을 구성해야 합니다. 그리고 각 화면 번호와 이름을 기입해야 합니다. 이 화면 이름을 기준으로 개발 파트에서도 동일하게 UI를 구성하기 때문입니다. 두 번째로 각 화면별 주요 메뉴를 구성해야 합니다. 디자인이 이루어지지 않아도 화면에 어떤 메뉴들이 들어가는지 표기해야 개발 파트에서도 동일하게 구성할 수 있습니다.

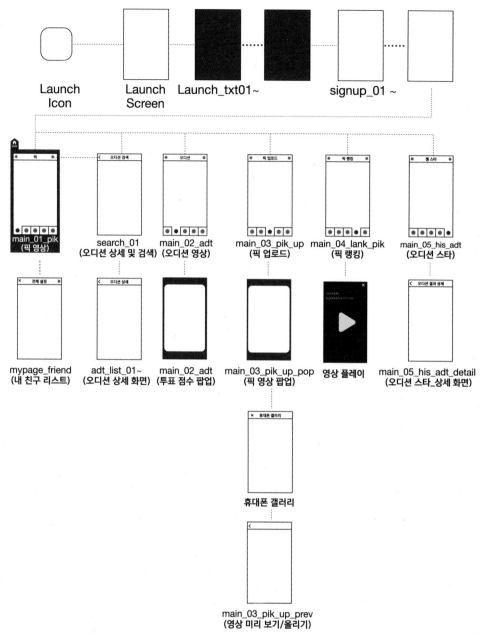

Launch
Icon

Launch
Screen

Launch_txt01~

signup_01 ~

main_01_pik
(픽 영상)

search_01
(오디션 상세 및 검색)

main_02_adt
(오디션 영상)

main_03_pik_up
(픽 업로드)

main_04_lank_pik
(픽 랭킹)

main_05_his_adt
(오디션 스타)

mypage_friend
(내 친구 리스트)

adt_list_01~
(오디션 상세 화면)

main_02_adt
(투표 점수 팝업)

main_03_pik_up_pop
(픽 영상 팝업)

영상 플레이

main_05_his_adt_detail
(오디션 스타_상세 화면)

휴대폰 갤러리

main_03_pik_up_prev
(영상 미리 보기/올리기)

▲ 전체 서비스 흐름을 볼 수 있는 UI 설계 스토리보드

TIP 실무에서는 UI 설계 시 'Launcher'를 'Launch'와 같은 예약어로 표기합니다. 또한 txt, signup, prev 등 다양한 예약어를 사용해
의미를 전달합니다. UI 설계에 필요한 예약어에 대한 자세한 내용은 84쪽을 참고하세요.

젬픽의 HOME은 main_01_pik

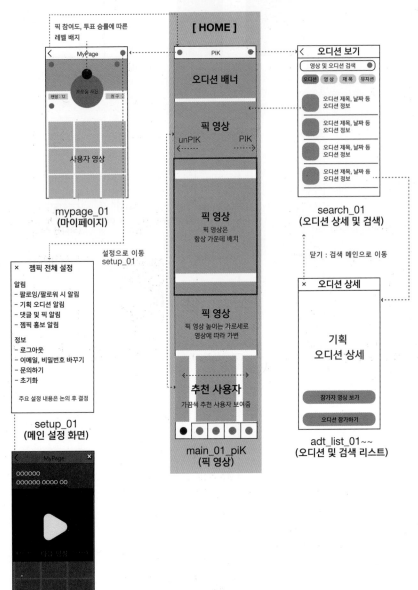

▲ 각 화면 번호와 메뉴 구성이 표기된 UI 상세 화면

디자이너와 개발자의 UI 설계는 디자인 요소보다 화면과 메뉴 위주의 설계이지만 향후 GUI 방식으로 바꾸는 기본 토대가 됩니다.

GUI(Graphical User Interface)

GUI(Graphical User Interface)의 원래 의미는 사용자가 앱 서비스 등을 손쉽게 조작할 수 있도록 그래픽을 이용해 직관적으로 제작한 UI 형식을 말합니다. UX 디자인 과정에서 UI 설계가 끝나면 바로 이 UI를 GUI로 변환하는 과정이 진행됩니다. 이때 앞에서 분석한 BX 요소의 다양한 색상, 메타포, UI 등을 고려하여 고유한 디자인을 만들어냅니다. GUI는 UI를 바탕으로 제작되므로 UI 설계를 꼼꼼하게 제작해야 합니다. 이렇게 디자인된 GUI는 개발 환경과 협업을 통해 실제 앱 디자인으로 완성됩니다.

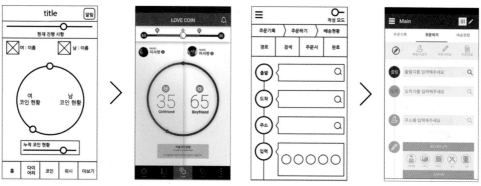

▲ UI를 바탕으로 디자인된 GUI

모바일 UX 디자인은 일러스트레이터, 포토샵과 같은 그래픽 프로그램을 사용하여 단순한 화면만 디자인하는 것이 아닙니다. 기획부터 개발까지 협업에 필요한 다양한 과정을 거칩니다. 최근에는 XD의 유용한 기능을 활용해 UI 설계, 이미지 추출 등을 진행하기도 하지만 XD와 같은 다양한 프로토타입 툴에 의존해 기존 그래픽 툴을 소홀히 여기기도 합니다. 아무리 프로토타입 툴의 기능이 좋아도 하나의 툴로 GUI 디자인을 완성하기는 어렵습니다. 프로토타입 툴은 최종 마무리를 하는 과정에서 사용되는 것이지 디자인 자체를 하기에는 부족합니다. 그러므로 다양한 그래픽 툴을 활용해 디자인 완성도를 높이는 과정이 필요합니다.

인포그래픽(Infographics)

인포그래픽(Infographics)은 글자 그대로 정보를 시각화한 그래픽을 말합니다. 수많은 정보가 넘치는 시대에 살고 있지만 스마트폰 화면 크기는 7inch에서 더이상 커지지 않고 있습니다. 그러다 보니 작은 화면에서 다양한 정보를 효율적으로 볼 수 있도록 GUI의 중요성이 대두되었고, 인포그래픽은 모바일 UX 디자인에서 아주 중요한 요소로 떠오르게 됩니다. 효율적인 인포그래픽 제작을 위해서는 정보의 단순화(Simplify Information), 대중적 인지(Popular Perception)가 중요합니다.

> **TIP** 스마트폰 화면이 7inch 이상이면 넓고 큰 화면으로 볼 수 있는 대신 휴대성이 떨어집니다. 이러한 이유로 보통 스마트폰 화면은 최대 7inch를 넘지 않는 범위에서 제작합니다. 화면 크기가 7inch보다 커지면 태블릿(Tablet)으로 구분됩니다.

정보의 단순화(플랫 디자인)

정보의 단순화는 나타내고자 하는 이미지 등의 정보를 간단명료하게 표현하는 것입니다. 이 것은 애플의 플랫 디자인(Flat Design)에서도 잘 드러납니다. 애플의 iOS는 스큐어모피즘 (Skeuomorphism) 디자인 테마로 시작했지만 2013년부터는 플랫 디자인으로 테마를 변경하 였습니다. 플랫 디자인을 사용하면 정보의 단순화를 통한 빠른 인지와 사용성이 도드라지고 사 용자의 실제 사용성과 정보의 이해에 효율적입니다.

> **TIP** 스큐어모피즘은 대상을 원래의 모습대로 표현하며, 나타내고자 하는 정보를 사실적으로 표현하는 기법을 말합니다. 스큐어모피즘을 이 용한 디자인은 화려한 그래픽을 표현하는 대신 메모리 소모가 많습니다. 과도한 그래픽 사용으로 인해 사용자들의 학습성이 떨어지며 다음 버전에 대한 디자인 연관성이 없다는 단점이 있습니다.

▲ iOS 7의 플랫 디자인 아이콘

대중적 인지(픽토그램)

대중적 인지는 픽토그램(Pictogram)에서 잘 나타납니다. 픽토그램은 국적, 성별 등에 상관없 이 나타내고자 하는 정보를 바로 인식할 수 있게 대중화된 메타포와 이미지를 사용합니다. 특히 스마트폰 GUI는 빠른 사용성과 학습을 필요로 하므로 난해하거나 많은 의미를 가진 메타포나 이미지를 사용하는 것은 효율적이지 않습니다. 스마트폰 GUI 디자인 시 고려해야 할 점은 정보 의 전달과 아름다운 디자인입니다. 유명하고 사용자가 많은 서비스일수록 GUI나 메뉴, 아이콘 등은 더욱 단순해지고 이것은 픽토그램으로 만들어지기도 합니다.

▲ 누구나 정보를 이해할 수 있는 픽토그램

인포그래픽 디자인은 정보를 쉽고 간단하게 전달하는 데 목적이 있고, 모바일 UX 디자이너들에게 중요한 디자인 포인트라고 할 수 있습니다.

인터랙션(Interaction)

인터랙션(Interaction)이란 둘 이상의 물체나 대상이 서로 영향을 주고 교감을 하는 행동을 말합니다. 양방향 통신이나 서비스를 가능하게 하는 디자인 요소입니다. 모바일 UX에서는 이것을 '사용자의 조작에 따른 디바이스의 반응'이라고 부릅니다. 모바일 UX 디자이너는 시각적인 요소의 디자인뿐만 아니라 사용자의 조작에 따른 애니메이션, 소리, 진동 등의 다양한 요소를 사용하여 서비스를 설계해야 합니다. 모바일 인터랙션도 크게 두 가지로 구분을 하는데 사용자 제스처(User Gesture)와 디바이스 효과(Device Effect)입니다.

사용자 제스처(User Gesture)

사용자 제스처(User Gesture)는 사용자가 UI를 제어할 때 사용하는 다양한 동작을 말합니다. 가장 대표적으로 지도나 사진을 확대할 때 두 손가락을 이용하는 핀치 아웃&핀치 인(Pinch Out&Pinch In)이 있습니다.

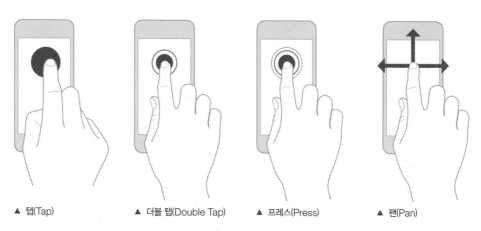

▲ 탭(Tap)　　　▲ 더블 탭(Double Tap)　　　▲ 프레스(Press)　　　▲ 팬(Pan)

탭(Tap) ｜ 화면을 한 손가락으로 짧고 가볍게 두드리는 제스처입니다. 주로 콘텐츠를 선택할 때 사용되는 기본 동작 단위이며 PC의 클릭과 같은 개념입니다. 실제 반응은 손가락을 눌렀을 때가 아니라 손가락을 화면에서 떼면 탭 이벤트가 발생하는데, 이를 릴리스(Release)라고도 합니다. 이때 화면상에서는 다른 움직임이 없어야 합니다. 탭은 두드리는 횟수에 따라 싱글 탭(Single Tap), 더블 탭(Double Tap), 트리플 탭(Triple Tap), 쿼드러플 탭(Quadruple Tap) 등으로 구분합니다.

더블 탭(Double Tap) ㅣ 화면을 재빨리 두 번 두드리는 제스처입니다. 이미지, 지도 등을 확대/축소할 때 많이 사용합니다. 화면이 확대된 상태에서 두 번 두드려 화면을 축소하거나 화면이 축소된 상태에서 두 번 두드려 화면을 확대합니다. 화면의 특정 컴포넌트를 편집 모드로 전환할 때도 사용합니다. 더블 탭은 한 번 탭하여 실수로 기능이 실행되는 것을 방지하기 위해 비교적 중요도가 높은 기능에 배치합니다.

프레스(Press) ㅣ 터치&홀드(Touch&Hold)라고도 하며 화면을 손가락으로 꾹 누르는 제스처입니다. 말풍선, 팝업과 같은 컴포넌트를 화면에 나타나게 하거나 글씨를 확대 및 영역 복사를 위해 블록을 선택할 때도 많이 사용합니다. 프레스는 더블 탭과 같이 숨겨진 메뉴(Hidden Menu)로 존재하며 특정 컴포넌트를 편집 모드로 전환할 때 사용합니다.

팬(Pan) ㅣ 화면에 손가락을 댄 후 손을 떼지 않고 계속적으로 드래그하는 움직임을 말합니다. 움직이는 방향이나 시간의 제한은 없으며 손을 뗄 때까지 패닝(Panning)으로 인식합니다. 최근에는 VR/AR 등 입체 영상의 화면 이동이나 3D의 회전 등에 많이 사용합니다. 화면의 오브젝트를 옮기거나 라인 그리기, 다중 개체 선택, 확대된 이미지 화면을 상하좌우로 움직여서 볼 때도 사용합니다.

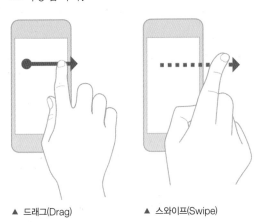

▲ 드래그(Drag)　　　　▲ 스와이프(Swipe)

드래그(Drag) ㅣ 화면의 특정 영역 및 오브젝트에 손가락을 대고 있다가 정해진 방향으로 움직인 후 손가락을 떼는 것을 말합니다. 팬과 다르게 손가락을 뗐을 때 이벤트가 발생합니다. 특정 오브젝트를 특정 영역으로 이동하는 것을 드래그&드롭(Drag&Drop)이라고 표현합니다. 손가락의 움직임만 보면 스와이프나 팬과 유사하지만 드래그는 주로 오브젝트를 이동할 때 사용합니다. 스와이프와 같은 직선 움직임이 아니라 팬과 같이 제한 없이 상하좌우, 곡선으로 이동할 수 있습니다.

스와이프(Swipe) ㅣ 한 손가락을 화면 위에 터치한 상태에서 일정 거리를 움직이는 제스처입니다. 사용자가 가장 많이 사용하는 제스처 중 하나로 직선 움직임이라는 제한이 있으나 시간의 제한은 없으므로 손가락을 뗄 때까지 스와이프 동작을 인식합니다. 수직 방향의 스와이프는 스크롤(Scroll)로 통용되며 일반적으로 화면 스크롤 내리기, 화면 전환 등에서 사용합니다. 움직이는 대상인 화면이나 오브젝트가 멈출 때 부드럽고 서서히 멈춘다는 점이 드래그와 다릅니다.

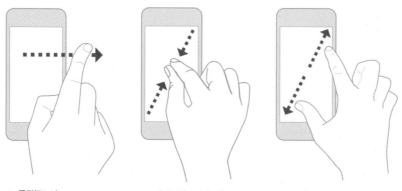

▲ 플릭(Flick)　　　　　▲ 핀치 아웃&핀치 인(Pinch Out&Pinch In)

플릭(Flick) | 손가락을 터치하면서 수평 또는 수직 방향으로 빠르게 스크롤하는 제스처입니다. 스와이프와 유사하지만 플릭은 비교적 빠른 동작으로 화면에서 손가락의 움직임이 멈추기 전에 손가락을 뗍니다. 화면을 빠르게 스크롤하거나 회전할 때, 드로어 메뉴(Drawer Menu)를 열거나 오브젝트를 무작위 방향으로 던질 때 사용합니다.

핀치 아웃&핀치 인(Pinch Out&Pinch In) | 두 손가락을 화면 위에 터치한 상태에서 서로 다른 방향으로 움직이는 제스처입니다. 확대(Pinch Out) 또는 축소(Pinch In) 제스처이며, 두 손가락의 거리에 따라 확댓값이나 축솟값이 결정됩니다. 핀치 아웃은 핀치 오픈(Pinch Open)이나 스프레드(Spread), 핀치 인은 핀치 클로즈(Pinch Close)로 통용되는데 이러한 제스처는 페이스북 페이퍼(Paper) 앱과 같은 카드 타입의 UI에서 콘텐츠에 진입하고 빠져나올 때 사용하기도 합니다.

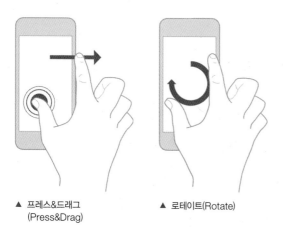

▲ 프레스&드래그
(Press&Drag)　　　　　▲ 로테이트(Rotate)

프레스&드래그(Press&Drag) | 화면에 한 손가락을 대고, 다른 손가락을 화면에 터치한 상태에서 일정 거리를 움직인 후 손가락을 떼는 제스처입니다. 화면의 특정 부분을 선택하거나 영역을 설정할 때 주로 사용합니다.

로테이트(Rotate) | 화면을 수직에서 수평, 수평에서 수직으로 전환하는 제스처입니다. 이미지를 회전할 때 사용하며 두 손가락의 거리에 따라 회전값이 결정됩니다.

디바이스 효과(Device Effect)

디바이스 효과(Device Effect)는 다른 말로 트랜지션(Transition)이라고도 합니다. 트랜지션은 보통 장면 전환이나 팝업 등을 띄울 때 사용합니다. 각 운영체제나 스마트폰에서 고정적으로 지원하는 트랜지션과 UX 디자이너가 직접 설계하는 사용자 정의 트랜지션으로 나눕니다.

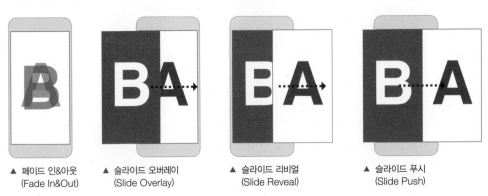

▲ 페이드 인&아웃　　▲ 슬라이드 오버레이　　▲ 슬라이드 리비얼　　▲ 슬라이드 푸시
　(Fade In&Out)　　　　(Slide Overlay)　　　　 (Slide Reveal)　　　　(Slide Push)

페이드 인&아웃(Fade In&Out) | A 화면에서 B 화면으로 전환될 때 A는 점차 흐려지고 B는 점차 진해지는 효과입니다.

슬라이드(Slide) | 슬라이드는 장면 전환 방향에 따라 슬라이드 레프트(Slide Left), 슬라이드 라이트(Slide Right), 슬라이드 업(Slide Up), 슬라이드 다운(Slide Down)으로 구분합니다.

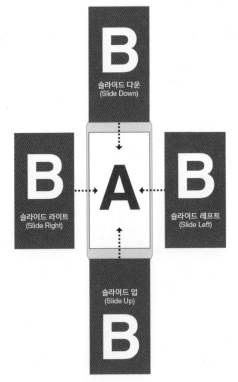

▲ 장면 전환 방향에 따른 슬라이드 효과

슬라이드 오버레이(Slide Overlay) | 새로 나오는 B 화면이 원래 있던 A 화면 위로 올라오는 효과입니다. 모바일 앱에서는 메뉴, 설정, 마이페이지 등이 나올 때 많이 사용합니다.

슬라이드 리비얼(Slide Reveal) | 기존의 A 화면이 나가고 그 자리에 B 화면이 나오는 효과입니다. 보통 서브 화면에서 다시 메인 화면으로 넘어갈 때나 카드 형식의 화면 전환 시 많이 사용합니다.

슬라이드 푸시(Slide Push) | B 화면이 기존 A 화면을 밀어내면서 나오는 효과입니다. 주제가 다른 화면이나 다른 메뉴로 넘어갈 때 많이 사용합니다.

▲ 팝(Pop)　　　　　▲ 플립&턴(Flip&Turn)　　　　　▲ 플로우(Flow)

팝(Pop) | 다음에 보일 화면이 팝업처럼 가운데에서 올라오는 효과를 말합니다. 보통 이미지 클릭이나 정보 상세 보기 등에 많이 사용합니다.

플립&턴(Flip&Turn) | 화면이 서로 회전 및 뒤집어지면서 장면이 전환되는 효과입니다.

플로우(Flow) | 기존 A 화면이 작아진 후 사라지고 B 화면도 작게 나타났다 커지는 효과를 말합니다. 보통 여러 화면이나 내용을 빠르게 이동하면서 원하는 화면을 선택할 때 많이 사용합니다.

사용자 정의 트랜지션은 UX 디자이너가 장면 전환이나 UI 조작 시 발생하는 여러 애니메이션이나 효과를 직접 설계하는 것을 말합니다. 사용자 정의 트랜지션은 대부분 '애니메이션 효과'로 이루어집니다. UX 디자이너는 애니메이션이 진행되는 순간에도 사용자가 반드시 정보의 흐름을 파악할 수 있도록 직관적으로 설계해야 합니다. 또한, 애니메이션이나 트랜지션을 적용할 때 과도하게 효과를 설정하거나 여러 개의 트랜지션을 섞어 설계하는 것은 피합니다.

사용자 정의 트랜지션의 사용 예를 알아보겠습니다.

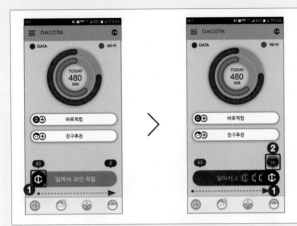

① 버튼을 탭한 상태에서 오른쪽으로 슬라이드합니다. 슬라이드되는 동안 ②는 코인이 적립되는 애니메이션을 보여줍니다. ①에서 손을 떼면 ③슬라이드 효과가 적용되어 버튼이 원래의 위치로 되돌아가면서 ②에 쌓인 코인만큼 ④에도 코인이 쌓이는 애니메이션을 보여줍니다.

TIP https://developer.android.com에 접속한 후 [더 보기(햄버거 메뉴)]-[문서]-[핵심 개발자 주제]-[애니메이션 및 전환]에서 다양한 애니메이션을 확인할 수 있습니다.

CHAPTER 02

모바일 UX 시나리오

모바일 앱을 디자인하기 전에는 어떤 과정이 필요할까요? 이 장에서는 UX 시나리오의 의미를 알아보고, UX 디자이너가 디자인 작업에 앞서 어떠한 과정을 통해 방향을 설정하고 UX 설계를 하는지 살펴봅니다.

01

모바일 UX 시나리오 의미와 과정

UX 시나리오는 서비스가 출시되었을 때를 가정하여 사용자가 겪을 여러 경험과 사용성을 미리 예상해보는 도구입니다. 서비스의 제작 방법 및 콘셉트를 설계하는 과정으로 이해하면 쉽습니다.

모바일 UX 시나리오 과정

모바일 UX 디자인을 설계할 때에도 UX 시나리오를 거칩니다. 모바일 앱 기획에 맞는 서비스 구분, 태스크 분석, 디자인 리서치, UI 설계, 프로토타입 디자인 등 앱 디자인 전에 모바일 UX 기반으로 전체 디자인을 체계적으로 설계하는 과정을 말합니다.

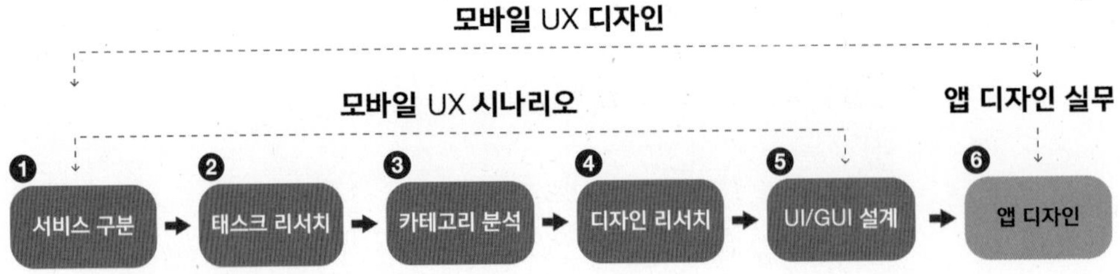

모바일 UX 디자인

모바일 UX 시나리오 **앱 디자인 실무**

① 서비스 구분 → ② 태스크 리서치 → ③ 카테고리 분석 → ④ 디자인 리서치 → ⑤ UI/GUI 설계 → ⑥ 앱 디자인

① **서비스 구분** | 제작할 서비스의 성격에 따라 네이티브 앱(Native App), 모바일 웹앱(Mobile WebApp), 하이브리드 앱(Hybrid App)과 같이 어떤 형태의 서비스로 제작할지 구분합니다.

② **태스크 리서치(Task Research)** | 사용자들이 해당 서비스에서 어떤 요구(Needs)를 하는지 파악하여 서비스의 방향성과 주요 기능, UI, GUI 등을 통해 서비스의 가치(Value)를 부여하는 역할을 합니다. 모바일 UX에서는 사용자 분석이라고도 합니다.

③ **카테고리 분석** | 제작할 서비스와 유사한 카테고리의 서비스와 타깃을 분석하여 향후 디자인 리서치에 활용합니다.

④ **디자인 리서치(Design Research)** | 카테고리 분석에서 나온 서비스들의 디자인 특징, 장/단점을 분석하여 디자인 포지션(Design Position), 무드보드(Moodboard), 컬러 스와치(Color Swatch) 등 서비스의 디자인 방향을 설정합니다.

⑤ **UI 설계(UI Structure) 및 페이퍼 프로토타입** | 서비스의 전체 스토리보드를 제작하는 과정으로 전체 화면, 기능, 단계 등 서비스의 전반적인 흐름을 설계합니다. 향후 UI 설계를 기반으로 GUI 및 인터랙션 제작이 이루어집니다.

이러한 과정을 거친 후 UI 구조를 바탕으로 실제 화면에서 보일 화면을 디자인합니다. 이때 최종 완성 디자인을 제작하기보다 디자인 시안 또는 프로토타입을 제작합니다.

10 년차 선배의 멘토링 과정이 중요한 UX 디자인

UX 디자인은 다양한 분야에 적용할 수 있습니다. 특히 최근에는 모바일 앱 제작이 많이 이루어지면서 사용자의 효율적인 조작과 서비스의 활용, 서비스의 주요 태스크 등을 설정하는 것이 중요한 과정으로 자리 잡았습니다.

UX 디자인은 서비스의 최종 결과물보다 그 결과물을 만들어내는 과정이 더 중요합니다. 즉, 디자이너의 개인적인 능력에서 나온 결과보다 전체 디자인을 체계적으로 설계하는 과정이 더욱 중요하다는 의미입니다. UX 시나리오와 같은 분석과 설계를 바탕으로 한 과정을 거쳐야만 사용자가 서비스를 효율적으로 활용할 수 있는 모바일 앱이 탄생합니다. 자세한 UX 시나리오 디자인 과정을 알아보며 앱 디자인 실무 단계를 차근차근 익히길 바랍니다.

02

서비스 구분하고
제작 방향 설정하기

모바일 UX 디자인이라고 하면 대부분 모바일 앱으로만 생각합니다.
하지만 모바일 앱도 그 성격과 운영체제에 따라 접근 방식과 제작하는
방법이 매우 다릅니다. 여기서는 모바일 서비스를 구분하고, 그 구분에
따른 제작 방향 설정 과정을 알아봅니다.

모바일 서비스 구분하기

모바일 서비스는 크게 네이티브 앱(Native App)과 모바일 웹앱(Mobile WebApp) 서비스로
구분합니다. 사용자가 앱 서비스를 사용할 때는 차이를 느끼지 못하지만 제작과 설계 방식은 큰
차이가 납니다. 해당 서비스가 어떤 운영체제와 성격으로 구분되는지 정확히 알고 접근해야만
효율적으로 디자인할 수 있습니다.

TIP UX 시나리오에서 알아봤듯이 UX 디자인은 결과보다 과정이 중요합니다. 최종 결과물에 따라 설계 방법, 사용 기술, 디자인 방법 등 주
요 기술 등이 달라지기 때문에 어떤 결과물을 만들지에 대한 구분 기준을 알고 있어야 합니다.
예를 들어 최종 결과물이 Android 운영체제라면 어떤 해상도로 제작해야 할까요? iOS 운영체제라면 iPhone 6, 7, 8 기반으로 할지,
iPhone X 기반으로 할지 결정해야 합니다. 만약 모바일 웹이나 하이브리드 앱을 디자인한다면 UI가 CSS에서 어떻게 적용될지, 반응
형이나 적응형 중 어떤 서비스로 제작할지에 대한 고민도 필요합니다. 이와 같이 실제 UX 디자인을 하기 전에 최종 결과물에 대한 구
분을 확실히 정하고 각 구분마다 어떤 특징이 있는지 정확히 파악해야 합니다.

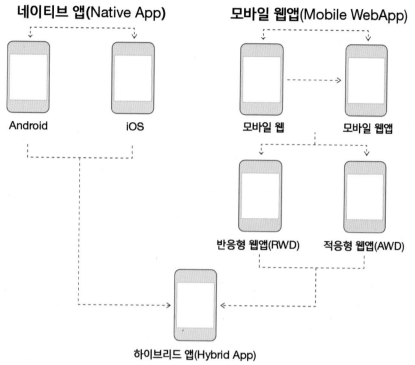

▲ 모바일 서비스 구분

네이티브 앱(Native App)

네이티브 앱(Native App)은 스마트폰에 직접 설치, 운영되는 전용 애플리케이션입니다. 각 운영체제마다 맞는 프로그래밍 언어와 SDK(Software Development Kit)로 개발해야 하며 기기의 고유 정보에 직접 접근할 수 있습니다. 우리가 일반적으로 알고 있는 대표적인 앱, 각종 스토어에서 다운로드받아 사용하는 앱을 네이티브 앱이라고 합니다.

네이티브 앱은 스마트폰에 직접 설치되므로 스마트폰의 다양한 기능이나 센서를 충분히 활용할 수 있습니다. 사진, GPS, 동영상, 지도, 메신저와 같은 기능 위주의 앱 서비스를 만들 때 많이 사용됩니다. 그러나 동일한 서비스라도 운영체제별로 앱을 따로 만들어야 하는 불편함이 있습니다. 또한 제작 난이도가 높고 비용이 많이 드는 것이 단점입니다.

네이티브 앱의 장점	네이티브 앱의 단점
· 각 운영체제에서 지원하는 다양한 기능을 수행할 수 있다. · 스마트폰의 다양한 기능이나 센서를 활용할 수 있다. · 업데이트를 통해 기능을 향상시킬 수 있다. · 정보보다 기능 위주의 앱 제작에 용이하다.	· 같은 서비스라도 운영체제별로 개별 제작해야 한다. · 스마트폰 성능에 따라 기능이 제한적일 수 있다. · 운영체제별로 제작 방식이 다르다. · 제작 비용 및 시간이 오래 걸린다.

TIP 네이티브 앱은 서비스는 동일하나 운영체제별로 다르게 만들어지는 앱입니다. UX 디자이너는 각 운영체제에 맞게 네이티브 앱 디자인에 최적화된 XD를 활용하면 해상도, 레이아웃 등을 훨씬 효율적으로 제작할 수 있습니다.

모바일 웹앱(Mobile WebApp)

모바일 웹앱(Mobile WebApp) 서비스는 HTML을 기반으로 한 모바일 전용 홈페이지입니다. 최근 PC보다 스마트폰을 이용한 웹 검색이나 웹 서핑을 많이 하게 되면서 점차 모바일 웹을 기반으로 한 앱 서비스 제작이 늘어나고 있습니다. 네이티브 앱은 앱 서비스가 스마트폰에 설치된다면 모바일 웹은 앱 서비스가 서버에 존재한 채 스마트폰 자체 브라우저로 앱 서비스를 보여주는 역할을 합니다. 이때 스마트폰을 통해 모바일 홈페이지를 보여주는 것을 모바일 웹(Mobile Web)이라고 합니다. 모바일 웹은 앱 서비스 자체가 서버에 존재하기 때문에 네이티브 앱에 비해 반응 속도가 느리고 스마트폰의 다양한 기능을 사용하는 활용성이 떨어집니다. 하지만 HTML 언어로 하나의 앱 서비스만 제작하면 운영체제에 상관없이 앱 서비스를 할 수 있습니다. 그러다 보니 기능 위주의 앱 서비스보다 정보 위주의 앱 서비스 제작에 좀 더 효율적입니다.

모바일 웹의 장점	모바일 웹의 단점
· HTML 언어로 하나의 서비스만 제작할 수 있다. · 네이티브 앱에 비해 제작 난이도가 쉽다. · 스마트폰의 성능에 많은 영향을 받지 않는다. · 기능보다는 정보 위주의 서비스 제작에 용이하다.	· 스마트폰의 다양한 센서와 기능의 활용이 제한적이다. · 반응 속도가 느리고 인터넷 속도의 영향을 받는다. · HTML, CSS, JavaScript로 디자인되기 때문에 디자인 코딩 과정이 어렵다.

모바일 웹의 이러한 단점을 개선하고자 모바일 웹을 네이티브 앱으로 감싸서 네이티브 앱의 기능을 함께 사용할 수 있게 한 것이 모바일 웹앱입니다. 네이티브 앱의 웹뷰(WebView) 기능을 이용해 모바일 웹을 불러올 수 있습니다. 즉, 표면은 네이티브 앱이지만 내부 콘텐츠를 모바일 웹이 되는 구조로 하여 마켓 서비스도 가능하면서 스마트폰의 센서도 제어할 수 있는 기능을 추가할 수 있습니다.

우리가 스마트폰에 URL을 입력하여 원하는 서비스로 접속한 후 보게 되는 서비스가 모바일 웹입니다. 반면 스토어 및 마켓에서 해당 서비스를 다운로드하여 설치 후 실행하는 것이 모바일 웹앱입니다. 두 가지 모두 모바일 웹을 기반으로 한 서비스이므로, 보통 모바일 웹과 모바일 웹앱을 같은 의미로 사용합니다.

▲ 모바일 웹 　　　　　　　　　　　　　　　　　　　　　　　▲ 모바일 웹앱

TIP 실무에서 모바일 UX 디자이너들이 모바일 웹을 설계하고 디자인하는 데 많은 어려움을 겪습니다. 모바일 웹앱은 일러스트레이터, 포토샵, XD를 이용해 GUI 디자인을 한 후 HTML, CSS를 이용해 다시 화면에 맞게 디자인 코딩 과정을 거칩니다. 이를 앱 퍼블리싱 (App Publishing)이라고 하는데, 이 과정은 디자인에서 끝나는 것이 아니라 디자인 파일을 이용해 다시 한번 HTML과 CSS를 이용해 화면을 구성합니다. 앱 퍼블리싱은 디자인과 개발의 중간 단계로 최근에는 디자인을 HTML로 옮기는 작업만 따로 하는 앱 퍼블리셔라는 직종도 생겨나고 있습니다. 이 책에서는 모바일 웹 제작을 위한 HTML을 다루지는 않지만 향후 UX 디자인을 좀 더 깊이 있게 접근하고자 한다면 HTML과 CSS를 배워두는 것이 좋습니다.

반응형 웹앱(RWD : Responsive Web Design)

반응형 웹앱(RWD : Responsive Web Design)은 반응형 웹 또는 반응형 앱이라고 부르며, 보통 모바일과 웹을 동시에 서비스할 때 많이 제작하는 방식입니다. 하나의 서비스가 PC용 웹 GUI, 태블릿 GUI, 모바일 GUI를 동시에 가지고 있고 사용자 기기의 화면 크기를 분석하여 미리 제작된 GUI를 보여줍니다. HTML로 제작할 때 가장 첫 페이지인 index.html에 미디어 쿼리(Mediaqueries)를 이용하여 사용자 기기의 가로(Width) 값을 계산합니다. 그 값에 맞는 GUI를 CSS 코드로 미리 작성하여 해당 값에 맞는 GUI를 보여줍니다. 즉, 하나의 index.html 파일에 여러 개의 GUI를 미리 설계하고 사용자 기기에 최적화된 GUI를 보여줍니다. 이 방식은 스마트폰과 태블릿의 사용이 늘어나면서 모바일 웹 기반의 서비스를 제작할 때 처음부터 모든 GUI를 동시에 설계합니다. 스마트폰이 대중화된 2010년 이후 서비스들이 이러한 구조로 설계된 것들이 많습니다. 이때 Mobile GUI로 보여지는 것이 바로 모바일 웹이 되고 이를 네이티브 앱으로 감싸면 모바일 웹앱이 되는 구조입니다.

적응형 웹앱(AWD : Adaptive Web Design)

적응형 웹앱(AWD : Adaptive Web Design)은 적응형 웹 또는 적응형 앱이라고 부르는 서비스로, 모바일 웹과 함께 설계에 들어갑니다. 원래 의미는 서비스하고자 하는 기기에 최적화된 방식으로 제작하는 것을 말합니다. 최근에는 반응형 웹과 함께 많이 사용되고 있습니다. 반응형 웹앱과 다르게 적응형 웹앱은 PC용 웹과 모바일 웹을 따로 만드는 방식입니다. 즉, 사용자가 PC로 접속을 하면 PC용 홈페이지를 보여주고 스마트폰이나 모바일 기기로 접근하면 모바일 웹을 보여줍니다. 원래 하나의 서비스이지만 모바일 사용자가 많아지면서 모바일 화면에 최적화된 동일한 서비스를 따로 만들고, 사용자가 URL로 접근하면 PC와 모바일을 구분하여 미리 준비된 서비스로 이동하는 방식입니다. 사용자는 하나의 주소만 사용하지만 실제로는 두 가지 주소가 존재합니다. 마찬가지로 모바일 GUI로 제작된 사이트가 바로 모바일 웹이고 이것을 네이티브 앱으로 감싼 것이 모바일 웹앱이 됩니다.

▲ PC에서 naver.com 입력

▲ 스마트폰에서 naver.com
입력

설계 당시에는 스마트폰이 없었기 때문에 PC에만 최적화된 GUI를 설계하고 나중에 동일한 내용으로 모바일에 최적화된 별도의 모바일용 홈페이지를 만드는 방식입니다. 이러한 기술은 같은 URL 주소를 사용하지만 모바일 접속 시 다른 URL로 넘긴다는 뜻으로 웹 포워딩(Web Forwarding)으로 부르기도 합니다.

TIP 모바일 웹, 모바일 웹앱과 함께 반응형 웹, 적응형 웹을 동시에 설계하고 디자인하는 경우가 많이 생깁니다. 이러한 형식의 서비스를 제작하기 위해서는 앞서 언급했듯 UX 디자이너들도 HTML과 CSS에 대한 지식이 필요합니다. 좀 더 폭넓은 제작 방식을 활용할 수 있도록 HTML과 CSS에 대한 학습을 병행해야 합니다.

하이브리드 앱(Hybrid App)

하이브리드 앱(Hybrid App)은 네이티브 앱과 모바일 웹앱의 장점을 모은 앱입니다. 한 번의 모바일 앱 개발로 iOS, Android 및 Windows와 같은 다양한 운영체제에서 효율적으로 수행할 수 있습니다. 비용적인 면에서도 효율적이고, 다양한 하드웨어/소프트웨어 기능 등을 활용할 수 있습니다.

	핵심 장점	핵심 단점
네이티브 앱	앱이 설치되므로 스마트폰의 다양한 센서 및 기능을 활용하기 좋다.	같은 서비스라도 운영체제별로 제작해야 한다.
모바일 웹앱	HTML 기반으로 운영체제에 상관없이 한 번만 개발하면 된다.	앱 서비스가 서버에 존재하기 때문에 스마트폰의 센서 및 기능을 제어하기 쉽지 않다.

하이브리드 앱은 모바일 웹앱과 같이 HTML 기반으로 하나의 서비스만 제작하고 네이티브 앱처럼 단말기에 설치되는 방식입니다. 최근에는 이러한 방식을 사용하는 여러 앱 제작 도구들이 나오고 있는데 가장 대표적인 것이 페이스북에서 만든 React Native와 구글에서 만든 Flutter가 있습니다. 하나의 앱만 개발하면 Android, iOS 모두에서 서비스가 가능한 앱을 개발하는 도구입니다.

지금까지 네이티브 앱, 모바일 웹앱, 하이브리드 앱에 대해 알아보았습니다. 이 중 어떤 제작 방식이 가장 효율적인지는 서비스 형태와 개발 환경에 따라 달라집니다. 모바일 UX 디자이너는 어떤 방식으로 제작할 것인지에 따라 설계 방법과 접근 방식이 달라지므로 반드시 이와 같은 서비스 구분에 대해 잘 알고 있어야 합니다.

03

태스크 분석을 통한 주요 UI 설계하기

UX 디자인에서 태스크 분석은 해당 서비스가 사용자에게 제공할 중요한 가치를 설정하고, 사용자는 해당 서비스로부터 어떤 필요를 원하는지 분석하는 과정입니다. 태스크 분석을 통해 주요 UI를 설계하는 과정을 알아봅니다.

태스크 분석(Task Research) 과정

UX 디자인을 말할 때 가장 많이 나오는 단어가 바로 태스크 분석입니다. 태스크(Task)의 사전적 의미는 (특히 힘들고 하기 싫은) 일, 과업, 과제, 해야 할 목적을 말합니다. 하지만 UX 디자인 분야에서는 해당 서비스가 사용자에게 제공할 중요한 가치를 설정하는 것이고, 사용자는 해당 서비스로부터 어떤 필요(Needs)를 원하는지 분석하는 과정을 말합니다.

태스크를 구분하지 않은 UI 설계

태스크 분석은 어떻게 할까요? 예를 들어 인스타그램은 게시물 보기, 좋아요 누르기, 검색하기, DM 보내기, 사진 촬영하기 등 다양한 기능이 있습니다. 이런 기능 하나하나를 태스크로 봅니다. 하지만 주요 태스크를 분석하지 않고 바로 UI 설계를 하면 다음과 같은 UI 설계가 됩니다.

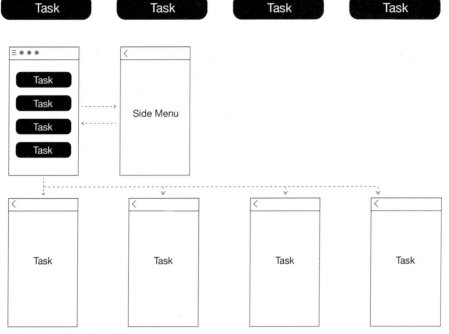

▲ 태스크 구분을 하지 않은 UI 설계

이와 같은 UI 설계가 잘못되었다고 볼 수는 없습니다. 하지만 사용자들이 현재 태스크에서 다음 태스크로 넘어가기 위해서는 다시 메인 화면을 거쳐야 하므로 매우 불편합니다. 이때 사용자들이 어떤 요구와 목적으로 해당 서비스에 접속하는지에 대한 분석이 필요합니다.

태스크를 구분한 UI 설계

앱 UI 설계 시 많이 사용하는 방법이 바로 원 뎁스(One Depth) 구조 설계입니다. 원 뎁스 구조는 사용자가 여러 기능을 수행하기보다 하나의 목적과 기능에 집중할 수 있게 설계하는 방법입니다. 즉, 앱 구조 설계 시 메인 태스크에 집중할 수 있게 설계한다는 뜻입니다. 메인 태스크를 선정하기 위해서는 태스크 분석 과정을 수행합니다. 태스크 분석 과정은 개인이 아닌 팀 또는 실제 사용할 타깃층을 대상으로 관련 서비스에 대한 여러 가지 키워드, 목적, 기능 등을 분석하여 같은 주제별로 그룹을 묶고 그 그룹에 제목을 설정합니다.

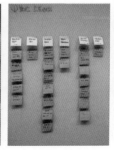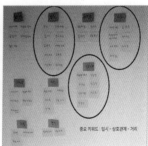

▲ 팀 및 타깃층을 상대로 한 태스크 분석

이때 가장 많이 도출된 키워드를 기준으로 그룹을 분류합니다. 가장 중요한(큰) 태스크순으로 나열하는데, 키워드가 많은 그룹을 Task 1, 그 다음 그룹을 Task 2와 같이 중요도순으로 나열합니다. 이렇게 나온 태스크를 기준으로 UI를 설계합니다.

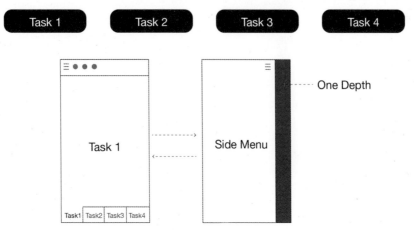

▲ 태스크 기반 UI 설계

이처럼 태스크 분석 과정을 거치면 사용자들이 원하는 주요 목적을 바로 수행하는 UI를 설계할 수 있습니다. 다른 태스크(메뉴)에서 메인 태스크로 이동할 때에도 한 번의 탭만으로 이동할 수 있습니다. 화면 전환이 이루어지는 메뉴에서도 전체 화면 전환을 하지 않고 메인 태스크를 살짝 보여줌으로써 사용자들이 메인 태스크인 Task 1에 바로 복귀하여 집중할 수 있게 합니다. 이러한 UI 구조는 실제 Android의 메인 테마로 잡혀 있고 반응형 웹앱에서도 많이 활용되고 있습니다. 반응형 웹앱은 같은 주제를 각기 다른 UI에 배치하는 어려움이 있습니다. 특히 웹 UI는 넓은 화면에 콘텐츠를 펼쳐 보일 수 있지만 작은 모바일 UI에서는 모두 한번에 보여줄 수 없습니다. 그래서 가장 중요한 태스크를 분석하여 작은 화면에서도 효율적인 배치를 통한 화면 UI를 구성합니다.

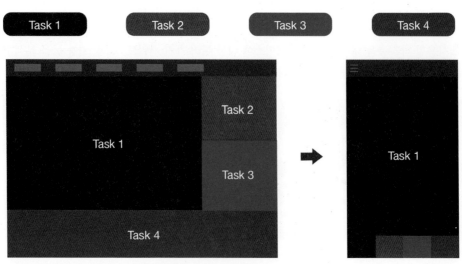

▲ 태스크 분석을 통한 반응형 UI 설계(웹, 모바일)

카테고리 분석을 통한 디자인 포지션 찾기

카테고리 분석은 서비스의 디자인 방향과 콘셉트를 결정하는 중요한 과정입니다. 우리 서비스와 비슷한 서비스를 찾아 동일한 사용자층을 분석합니다. 이러한 카테고리 분석은 우리 사용자들에게 익숙한 경험을 주기 위한 필수 과정인 것입니다.

1단계. 유사 카테고리 서비스 찾아 분석하기

유사 카테고리 서비스 분석은 우리가 제작하려는 서비스와 비슷한 주제의 서비스, 인기 있는 서비스, 경쟁 서비스를 찾는 과정입니다. 우리 서비스의 제작을 완료하면 그 유형에 따라 카테고리를 분류하는데 그 카테고리를 기준으로 분석합니다.

▲ 스토어의 카테고리를 기준으로 유사 서비스 찾기

2단계. 동일 사용자층 서비스 찾아 분석하기

우리 서비스와 주제가 겹치지는 않지만 비슷한 사용자층을 가진 서비스를 찾습니다. 예를 들어, 우리 서비스가 10~20대 여성 사용자를 위한 SNS라면 실제 10~20대 여성 사용자에게 인기 있는 서비스를 찾는 것입니다.

▲ 카테고리(주제)는 달라도 동일 사용자를 가진 서비스 찾기(10~20대 여성이 자주 사용하는 서비스 예시)

비록 서비스의 성격은 다를 수 있으나 같은 사용자층을 공유하므로 해당 사용자들의 감성, 선호하는 디자인 등을 참고할 수 있습니다.

3단계. 디자인 포지션(Design Position) 확정하기

카테고리 분석에서 찾은 다양한 서비스들을 기능과 사용자층 성격으로 분류합니다. 디자인 포지션을 통해 우리 서비스의 방향성과 실제 경쟁이 되는 서비스군을 찾습니다. 디자인 포지션은 두 가지 비교점을 분석하는데, 크게 기능과 사용자층의 대비되는 두 가지 요소를 찾습니다.

먼저 기능적인 부분에서 대비되는 두 가지 요소를 찾습니다.

'**기능 vs 감성**', '**텍스트 vs 사진**', '**복잡한 메뉴 vs 단순한 메뉴**'와 같이 서비스 성격에 따라 대비 요소를 찾고 양쪽으로 분류합니다. 그런 다음 '**여성 vs 남성**', '**학생 vs 직장인**', '**오픈 소셜 vs 로컬 소셜**' 등과 같이 사용자 대비 요소를 양쪽으로 분류합니다.

> **TIP** 오픈 소셜은 트위터, 페이스북과 같이 다방면으로 친구 추가가 이루어지는 SNS를 말합니다. 반면에 로컬 소셜은 인스타그램, 카카오페이지와 같이 선택적 친구 추가가 이루어지는 SNS를 말합니다.

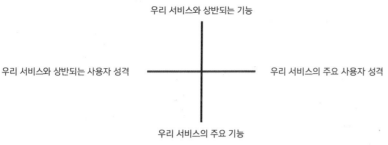

▲ 디자인 포지션의 구분 방법

디자인 포지션의 분류 방법은 우리 서비스를 기준으로 상반되는 요소를 찾은 후 반대편에 배치합니다. 그런 다음 '유사 카테고리 서비스'와 '동일 사용자층 서비스' 분석 단계에서 나온 서비스를 디자인 포지션 표에 배치합니다.

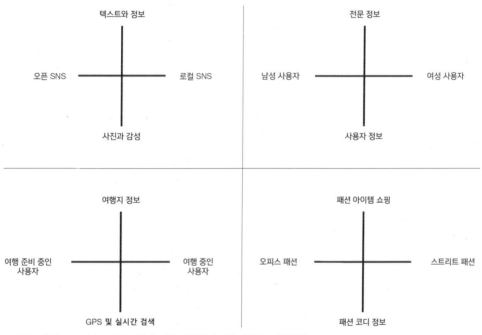

▲ 서비스 성격(SNS 서비스, 남/여 사용자, 여행, 패션 등)에 따른 디자인 포지션 분류

예시로 알아보는 디자인 포지션 과정

개인의 일상을 감각적인 사진으로 공유하는 SNS 서비스를 예로 들어보겠습니다. '유사 카테고리 서비스 분석'은 동일한 카테고리에 있는 인기 SNS 서비스가 될 것입니다. '동일 사용자층 서비스 분석'은 개인의 표현을 좋아하는 20~30대 젊은 사용자들이 많은 서비스가 될 것입니다.

주요 기능	개인 일상을 사진으로 친구들에게 공유하고 소통하는 SNS 서비스
주요 사용자	팔로잉, 팔로우를 통해 친구들에게 개인의 일상을 보여주고 싶어 하는 젊은 사용자

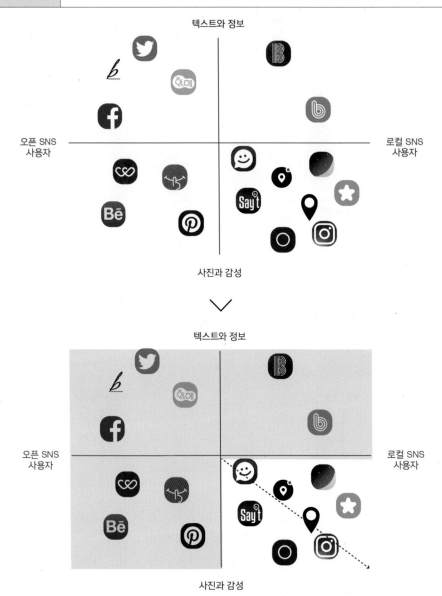

디자인 포지션을 통해 우리 서비스의 방향과 실제 우리가 벤치마킹해야 할 경쟁 서비스를 찾습
니다. 그런 다음 디자인 포지션에서 같은 분류에 나온 서비스 위주로 경쟁 서비스 분석을 진행
합니다. 우리 서비스를 사용할 사용자들도 같은 분류에 있는 서비스를 동시에 사용할 수 있으므
로 그 서비스만의 색상, 패턴, 레이아웃, UI 특징과 같은 디자인적인 특징을 분석합니다. 같은
분류에 포함된 서비스들의 디자인 특징은 향후 우리 서비스에 적용될 디자인 방향을 결정하는
데 주요 자료로 활용할 수 있습니다.

05

디자인 리서치를 통한 디자인 방향 설정하기

디자인 포지셔닝에서 나온 결과를 기준으로 우리 서비스와 같은 방향성의 서비스를 추출하고 서비스들의 장/단점, 디자인 특징, 주요 태스크 등을 분석합니다. 우리 서비스의 디자인 방향을 결정할 수 있는 무드보드, 컬러 스와치, 메타포 및 아이콘 디자인, 로고 디자인 등을 수행할 수 있도록 본격적인 시각화 작업에 들어갑니다.

무드보드(Moodboard)

무드보드(Moodboard)는 경쟁 서비스 분석에서 나온 다양한 디자인 특징을 파악하고 그 특징에 맞는 색상, 패턴, 메타포, 텍스처 등을 기준으로 우리 서비스의 디자인 방향성을 잡는 과정입니다.

▲ 다양한 형태의 무드보드

무드보드 제작은 UX 디자이너에게 가장 중요한 디자인 과정입니다. 디자인 포지션 분류 작업을 통해 경쟁 서비스에서 사용자들이 어떤 디자인적인 경험을 하는지 분석하여 우리만의 새로운 디자인 콘셉트를 창조하는 과정이며, 시각화 작업의 첫 번째 단계입니다. 무드보드 제작은 우리 서비스의 디자인적인 특징을 뽑아내는 중요한 단계이므로 소홀히 해서는 안 됩니다.

10 년차 선배의 멘토링　무드보드 벤치마킹

많은 디자이너가 참고하고 영감을 받는 비핸스(https://www.behance.net), 드리블(https://dribbble.com), 핀터레스트(https://www.pinterest.co.kr)에서 무드보드를 활용할 수 있습니다.

◀ 비핸스(https://www.behance.net)

◀ 드리블(https://dribbble.com)

◀ 핀터레스트(https://www.pinterest.co.kr)

컬러 스와치(Color Swatch)

컬러 스와치(Color Swatch)는 무드보드를 바탕으로 우리 서비스의 메인, 서브, 포인트 컬러를 설정하는 과정입니다. 사용자에게 가장 먼저 브랜드 경험(BX)를 제공하는 것이 색상이므로 서비스 제작에 가장 중요한 단계이기도 합니다. 컬러 스와치는 앱 서비스 전체에 사용되는 메인 컬러와 콘텐츠 집중에 사용되는 포인트 컬러로 나뉩니다.

메인 컬러 설정하기

메인 컬러는 앱 서비스의 아이콘, 배경, 상단 바, 버튼 등에 사용되는 색상 조합으로 보통 3~5 단계의 색상을 설정합니다. 콘텐츠의 집중 및 인지에 사용되는 포인트 컬러는 1~3단계의 색상을 설정합니다.

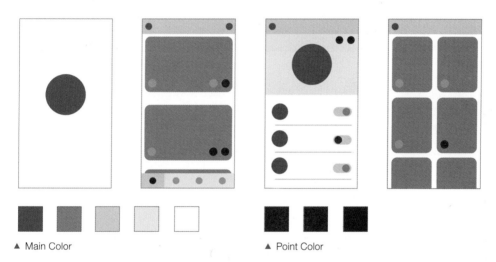

▲ Main Color   ▲ Point Color

메인 컬러를 설정할 때에는 몇 가지 색상 배색 방법 중 저채도 변화(Low Saturation Variation)를 주로 사용합니다. 원색에 가까운 색상(Hue)을 사용하면 앱 서비스의 전체적인 느낌이 어수선해 보일 수 있고 사용자가 서비스에 집중하기 어렵습니다. 명도(Brightness)의 변화는 흰색, 회색, 검은색을 주로 사용하지만 원색에 회색이 섞여 있는 명도 단계는 사용하지 않습니다.

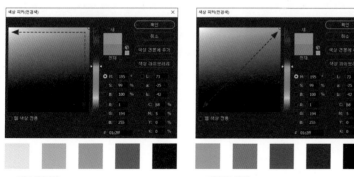

▲ 채도의 변화   ▲ 명도의 변화

스마트폰은 RGB 모드로 색상을 표현합니다. 따라서 검은색(Black)이 섞여 있는 명도의 변화 방법을 사용하면 스마트폰 자체에서 메모리 소모를 줄이기 위해 색상을 단순화하려고 합니다. 이러한 이유로 검은색이 많이 포함되면 자칫 색상이 깨질 수 있습니다. 명도의 조절보다 채도의 조절로 색상 단계를 만드는 것이 유리합니다.

▲ 채도의 변화   ▲ 명도의 변화

디자인 당시에는 나타나지 않은 색상의 변화가 실제 스마트폰 앱으로 만들어졌을 때에는 변화가 생깁니다. 바로 두 번째 색의 K값(검은색) 변화를 표현하기 위해 스마트폰 자체에서 색상을 최적화하기 때문입니다. 메인 컬러 및 포인트 컬러를 설정할 때에는 명도의 조절보다 채도의 조절로 색상을 설정하는 것이 효율적입니다.

포인트 컬러 설정하기

포인트 컬러는 메인 컬러에서 사용하지 않은 색상 중 콘텐츠의 집중과 인지, 유도에 사용되는 컬러입니다. 화면에서 사용자가 반드시 확인해야 하는 내용이나 사용성이 높은 메뉴, 사용자가 선택한 후 꼭 인지해야 할 메뉴 등에 사용됩니다. 보통 메인 컬러와 보색(Complementary Color) 컬러 또는 메인 컬러보다 높은 채도의 색상을 사용합니다. 포인트 컬러를 메인 디자인에 많이 사용하면 집중도가 떨어질 수 있으니 필요한 요소에만 적용하여 사용자의 사용성 및 인지, 유도를 이끌어내도록 합니다.

▲ 메인 컬러 대비 보색의 포인트 컬러   ▲ 메인 컬러 대비 고채도의 포인트 컬러

컬러 시뮬레이션 서비스 활용하기

메인 컬러와 포인트 컬러를 설정할 때에는 컬러 설정 후 스마트폰에서 테스트를 진행해봐야 합니다. 설정한 컬러를 직접 스마트폰에 적용하여 실제 환경에서 어떻게 구현되는지 확인하는 것이 좋습니다. 그러나 매번 컬러를 스마트폰에 시뮬레이션해보는 것이 번거롭습니다. 이러한 문제점을 개선하고자 Android와 iOS에서는 모바일 앱 제작에 최적화된 컬러 팔레트를 제공하고 있습니다.

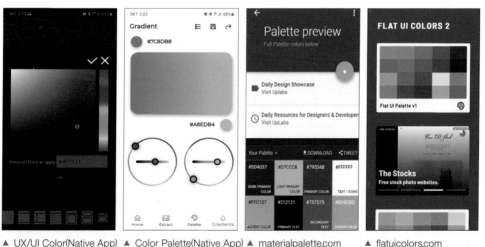

▲ UX/UI Color(Native App)　▲ Color Palette(Native App)　▲ materialpalette.com　▲ flatuicolors.com

기타 색상 지원 사이트	
https://color.adobe.com	https://coolors.co
https://color.hailpixel.com	https://www.color-hex.com
https://color.method.ac	http://sipapp.io
https://colorhunt.co	https://www.colourlovers.com
https://brandcolors.net	

기존에는 포토샵 팔레트 형태로 지원했으나 최근에는 다양한 템플릿 UI와 컬러 팔레트를 XD 파일로도 제공합니다. 이렇게 설정된 메인 컬러와 포인트 컬러는 XD로 제작할 때 색상 에셋

(Asset)으로 등록하여 UI 디자인에 사용합니다. 또한 개발자와 색상을 공유하여 규칙적이고 체계적인 작업을 수행할 수도 있습니다.

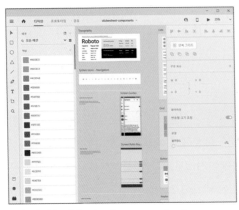 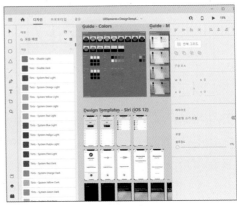

▲ Android : stickersheet–components.xd   ▲ iOS : UIElements+DesignTemplates+Guides-iPhone.xd

> **TIP** 이 책의 119쪽을 참고하여 UI-Kit 다운로드 방법을 확인하세요.

컬러 스와치는 서비스 전체에 사용되는 컬러를 설정하는 동시에 개발자와 공유하여 체계적으로 관리합니다. 색상 표기 방법은 # 뒤에 16진수로 표기하는 헥스 코드(Hex Code) 방식과 RGB의 255단계를 표기하는 RGB 표색계(RGB Colorimetric System) 방식이 있습니다. 실무에서는 헥스 코드 방식을 많이 사용하며, 설정한 컬러는 헥스 코드 방식으로 표기를 하여 컬러 스와치를 만듭니다.

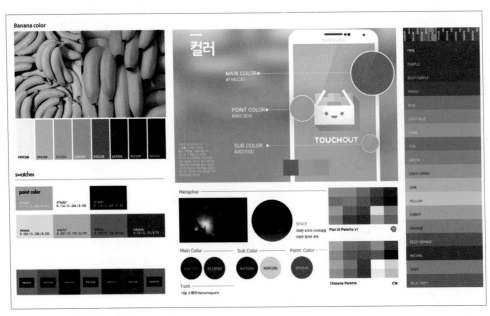

▲ 헥스 코드 방식의 컬러 스와치

06 / 런처 아이콘과 런치 스크린 디자인하기

런처 아이콘은 서비스를 대표하는 가장 중요한 이미지로, 모바일 앱 UX 디자인에서 가장 먼저 제작하는 요소가 되기도 합니다. 런처 아이콘을 제작하는 다양한 방법을 알아봅니다.

런처 아이콘(Launcher Icon)

런처 아이콘(Launcher Icon)은 이미지나 메타포를 이용하여 서비스를 대표하는 아이콘 이미지를 말합니다. 실제 앱 서비스를 스토어에 등록할 때도 대표 이미지로 등록하고 스마트폰에서 앱을 실행하는 아이콘으로 사용됩니다. 런처 아이콘 디자인은 앱 UX 디자인 과정 중 가장 첫 번째로 제작되는 완성 이미지입니다. 무드보드, 컬러 스와치 과정을 거친 후 제작합니다. 런처 아이콘이 가진 의미는 매우 중요하므로 많은 스케치와 시안 제작을 통해 완성합니다. 런처 아이콘 제작에는 몇 가지 필요한 규칙이 있습니다.

▲ 스토어의 앱 대표 이미지 및 스마트폰의 앱 실행 아이콘

운영체제 규격에 맞게 디자인하기

런처 아이콘은 운영체제의 디자인 가이드 규격에 따라 제작합니다. iOS는 앱 스토어에 등록하는 대표 이미지인 1024×1024px을 가장 먼저 만들고, Android도 구글 플레이에 등록하는 대표 이미지인 512×512px을 먼저 만듭니다. 그런 다음 각 단말기에 적용되는 해상도에 맞춰 크기를 줄입니다.

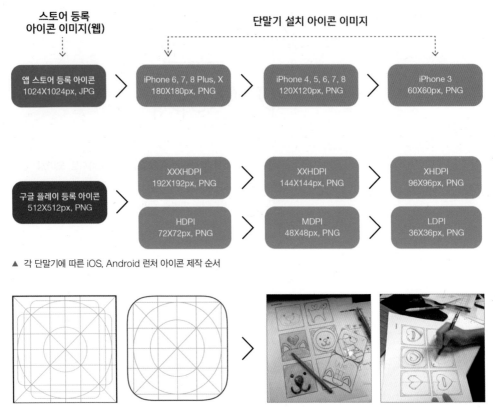

▲ 각 단말기에 따른 iOS, Android 런처 아이콘 제작 순서

▲ iOS, Android 규격에 맞는 런처 아이콘 디자인

iOS 런처 아이콘의 특징

iOS 런처 아이콘은 라운드 사각형을 사용합니다. 아이콘을 제작할 때는 정사각형으로 디자인하지만 실제 스마트폰에 적용될 때는 정해진 라운드 코너값으로 보입니다. 따라서 전체 모양을 디자인하고 투명도는 따로 적용하지 않습니다. 이때 주의할 점은 iOS 7으로 업데이트되면서 라운드 코너값이 변경되었으므로 운영체제의 버전에 맞춰 디자인합니다.

> **TIP** iOS 런처 아이콘의 라운드 코너값은 그래픽에서 구현할 수 없는 애플 고유의 코너값입니다. 최초 런처 아이콘 디자인 시 정해진 코너값에 맞춰 디자인하려면 별도의 템플릿(iOS Launcher Icon Template.psd)을 활용하여 디자인합니다. 저자의 카페(https://cafe.naver.com/032cafe)에서 템플릿을 다운로드할 수 있습니다.

▲ iOS의 런처 아이콘 표현 방식

Android 런처 아이콘의 특징

Android 런처 아이콘은 최초 512×512px로 디자인하며 그 크기 안에서 자유롭게 디자인하고 투명도를 적용합니다. 각 런처 아이콘이 다른 크기로 제작되기도 하므로 Android에서는 파일의 완성 크기와 아이콘의 크기를 별도로 제공합니다.

> **TIP** 아이콘 완성 크기는 512X512px이지만 이 크기는 파일의 크기이며 실제 아이콘 크기는 470X470px 이상으로 제작해야 합니다. 최소 470X470px 크기 이상으로 아이콘을 제작해야 다른 디자이너들이 제작해도 서로 비슷한 규격의 아이콘으로 표현됩니다. Android 런처 아이콘의 디자인 템플릿(Android Launcher Icon Template.psd)을 활용하여 디자인합니다. 저자의 카페(https://cafe.naver.com/032cafe)에서 템플릿을 다운로드할 수 있습니다.

▲ 각기 다른 디자인과 크기의 Android 런처 아이콘 표현 방식

사용자에게 동일한 BX 아이콘 제공하기

Android와 iOS 런처 아이콘은 표현 방식이 다릅니다. Android는 아이콘 모양을 자유롭게 디자인할 수 있지만 iOS는 동일한 규격의 코너값을 가진 아이콘으로 제작합니다. 이러한 이유로 자칫 같은 브랜드의 서비스라고 하더라도 다른 모양의 아이콘으로 제작할 수 있습니다.

▲ iOS 런처 아이콘　　▲ Android 런처 아이콘　　▲ iOS 런처 아이콘　　▲ Android 런처 아이콘

동일한 브랜드가 다른 디자인으로 제작되면 사용자에게 혼란을 줄 수 있습니다. 서로 다른 표현 방식이지만 최대한 동일한 모양이 나올 수 있도록 디자인해야 합니다. iOS 런처 아이콘은 디자이너가 별도의 변형을 줄 수 없으므로 Android 런처 아이콘을 최대한 iOS 런처 아이콘과 비슷하게 디자인합니다. 최근에는 Android 런처 아이콘도 대부분 라운드 사각형을 이용한 디자인을 많이 사용합니다.

TIP Android 런처 아이콘을 제작할 때 라운드 사각형 자체를 디자인으로 활용하고 포토샵에서 모서리가 둥근 사각형 도구의 코너 반경을 120px로 적용합니다. 이렇게 하면 iOS의 코너값과 유사한 곡선의 사각형을 얻을 수 있습니다. 물론 서로 미세한 차이가 날 수는 있지만 일반 사용자들은 동일한 브랜드의 런처 아이콘으로 인식할 수 있습니다.

▲ iOS 제작 런처 아이콘

▲ iOS 표현 런처 아이콘

▲ Android 런처 아이콘
(512X512px, 코너값 : 120px)

BX가 제대로 드러나게 디자인하기

최초 런처 아이콘을 디자인할 때 iOS는 1024×1024px, Android는 512×512px로 제작합니다. 생각보다 큰 사이즈이다 보니 많은 디자이너가 아이콘에 다양한 내용을 담으려고 합니다. 하지만 실제 스마트폰에는 작은 이미지로 들어가므로 아이콘에 너무 많은 내용이 담겨 있으면 제대로 보이지 않습니다. 런처 아이콘에 제목을 넣는 경우도 있는데, 스마트폰에 앱이 설치되면 아이콘 밑에 앱 제목이 자동으로 들어가므로 아이콘에 제목을 넣을 필요는 없습니다. 게다가 긴 제목은 아이콘이 작아지면 보이지 않습니다.

▲ iOS 런처 아이콘(1024X1024px부터 180X180px, 120X120px, 60X60px)

▲ Android 런처 아이콘(512X512px부터 192X192px, 144X144px, 96X96px, 72X72px, 48X48px, 36X36px)

런처 아이콘은 서비스를 대표하기 때문에 사용자들에게 쉽게 인지될 수 있어야 합니다. 그래서 상징적인 메타포나 서비스의 제목 등을 로고화하여 제작하는 것이 좋습니다. 컬러 스와치에서 나온 메인 컬러와 포인트 컬러를 적절하게 사용하여 앞으로 제작할 전체 UI와 통일감 있는 디자인을 유지합니다.

▲ 런처 아이콘과 런치 스크린

모바일 웹 런처 아이콘

모바일 웹 런처 아이콘은 사용자가 스마트폰을 이용해 검색하거나 직접 URL을 입력해 모바일 웹에 접속했을 때의 런처 아이콘을 말합니다. 대부분의 UX 디자이너는 Android, iOS와 같은 네이티브 앱 런처 아이콘만 생각하는 경우가 많은데, 실무에서는 HTML 기반의 모바일 웹 런처 아이콘도 제작해야 합니다.

모바일 웹은 검색이나 URL 입력을 통해 접속한 모바일 전용 웹페이지입니다. 주로 반응형 웹 앱으로 제작하여 웹과 모바일을 동시에 서비스하는 경우가 많습니다. 웹페이지 상태에서는 북마크나 즐겨찾기 등록 시 파비콘(Favicon)으로 사용하고 모바일 웹일 때는 런처 아이콘으로 사용합니다.

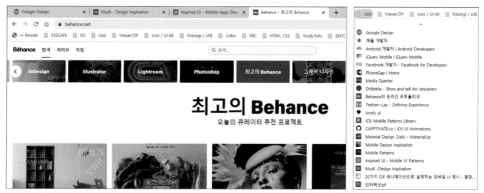

▲ 웹페이지 대표 아이콘   ▲ 북마크 대표 아이콘

모바일 웹 런처 아이콘의 특징

모바일 웹 런처 아이콘은 사용자가 직접 스마트폰에 URL을 입력하거나 검색을 통해 웹 페이지에 접속한 후 북마크나 즐겨찾기 등록을 하여 설치합니다. Android 단말기나 iPhone에 동시 설치할 수 있으므로 두 운영체제에 적합한 디자인과 크기를 사용해야 합니다.

▲ Android에 설치   ▲ iOS에 설치

모바일 웹 런처 아이콘은 스토어를 통하지 않고 바로 스마트폰에 설치되므로 단말기에 설치되는 아이콘 중 가장 큰 이미지 한 개를 선택하여 제작합니다. 가장 큰 아이콘 이미지는 Android XXXHDPI의 192×192px이며, 코너값(Radius)을 40px로 설정합니다. 이렇게 디자인한 파일을 icon.png로 저장하여 모바일 웹 이미지 소스에 첨부합니다. Android 단말기에서는 이미지 그대로 설치되지만 iOS의 iPhone에서는 밖으로 나온 부분이 잘린 채 iOS 런처 아이콘의 규격에 맞게 설치됩니다. 이러한 방식을 사용하면 Android, iPhone에 동일한 형태의 런처 아이콘이 설치됩니다.

```
      <!--사이트 이름 및 아이콘 등록명-->
❶ <title>032cafe</title>

      <!--모바일웹 런처 아이콘 등록 코딩-->
❷ <link rel="apple-touch-icon" href="icon.png"/>
❸ <link rel="shortcut icon" href="icon.png"/>
```

▲ HTML 런처 아이콘 등록 태그

이렇게 제작한 모바일 웹 런처 아이콘은 HTML 태그 중에 〈head〉와 〈/head〉 사이에 들어갑니다. 이때 ①의 〈title〉은 런처 아이콘 설치 시 앱의 이름으로 나오고 ②는 Android 크롬 브라우저, ③은 iOS의 사파리 브라우저에서 파비콘 및 런처 아이콘으로 인식합니다.

10 년차 선배의 멘토링 | 모바일 웹 런처 아이콘 설치하기

Android에서 런처 아이콘 설치하기

Android 단말기에서 크롬 브라우저를 실행하여 모바일 웹페이지(http://cafe0103.dothome.co.kr/rwd)에 접속합니다. 오른쪽 상단의 메뉴를 클릭(탭)하고 [홈 화면에 추가]를 선택합니다. 스마트폰 화면에 모바일 웹 런처 아이콘이 설치됩니다. 이때 크롬 브라우저를 통해 [홈 화면에 추가]를 권장합니다. 다른 브라우저에서 실행할 경우 런처 아이콘 모양이 다르게 표현되거나 이미지로만 나타날 수 있습니다.

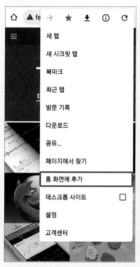 

iOS에서 런처 아이콘 설치하기

iPad에서 사파리 브라우저를 실행하여 모바일 웹 페이지(http://cafe0103.dothome.co.kr/rwd)에 접속합니다. 오른쪽 상단에 있는 내보내기(iPhone은 아래 메뉴)를 클릭(탭)하고 [홈 화면에 추가]를 선택합니다. iPad 화면에 모바일 웹 런처 아이콘이 설치됩니다.

이와 같은 모바일 웹 런처 아이콘 설치 방법은 UX 디자이너에게 런처 아이콘이 스마트폰에서 어떻게 보일 것인지 확인하는 테스트로도 활용할 수 있습니다.

런치 스크린(Launch Screen)

런치 스크린(Launch Screen)은 앱을 실행한 후 처음 나타나는 인트로 화면으로, 스플래시 스크린(Splash Screen)이라고도 합니다. 보통 서비스의 런처 아이콘의 로고를 사용하며 해당 서비스의 브랜드 이미지를 나타내기 위한 전략으로도 활용합니다. 이것은 앱 서비스의 가장 대표적인 디자인 컷으로 볼 수 있습니다. 보통 런치 스크린의 노출 시간은 1초에서 3초 사이이며 간단한 애니메이션이나 영상을 보여주기도 합니다. 앱 시작 전 빠르게 넘어가는 화면이지만 사용자가 서비스 브랜드를 인식하는 첫 화면임을 감안하면 짧지만 중요한 역할을 하는 화면입니다.

TIP 런치 스크린 노출 시간을 지연 시간 값 또는 딜레이(Delay) 값이라고 합니다. 보통 짧게 보여주고 사라지게 하는 화면이므로 로고를 안정적으로 배치해야 합니다.

시각 보정을 이용해 로고 배치하기

런치 스크린은 보통 런처 아이콘에서 사용한 로고를 이용해 디자인합니다. 주로 중앙 정렬을 이용해 배치하는데, 로고의 형태에 따라 세부 배치는 조금씩 달라질 수 있습니다. 런치 스크린의 로고 배치와 관련된 디자인 가이드라인은 없지만 일반적으로 상하 비율을 1:1로 지정하여 로고를 배치합니다. 최근에는 스마트폰의 세로 크기가 길어져 로고를 0.8~0.9:1 비율로 배치합니다. 사용자의 시선은 위에서 아래를 향하므로 중요한 로고를 살짝 위쪽(0.8:1 비율)에 배치하면 사용자가 서비스를 인지하고 안정감을 느낄 수 있습니다.

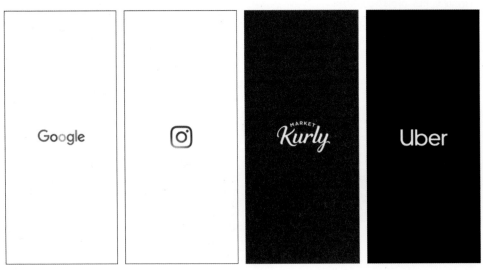

▲ 1:1 비율 배치

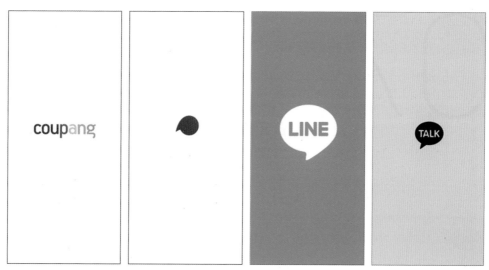

▲ 0.8~0.9:1 비율 배치

다양한 기능을 담은 런치 스크린

런치 스크린은 앱을 최초 실행할 때 나타나는 인트로 화면으로 사용합니다. 로그인이나 회원 가입 등을 유도하는 화면으로 사용할 수도 있습니다. 런치 스크린에 서비스 로고와 함께 주요 기능을 담고 있는 버튼을 같이 배치하기도 합니다.

런치 스크린에 로고를 제외한 다른 기능을 적용하려면 9Grid를 활용하여 배치합니다. 9Grid는 화면 전체를 3등분 한 그리드를 말하는데, 사용자의 시선을 고려해 1/3 위치에 중요한 로고를 배치하고 사용자의 조작이 용이한 2/3 위치에 기능 버튼을 배치하는 구도입니다. 9Grid를 활용하면 시각 보정과 사용성의 가장 안정적인 구도를 잡을 수 있습니다.

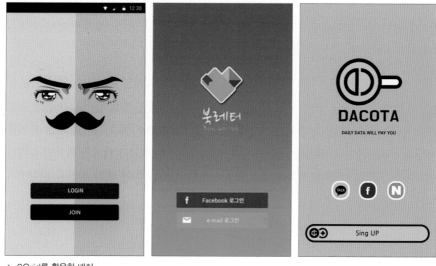

▲ 9Grid를 활용한 배치

07

와이어 프레임 형식의
UI 구조 설계하기

서비스의 전체 스토리보드를 제작하는 과정을 UI 구조 설계라 합니다.
서비스 구분, 태스크 리서치, 카테고리 분석, 런처 아이콘 디자인을
바탕으로 서비스를 구체화하는 과정입니다. 이번에는 와이어 프레임
형식의 다양한 구조 설계에 대해 알아봅니다.

UI 구조 설계(UI Structure)

UI 구조 설계(UI Structure)는 시각적인 표현과 전체 흐름을 파악할 수 있는 와이어 프레임 형식의 UI로 설계하는 것이 좋습니다. 와이어 프레임(Wireframe)은 화면 단위의 레이아웃을 설계하는 과정으로 간단한 모양의 화면을 사용하여 인터페이스 및 레이아웃을 시각화하는 작업입니다. 전체 화면의 뎁스(Depth), 화면 이름, 메뉴 구성, 주요 기술 표기, 화면 연결 등을 표시하여 한눈에 서비스 전체를 시각적으로 파악하기 위해 제작합니다.

와이어 프레임 형식의 UI 구조는 UX 디자이너가 작업을 시작하고 개발 파트의 작업 방향을 설정하는 기초 역할을 합니다. 와이어 프레임은 개발자가 다음 작업 단계로 넘어가기 전에 꼼꼼하게 계획할 기회를 제공하므로 누락된 작업을 위해 다시 뒤로 돌아가야 하는 위험성을 줄여줍니다. 또한 디자이너는 시각 디자인의 세부 묘사에 너무 치우치지 않고 전체적인 디자인 전략을 테스트할 수 있습니다. 몇 개만의 시각적 요소를 사용하면 세부 사항에 대한 작업을 진행하기 전에 핵심적인 디자인 의사 결정에 집중할 수 있습니다.

페이퍼 프로토타입(Paper Prototype)과 UI 설계하기

페이퍼 프로토타입(Paper Prototype)은 디자인 및 개발, 기획 간에 효과적인 의사 전달이나 효율적인 서비스 제작을 위해 종이에 그림이나 텍스트, 포스트잇, 색상, 화살표 등으로 제품을 상상하여 표현하는 방법입니다. 수많은 수정을 거쳐 완성 서비스에 반영하기 위한 과정 중 하나입니다. 쉽게 말하면 완성 그림을 그리기 위해 스케치를 하는 과정으로 이해할 수 있습니다.

협업을 통한 페이퍼 프로토타입 제작

페이퍼 프로토타입을 사용하는 첫 번째 목적은 디자인 문턱을 낮추고 팀원 간의 자유로운 브레인스토밍(Brainstorming)으로 아이디어를 얻는 것입니다. 보통 UI나 GUI를 설계할 때 디자이너만 참여하는 경우가 많습니다. 하지만 페이퍼 프로토타입은 디자인 툴의 기술적인 방법을 사용하지 않고 종이에 아이디어를 스케치하므로 기획 또는 개발 파트와 함께 제작하여 정보를 공유할 수 있습니다.

▲ 페이퍼 프로토타입 제작

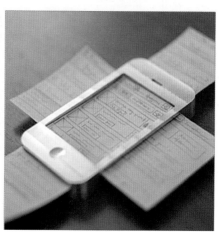

▲ 페이퍼 프로토타입을 이용한 인터랙션 구현

페이퍼 프로토타입을 이용한 GUI 및 인터랙션 구현

페이퍼 프로토타입을 제작하면서 대략적인 화면 구성과 GUI를 제작할 수 있습니다. 미리 전체 UI와 GUI를 설계하여 시연하면서 시행착오를 줄일 수 있고 잘못된 부분이 생겼을 때 빠르게 수정할 수도 있습니다. 기술적인 구현이 필요한 다양한 인터랙션이나 장면 전환, 특수한 기능 추가 등 개발 파트와 함께 제작하므로 페이퍼 프로토타입에서 정의를 내릴 수 있습니다.

▲ 페이퍼 프로토타입을 이용한 GUI 시연

서비스 전체 UI의 흐름 파악

UI 설계 중 가장 중요한 요소는 화면 연결입니다. 화면과 화면을 와이어 또는 선을 이용하여 서로의 흐름을 표시합니다. 사용자가 앱 서비스를 처음 설치했을 때를 가정하여 앱 설치 시작부터 앱을 사용하는 모든 화면을 서로 연결해, 실제 서비스가 작동되는 현실감 있는 흐름을 보여줍니다.

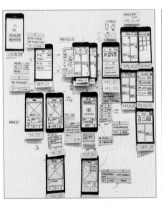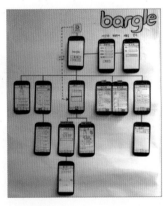

▲ 페이퍼 프로토타입을 이용한 전체 UI 설계

이렇게 페이퍼 프로토타입으로 제작된 UI 구조는 여러 번의 수정과 피드백을 통해 완성도 높은 UI 설계를 할 수 있는 바탕이 됩니다. 최종 완성된 페이퍼 프로토타입을 그대로 그래픽화하여 좀 더 정확하게 표현할 수 있습니다.

그래픽 툴을 이용한 UI 제작

최근에는 페이퍼 프로토타입을 바탕으로 한 UI를 XD로 제작합니다. 단순한 구조 설계와 GUI 설계가 용이하고, 특히 프로토타입 기능을 이용하여 실제 UI 및 인터랙션까지 구현할 수 있어 매우 효율적입니다. XD를 이용해 UI 구조를 설계하면 앱 GUI 디자인에 바로 적용할 수도 있습니다. XD에서는 GUI 디자인 기능과 프로토타입 기능, 인터랙션 기능을 모두 활용할 수 있고 UI를 함께 공유하여 팀 작업을 효율적으로 수행할 수 있습니다.

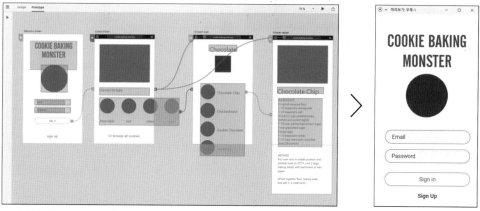

▲ XD를 활용한 프로토타입 제작

동일한 구조의 UI 설계하기

Android, iOS, 모바일 웹앱, 반응형 웹앱(RWD), 적응형 웹앱(AWD)에 따라 운영체제와 제작 방식이 다르므로 UI 설계도 달라야 합니다. 최근에는 서로 다른 운영체제라고 하더라도 사용자에게 동일한 서비스를 경험할 수 있게 설계하는 것이 특징입니다.

TIP Android와 iOS는 고유한 레이아웃과 UI가 있습니다. 특히 두 운영체제의 가장 큰 차이는 [뒤로 가기] 버튼입니다. Android는 상단 탭 메뉴를 사용하고 iOS는 하단 탭 메뉴를 사용합니다. Android 기반의 스마트폰은 단말기 자체에 [뒤로 가기] 버튼이 있어 앱 UI에 [뒤로 가기] 버튼을 생략해도 됩니다. 반면 iOS 기반 스마트폰은 단말기에 [뒤로 가기] 버튼이 없어서 앱 UI에 [뒤로 가기] 버튼을 항상 배치해야 합니다.

▲ 2018년 이전의 Android 페이스북 기본 구조

▲ 2018년 이전의 iOS 페이스북 기본 구조

▲ 2018년 이후의 Android와 iOS의 UI 비교(인스타그램, 카카오톡)

동일한 서비스가 운영체제별로 다른 UI로 제작되면 사용자에게 혼란을 줄 수 있습니다. 최근에는 이를 해결하기 위해 하나의 제작 파일로 Android와 iOS를 동시에 서비스할 수 있는 하이브리드 앱 또는 모바일 웹앱이 발전하였습니다. Android와 iOS의 네이티브 앱도 고유의 UI를 탈피하여 통일된 UI와 GUI로 화면을 설계합니다. 동일한 UI 디자인을 유지하기 위한 노력이 이루어지고 있는 것입니다.

UI 뎁스(Depth)와 GUI 표시하기

서비스 전체의 수직 구조의 깊이인 뎁스(Depth)를 표시합니다. 뎁스는 앱을 실행하는 메인 페이지부터 1뎁스로, 탭하여 들어가는 서브 페이지를 2뎁스, 상세 페이지를 3뎁스로 보며, 모바일 앱은 3뎁스를 넘지 않게 설계합니다. 상대적으로 작은 화면의 스마트폰 특성상 주요 태스크인 메인 페이지에 집중하고 사용자들이 바로 메인 페이지로 복귀할 수 있도록 3뎁스 이상의 구조는 지양합니다. UI 설계 시 3뎁스가 넘을 때는 장면 전환을 주지 않고 팝업(Popup)을 이용해 뎁스를 줄일 수도 있습니다.

TIP 뎁스를 표시할 때 스플래시 화면(Splash Screen), 로그인 및 회원 가입 화면(Login&Signup Screen)과 같은 랜딩 페이지는 포함하지 않습니다. 랜딩 페이지(Landing Page)는 사용자들이 서비스에 최초 접속했을 때 사용자의 특정 액션 및 사용을 유도하는 페이지입니다. 모바일 앱에서는 앱 시작 화면인 스플래시 화면, 로그인 및 회원 가입 화면 등 서비스 가입 및 메인 페이지로 유도하는 의미를 가지고 있습니다.

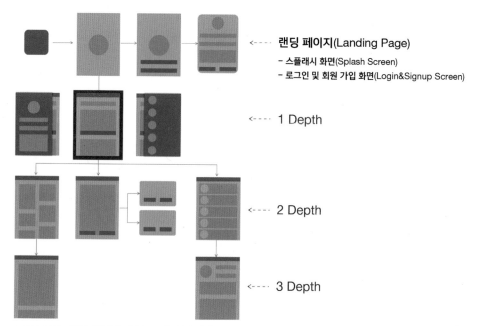

랜딩 페이지(Landing Page)
- 스플래시 화면(Splash Screen)
- 로그인 및 회원 가입 화면(Login&Signup Screen)

1 Depth

2 Depth

3 Depth

▲ 뎁스 표시는 메인 페이지를 기준으로 1뎁스부터 시작

각 화면별로 대략적인 GUI 설계도 함께 제작합니다. 이때 화면에 버튼이나 내용, 추가 기능 등을 표시하여 프로토타입 디자인에 활용할 수 있습니다. UX 디자이너가 UI를 설계할 때 동시에 개발자들도 같은 형식으로 화면과 버튼, 기능을 구성합니다. 그러므로 화면별로 대략적인 GUI를 표현하는 것이 좋습니다.

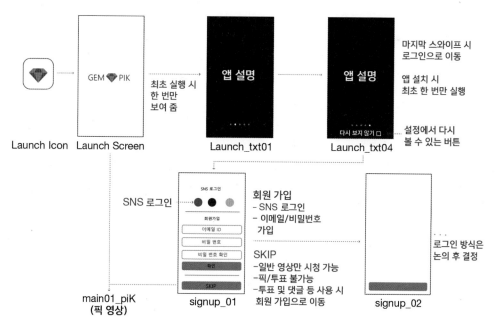

▲ 대략적인 GUI 설계

정확한 화면 이름과 파일명 표기하기

디자이너가 UI 디자인 설계를 시작하면 동시에 개발자도 UI 설계에 들어갑니다. 아직 디자인이 나오지는 않았지만 향후 제작할 화면을 UI 설계를 바탕으로 제작하게 됩니다. 이때 정확한 내용 전달 및 협업을 위해서는 설계하는 화면을 명확한 이름으로 표기해야 합니다. 화면 이름을 정할 때는 '화면 이름–번호–서브 화면 이름–번호'처럼 큰 구조에서 작은 구조로 정합니다. 이 방법은 화면 이름뿐만 아니라 향후 개별 이미지의 파일명을 정할 때도 마찬가지입니다. 화면 이름과 파일명을 화면 단위 구조로 표기하는 이유는, 제작 과정에서 생성되는 수많은 화면과 파일들을 혼동하지 않고 어디에 사용할지 바로 확인할 수 있기 때문입니다. 이러한 구조 형태의 화면 이름 및 파일명을 표시할 때는 크게 두 가지 표기법을 사용하여 정합니다. 언더바 표기법(Under-bar Case)과 카멜 표기법(Camel Case)입니다.

언더바 표기법(Under-bar Case)	카멜 표기법(Camel Case)	내용
main01_first01	main01First01	메인 01번에 첫 번째 화면
main02_top03_sub01	main02Top03Sub01	메인 02번에 세 번째 상단 화면에 첫 번째 서브 화면
main03_pop01	main03Pop01	메인 03번에 첫 번째 팝업 화면
main04_log_btn_on.png	main04LogBtnOn.png	메인 04번에 활성 로그인 버튼
main05_list03_ic.png	main05List03Ic.png	메인 05번에 세 번째 리스트의 아이콘

언더바 표기법은 개발 및 디자인 시 가장 많이 사용하는 표기법입니다. 띄어쓰기로 인한 오류를 방지하고자 다른 항목으로 넘어가는 구간을 언더바로 구분합니다. 카멜 표기법은 구간과 구간 사이 즉, 두 개의 단어가 합쳐질 때 두 번째 단어 첫 글자를 대문자로 표기합니다. 낙타의 봉처럼 대문자가 솟아나 있어 카멜 표기법이라고 합니다. 그 외에도 사용 용도에 따라 파일명만 봐도 어떤 용도의 이미지인지 알 수 있는 '예약어'를 사용합니다.

예약어	의미	예약어	의미	예약어	의미
sc	스크린	pop	팝업	msk	마스크
btn	버튼	ic	아이콘	ls	리스트
img	이미지	on/of	활성/비활성	thum	섬네일
ck	체크	input	입력	in	인풋 상자
box	박스	bg	배경	.9	나인패치

▲ 다양한 예약어

포지티브 와이어(Positive Wire)와 네거티브 와이어(Negative Wire) 표시하기

포지티브 와이어(Positive Wire)와 네거티브 와이어(Negative Wire)를 정확하게 표시하는 과정도 중요합니다. 포지티브 와이어는 실제 서비스가 정상적으로 이루어지는 흐름을 말합니다. 네거티브 와이어는 사용자가 로그인하지 않았을 때, 잘못된 정보 입력, 삭제, 취소와 같이 정상적인 흐름이 아닐 때 발생하는 화면의 연결 또는 팝업 등을 말합니다.

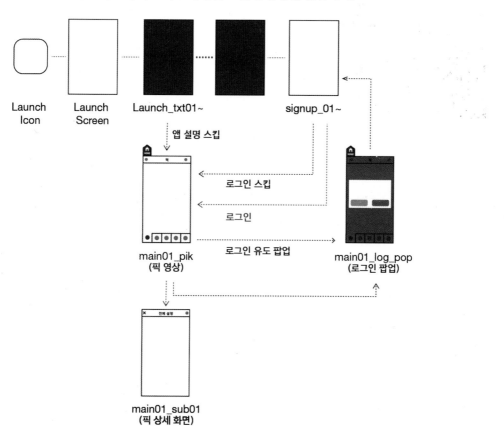

▲ 포지티브 와이어의 표기

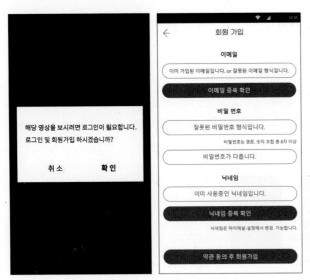

▲ 네거티브 와이어의 실현 디자인

대부분 UI를 설계할 때 정해진 흐름대로 제작하는 경우가 많지만 여러 상황을 고려하여 모든 화면을 포함하는 UI 설계가 이루어져야 합니다. 이와 같이 UX 시나리오는 서비스 제작 전에 서비스의 제작 방향, 태스크 분석, 디자인 리서치, UI 설계 등을 미리 설정하고 전체 방향을 잡는 과정이며 UX 디자이너가 수행하는 중요한 업무입니다.

CHAPTER 03

—

모바일 해상도 및 제작 방법

모바일 해상도는 모바일 UX 디자인 시 가장 중요한 요소입니다. 이번에는 모바일 앱 디자인에서 가장 많이 사용하는 해상도부터 제작 해상도와 표현 해상도의 개념, 각 운영체제별 해상도와 제작 방법에 대해서 알아봅니다.

01

모바일 해상도와
72dpi 이해하기

모바일 앱 디자인 시 가장 어렵게 느껴지는 부분이 바로 해상도입니다.
모바일 해상도와 모니터 해상도 기준의 72dpi에 대해 알아봅니다.

모바일 해상도

모바일 해상도는 모바일 UX 디자인 시 가장 중요한 요소입니다. 그러나 웹 기반의 작업만 하던 디자이너는 모바일 앱 디자인에서 해상도를 가장 어려워합니다. 웹 해상도와 모바일 해상도는 화면을 표시하는 디스플레이가 달라 해상도의 적용 방식과 단위에 차이가 나기 때문입니다.

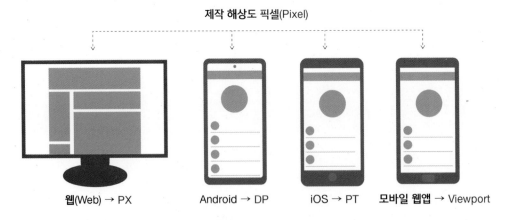

제작 해상도 픽셀(Pixel)

웹(Web) → PX   Android → DP   iOS → PT   **모바일 웹앱** → Viewport

보통 PC를 이용해 다양한 콘텐츠를 디자인하고 제작하기 때문에 PC 모니터를 기준으로 한 픽셀을 사용합니다. PC로 제작한 콘텐츠를 PC 모니터를 통해 본다면 문제가 없습니다. 그러나 스마트폰과 같은 모바일 화면에서 본다면 해상도에 변화가 생깁니다.

72dpi

픽셀(Pixel)은 그래픽 디자인에서 가장 많이 사용하는 단위입니다. 보통 픽셀을 제작 해상도라고 하며 웹 디자인, 앱 디자인과 같이 디스플레이용 표현과 인쇄 및 프린트를 위한 표현으로 나뉩니다. 이때 DPI 또는 PPI 단위 기준을 사용합니다. DPI는 'Dots Per Inch'의 줄임말로 가로세로 1inch에 들어가는 도트의 수를 정의합니다. PPI는 'Pixel Per Inch'의 줄임말로 가로세로 1inch에 들어가는 픽셀의 수를 정의합니다.

TIP 제작에서 DPI로 설정한 결과물은 PPI 결과물로 표현됩니다. 제작 설정과 표현 결과로 나뉘지만 보통 DPI 해상도 기준을 동일한 의미로 사용합니다.

포인트(Point), 파이카(Pica)

그래픽 디자인에서 자주 사용하는 해상도는 72dpi입니다. 72dpi를 이해하기 위해서는 포인트(Point)와 파이카(Pica)를 이해해야 합니다. 포인트는 'pt'로 표시되는 단위로써 글자(Type)의 크기나 행간을 측정하는 데 사용합니다. 디스플레이 화면에 사용자가 안정적으로 글자를 인식할 수 있도록 최소 12pt로 사용합니다. 8pt, 6pt는 글자가 정상적으로 표시되지 않거나 안티에일리어싱(Anti-Aliasing) 효과로 인해 왜곡됩니다. 파이카는 행의 폭을 측정할 때 사용하는 단위로 6파이카는 72pt인 1inch에 해당합니다. 1파이카는 12pt이고, 72pt는 1inch입니다.

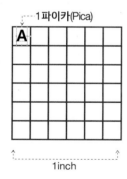

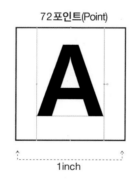

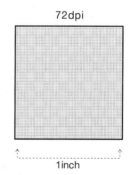

72dpi에서 12pt를 기준으로 여섯 글자를 배치했을 때 정확히 여섯 글자가 들어가는 영역이 최소 DPI입니다. 이처럼 그래픽 디자인을 할 때 해상도를 72dpi로 설정하는 것은 타이포그래피에서 시작했습니다. 인쇄 및 출력을 제외한 디자인은 해상도를 72dpi로 설정합니다.

72dpi의 표현 해상도

그래픽 제작 시 해상도를 72dpi로 설정하면 가로세로 1inch 안에 72개의 픽셀이 표현되고, 모니터 및 디스플레이에서 100% 크기로 보입니다. 최근 출시되는 대부분의 모니터 및 디스플레이 또한 72dpi를 100% 크기로 표현한 것입니다. 단, 애플의 레티나 디스플레이나 스마트폰의 디스플레이는 72dpi보다 밀도가 높은 LCD를 사용하므로 제작 해상도와 표현 해상도가 다르게 표현됩니다. 이런 차이 때문에 해상도 변환이 필요합니다.

표현 해상도에 따라 해상도 바꾸어 제작하기

디스플레이 해상도는 대부분 72dpi를 기준으로 하지만 Windows 운영체제는 96dpi를 기준으로 제작합니다. 하지만 해상도가 높더라도 대부분 디스플레이 해상도는 72dpi로 되어 있어 96dpi로 제작하더라도 72dpi로 표현됩니다. 최근 출시되는 스마트폰 디스플레이는 최고 640ppi까지 표현되는데 간혹 그래픽 제작 시 해상도를 640ppi로 설정하여 제작하는 경우도 있습니다. 스마트폰 디스플레이 중 XXXHDPI 해상도 단말기는 640ppi까지 표현할 수 있는 단말기입니다. Android 단위인 DP 기준으로 360×640dp이며 640ppi는 가로세로 1inch 안에 640개의 픽셀을 표현할 수 있는 디스플레이를 사용합니다.

> **TIP** DPI는 모니터 등의 디스플레이나 프린터의 가로세로1inch 안에 몇 개의 도트(Dot, 점)로 표현할 것인가에 대한 단위로, 보통 그래픽 제작 시 많이 사용하는 단위입니다. PPI는 모니터 등의 디스플레이의 가로세로 1inch 안에 몇 개의 픽셀로 표현이 가능한지에 대한 능력치 단위입니다. 즉, DPI로 설정하여 제작한 그래픽이 디스플레이에서 PPI로 표현된다고 볼 수 있습니다.

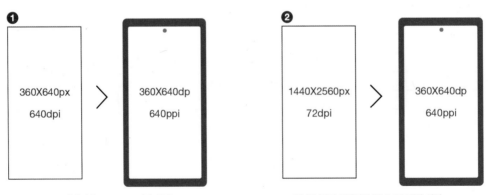

❶ 360X640px 640dpi → 360X640dp 640ppi

❷ 1440X2560px 72dpi → 360X640dp 640ppi

▲ XXXHDPI 단말기에 640dpi로 제작 설정　　　▲ XXXHDPI 단말기에 72dpi로 제작 설정

①과 같이 픽셀 기준으로 360×640px로 설정하고 해상도를 640ppi로 제작한다고 가정해봅니다. 이론적으로는 가능하지만 해상도를 높인다고 하여 실제로 그만큼의 픽셀로 표현되지 않습니다. 해상도를 높여도 모니터에서는 결국 72dpi만 표시되기 때문입니다. 이와 같은 방법으로 이미지를 제작하면 실제 고해상도인 스마트폰에서는 이미지가 깨집니다. 그래서 ②처럼 100% 기준인 72dpi로 설정한 후 화면의 크기를 키워 제작합니다. 그러면 고해상도 단말기에서는 큰 이미지가 작아지면서 스마트폰 디스플레이에서 640ppi로 표현됩니다. 이와 같이 제작 해상도와 표현 해상도가 다르므로 앱 디자인을 할 때 항상 제작 이미지와 표현 이미지의 크기를 고려해야 합니다. 한편, XD는 자동으로 해상도에 맞는 크기의 이미지로 추출해주는 기능이 있어 좀 더 효율적으로 작업할 수 있습니다.

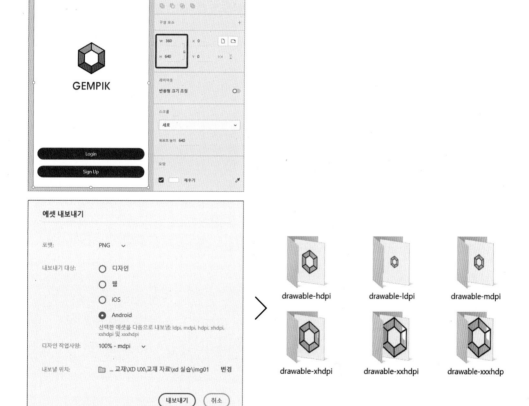

▲ XD의 해상도별 이미지 추출 기능

02

Android의 DP 해상도 및 제작 방법

Android 해상도 체계는 모바일 해상도의 기준이 됩니다. 여기서는 Android의 자체 해상도와 앱 디자인 방식에 대해 알아봅니다.

Android DP 해상도 이해하기

Android 해상도는 DP 단위를 사용합니다. DP(Device independent Pixel)는 가로세로 1inch 안에 표현되는 픽셀의 개수를 말하며, 어떠한 해상도에서도 같은 크기를 보여주는 것을 핵심으로 하는 Android OS의 고유 단위입니다.

Android 제작 해상도와 표현 해상도

Android는 XXXHDPI, XXHDPI, XHDPI, HDPI, MDPI, LDPI로 구분되는 총 여섯 개의 자체 해상도를 가지고 있습니다. Android 해상도를 이해하려면 먼저 Android 앱 디자인 방식을 알아야 합니다.

TIP 상용으로 출시된 Android 스마트폰의 해상도는 HDPI부터입니다.

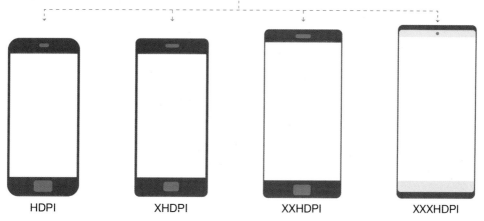

▲ Android 앱 제작 파일(apk) 적용 방법

Android 앱 제작 파일을 apk 파일이라고 합니다. 다양한 종류와 해상도를 가진 Android 스마트폰에 대응하기 위해서는 해상도별로 다른 크기의 이미지를 제작해야 합니다. 이때 고정 픽셀로 제작하면 같은 앱이라도 해상도에 따라 GUI가 다르게 표현될 것입니다. 그래서 제작은 픽셀 기반으로 하지만 실제 표현할 때는 모든 해상도의 단말기가 고정된 DP로 변환되어 동일한 GUI를 표현합니다.

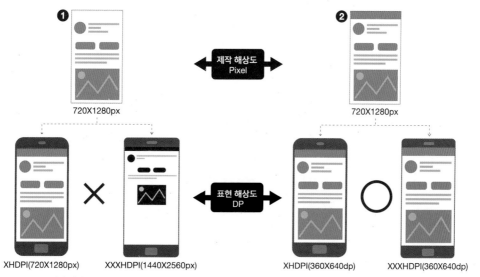

▲ Android 제작 해상도와 표현 해상도

①과 같이 스마트폰의 해상도를 픽셀 기준으로 표현하면 제작 해상도의 픽셀과 다른 해상도의 스마트폰에서는 GUI가 다르게 표현됩니다. 그래서 Android 해상도 체계는 ②와 같이 픽셀로 제작된 GUI를 표현할 때 다른 해상도의 스마트폰에서도 동일한 DP의 규격으로 표현합니다. 즉, XXXHDPI, XXHDPI, XHDPI, HDPI, MDPI, LDPI 모두 다른 픽셀의 해상도이지만 실제 표현될 때는 동일한 DP로 표현됩니다. 이렇게 동일하게 표현하는 기준 해상도가 MDPI 해상도입니다.

MDPI 해상도

단말기 제조사마다 MDPI 크기는 조금씩 다를 수 있습니다. 다음은 Android의 가장 대표적인 Galaxy 시리즈 단말기를 기준으로 해상도를 표시하였습니다.

Android 해상도	제작 해상도/Pixel	대표 스마트폰 단말기	표현 해상도/DP	비율
LDPI	270×480	–		0.75
MDPI	360×640(360×760)	–		1
HDPI	480×800(853)	Galaxy S1, S2	360×640 (360×760)	1.5
XHDPI	720×1280	Galaxy S3		2
XXHDPI	1080×1920	Galaxy S4, S5		3
XXXHDPI	1440×2560	Galaxy S6, S7, S8		4

제작 해상도가 픽셀 기준으로 각각 다르더라도 실제 Android 스마트폰에서 표현될 때는 MDPI를 기준으로 360×640dp로 표현됩니다. 물론 최근에 출시된 Galaxy S10 단말기 이후부터는 360×760dp 해상도를 표현한 것도 있지만 Android의 기본 MDPI 해상도는 360×640dp입니다.

> **TIP** Android의 기본 해상도는 360×640dp이지만 최근 풀스크린의 360×760dp 크기의 단말기도 많이 출시되었습니다. 런치 스크린 또는 메인 화면과 같은 대표 화면은 두 가지를 고려해 디자인하는 것이 좋습니다.

Android DP에 따른 표현 방식 알아보기

Android 단말기는 어떤 해상도의 단말기라도 ①과 같이 MDPI인 360×640dp 해상도로 표현됩니다. 대신 MDPI로 그리드가 표현되지만 실제 각 해상도별로 ②와 같이 1dp에 표현되는 픽셀의 수는 다릅니다. 다시 말해 XXXHDPI, XXHDPI, XHDPI, HDPI, MDPI, LDPI의 여섯 개의 해상도 단말기의 1dp는 ②와 같이 픽셀을 표현할 수 있는 단말기라는 의미입니다.

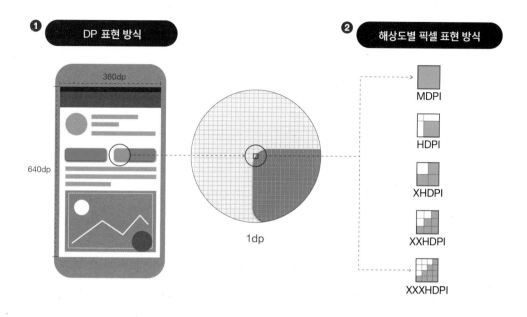

① DP 표현 방식	② 해상도별 픽셀 표현 방식

MDPI

HDPI

XHDPI

XXHDPI

XXXHDPI

360dp

640dp

1dp

Android DP에 따른 이미지 제작 방식 알아보기

Android는 여섯 개의 모든 해상도를 제작하는 방식과 대표 해상도 한 가지를 선택하여 제작하는 방식이 있습니다.

Android		iOS			모바일 웹	
❶ 6Set	❷ 1Set	@1x	@2x	@3x	6Set	1Set
XXXHDPI XXHDPI XHDPI HDPI MDPI LDPI	대표 해상도	iPhone	iPhone 4 iPhone 5 iPhone 6 iPhone 7 iPhone 8 iPhone XR iPhone 11	iPhone 6+ iPhone 7+ iPhone 8+ iPhone X iPhone XS Max iPhone 11 Pro	XXXHDPI XXHDPI XHDPI HDPI MDPI LDPI	대표 해상도

❸ Adobe XD

①은 여섯 개의 해상도를 모두 제작하는 방식입니다. 이미지 특성상 가장 큰 XXXHDPI를 먼저 제작하고 그 다음 해상도 순으로 크기를 줄이며 각 이미지를 저장합니다. 이 방식은 모든 해상도에 대응할 수 있지만 모든 해상도를 다 만들어야 하고 실제 앱 서비스 시 모든 해상도의 이미지가 첨부되어 앱 용량이 커지는 단점이 있습니다.

②는 여섯 개의 해상도 중 서비스하고자 하는 앱의 성격에 맞게 가장 대표적인 해상도 1set만 제작합니다.

	LDPI	MDPI	TVDPI	HDPI	XHDPI	XXHDPI	TOTAL
SMALL	0.1%				0.1%		0.2%
NORMAL		0.4%	0.3%	17.0%	41.1%	25.9%	84.7%
LARGE		1.8%	2.0%	0.7%	2.6%	2.1%	9.2%
XLARGE		3.5%		1.9%	0.5%		5.9%
TOTAL	0.1%	5.7%	2.3%	19.6%	44.3%	28.0%	

▲ Android의 해상도별 배포 현황(https://developer.android.com/about/dashboards?hl=ko)

Android에서는 분기마다 해상도 배포 현황을 제공합니다. 배포 현황을 참고하여 가장 많이 사용하고 있는 해상도를 플랫폼형 서비스로, 그보다 한 단계 높은 해상도를 몰입형 서비스로 제작합니다. 현재 배포 현황을 기준으로 정보 위주의 서비스인 플랫폼형은 XHDPI(720×1280px), 기능 위주의 몰입형 서비스는 XXHDPI(1080×1920px)로 제작합니다.

> **TIP** 대표 해상도 1set를 제작하는 방식은 제작 속도가 빠르고 이미지 관리를 효율적으로 할 수 있지만 모든 해상도에 대응하기 어려웠습니다. 하지만 최근에 등장한 SVG 파일 형식이나 나인패치 등의 다양한 기능을 활용하여 고해상도에 대한 대응할 수 있는 장치가 준비되어 있습니다.

③은 XD를 활용한 이미지 제작 방법입니다. 운영체제에 맞는 이미지를 해상도별로 자동으로 추출할 수 있습니다.

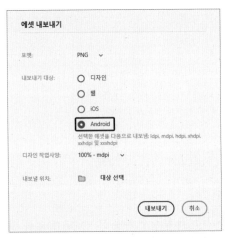

▲ Android 전용

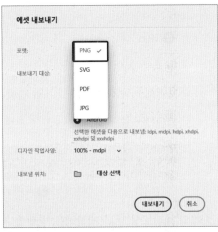

▲ 파일 포맷 선택

XD의 내보내기 기능에서 [Android]를 선택하면 파일 포맷, 제작 해상도를 선택할 수 있고 제작 해상도에 따라 자동으로 여섯 개의 해상도별 이미지를 추출할 수 있습니다. 이런 자동 해상도 저장 기능을 활용하면 앞서 알아봤던 ①, ② 제작 방식을 사용하지 않고도 모든 해상도에 맞춘 이미지를 제작할 수 있습니다. 이때 해상도는 처음부터 MDPI로 설정하여 제작하므로 바로 DP 해상도로 작업할 수 있습니다.

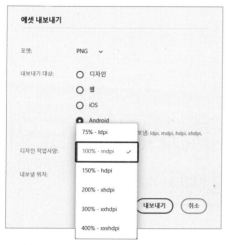

▲ 제작 해상도 설정

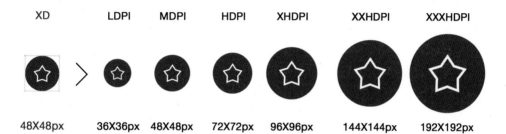

XD	LDPI	MDPI	HDPI	XHDPI	XXHDPI	XXXHDPI
48X48px	36X36px	48X48px	72X72px	96X96px	144X144px	192X192px

▲ XD의 Android 이미지 추출

XD는 벡터(Vector) 제작 방식입니다. 따라서 Pixel과 DP의 비율을 1:1로 제작하더라도 고해상도 이미지로 추출할 때 깨지지 않고 선명한 결과물을 얻을 수 있습니다.

TIP 벡터(Vector) 제작 방식은 점, 선, 면으로 이미지를 표현합니다. 점, 선, 면의 완성된 좌표만 있으면 이미지를 늘이거나 줄여도 깨지지 않습니다.

03

iOS의 Point 해상도와 제작 방법

iOS 해상도는 고유한 체계를 가지고 있습니다. 여기서는 iOS의 자체 해상도 체계와 그에 따른 이미지 제작 방식에 대해 알아봅니다.

iOS Point 해상도 이해하기

iOS 해상도의 단위는 Point(pt)라고 하며 총 세 개의 고유 해상도를 가지고 있습니다. iOS는 기본 해상도인 @1x를 시작으로 @2x, @3x로 구분합니다. 좀 더 쉽게 표현하면 @1x는 그래픽의 1px과 동일한 규격으로 보고 @2x는 두 배의 해상도, @3x는 세 배의 해상도를 가지고 있다고 봅니다.

Android	XXXHDPI	XXHDPI	XHDPI	HDPI	MDPI	LDPI
iOS		@3x	@2x		@1x	

▲ iOS와 Android 해상도 비교

iOS도 Android 해상도와 마찬가지로 픽셀과 표현 해상도인 Point로 구분합니다. iOS 단말기인 iPhone 종류에 따라 3배, 2배 크기의 이미지를 사용하지만 기본 개발 해상도인 Point를 가지고 있습니다. Point 해상도는 Android의 MDPI와 같은 개념입니다.

앞서 설명했듯 Android는 여섯 개의 해상도 중 대표 1set의 이미지만 사용합니다. iOS는 하나의 앱 서비스를 디자인할 때 3set 이미지를 모두 제작해야 합니다. 보통 이미지 파일명 뒤에 '@1x'는 생략하고 두 배 큰 이미지의 파일명은 '@2x', 세 배 큰 이미지의 파일명은 '@3x'를 붙여 해당 단말기로 보여줍니다. iOS의 단말기(iPhone)는 다음과 같은 제작 해상도와 표현 해상도를 가집니다.

iPhone 종류	제작 해상도/Pixel	표현 해상도/Point	비율
iPhone 3	320×480	320×480	@1×
iPhone 4	640×960	320×480	@2×
iPhone 5	640×1136	320×568	@2×
iPhone 6, 7, 8	750×1334	375×667	@2×
iPhone 6, 7, 8 Plus	1242×2208	414×736	@3×
iPhone XR, 11	828×1792	414×896	@2×
iPhone XS Max	1242×2688	414×896	@3×
iPhone X, XS, 11 Pro	1125×2436	375×812	@3×

iOS Point에 따른 이미지 제작 방식 알아보기

iOS는 @1×, @2×, @3× 해상도를 모두 제작해야 합니다. 전문 프로토타입 툴이 없을 때는 가장 큰 해상도인 1242×2208px로 제작하여 모든 파일명 뒤에 '@3×'를 붙여 저장합니다. 그런 다음 750×1334px로 크기를 줄인 후 다시 모든 파일명에 '@2×'를 붙여 저장하는 방식입니다. iPhone 3에 적용되는 이미지는 픽셀과 Point가 1:1로 되는 이미지로 파일명에는 별도로 '@1×'는 붙이지 않습니다.

> **TIP** 최근 iPhone 시리즈가 다양해지면서 제작 방법에 약간의 혼란이 생겼습니다. 표현 해상도 가로 기준으로 375pt와 414pt로 나뉘기 때문인데, 참고로 iPhone 3, 4, 5의 사용자가 적어 가로 크기인 320pt는 고려하지 않습니다.

이와 같은 방식은 가장 큰 해상도인 @3×를 기준으로 제작하고 줄여나갑니다. 따라서 개별 이미지 추출을 여러 번 진행해야 해서 번거롭습니다. @2× 이미지를 사용하지만 다른 비율의 iPhone 4, 5, 6, 7, 8의 종류 때문에 작업에 많은 어려움이 있습니다.

XD를 활용한 해상도별 이미지 제작 방법

XD는 프로토타입 전문 툴이므로 운영체제에 맞는 이미지를 해상도별로 자동 추출할 수 있습니다. 이때 Android와 마찬가지로 처음부터 Point 기반의 표현 해상도로 제작하고 iOS 이미지 추출 기능을 이용하여 세 배 해상도인 @3×, 두 배 해상도인 @2×, 1:1 해상도인 @1× 이미지를 자동으로 추출합니다.

▲ iOS 전용　　　　　　　　　　　　　▲ 파일 포맷 선택

▲ 제작 해상도 설정

XD의 내보내기 기능에 iOS 메뉴를 선택하면 파일 포맷, 제작 해상도를 선택할 수 있고 제작 해상도에 따라 자동으로 해상도별(@3x, @2x, @1x) 이미지를 추출할 수 있습니다. 자동 해상도 저장 기능을 활용하면 앞서 알아본 번거로운 제작 방식을 사용하지 않아도 됩니다. 이때 해상도는 처음부터 Point로 설정하여 제작하므로 바로 Point 해상도로 작업할 수 있습니다.

▲ XD의 iOS 이미지 추출

모바일 운영체제
디자인 가이드

XD를 이용한 UX 디자인은 주로 모바일 앱을 제작합니다. 모바일 앱은 각 모바일 운영체제에서 제공하는 디자인 가이드와 UI-Kit, 다양한 템플릿 등을 활용할 수 있습니다. 가장 대표적인 모바일 운영체제로는 Android와 iOS가 있습니다.

Android _ https://developer.android.com

Android 개발자 사이트는 Android 개발에 필요한 다양한 정보를 제공하고 있습니다. 이 중 UX 디자인에 대한 정보는 품질 가이드라인(Quality guidelines)에서 확인할 수 있습니다.

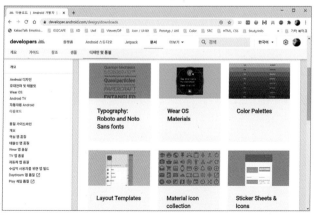

개발자 사이트(https://developer.android.com)에 접속한 후 [품질 가이드라인]−[다운로드]−[Resources] 메뉴에서 XD 형태의 UI-Kit와 아이콘, 색상, 폰트 등 다양한 템플릿을 확인할 수 있습니다.

iOS _ https://developer.apple.com

애플 개발자 사이트는 iPhone, iPad와 같은 iOS 개발에 필요한 다양한 정보를 제공하고 있습니다. 이 중 UX 디자인에 대한 정보는 [Design] 메뉴에서 확인할 수 있습니다.

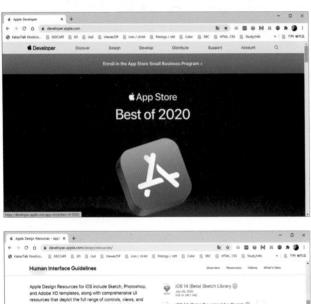

개발자 사이트(https://developer.apple.com)에 접속한 후 [Design]−[Read the Human Interface Guidelines]−[Resources] 메뉴에서 XD 형태의 다양한 UI-Kit를 확인할 수 있습니다.

모바일 웹과 Viewport 적용하기

Android, iOS와 같은 네이티브 앱은 각 운영체제에서 지원하는
해상도에 따라 제작 가이드가 따로 준비되어 있습니다. 최근에는
HTML 기반의 모바일 웹 제작이 많아지고 있는데, 이번에는 모바일 웹
해상도와 Viewport 개념에 대해 알아봅니다.

Viewport

Viewport는 스마트폰과 같은 모바일 단말기에서 모바일 웹을 네이티브 앱의 해상도와 같이
표현하는 HTML 태그입니다. 최근에 출시되는 스마트폰의 디스플레이는 고해상도인 데다
가 크기도 다양해서 같은 서비스라도 다르게 표현될 수 있습니다. 이때 HTML 태그 중 하나인
Viewport를 적용하면 모바일 웹페이지도 네이티브 앱의 표현 해상도로 표현됩니다.

Viewport가 적용되지 않은 웹페이지는 고해상도 스마트폰일 경우에는 실제 해상도에 맞춰 표
현됩니다. 웹페이지(모니터)에 비해 상대적으로 작은 스마트폰일 경우에는 작게 표현됩니다.
최근에는 일반 웹페이지도 스마트폰을 이용해 보는 경우가 많아서 웹과 모바일 모두 최적화되
게 보여주기 위해 Viewport 태그를 적용합니다. 그리고 반응형 웹앱 또는 적용형 웹앱으로 웹
페이지를 구축합니다.

운영체제	단말기 종류	제작 해상도/Pixel	Viewport 적용 해상도
iOS	iPhone 3	320×480	320×480
	iPhone 4	640×960	320×480
	iPhone 5	640×1136	320×568

운영체제	단말기 종류	제작 해상도/Pixel	Viewport 적용 해상도
iOS	iPhone 6, 7, 8	750×1334	375×667
	iPhone 6, 7, 8 Plus	1242×2208	414×736
	iPhone XR, 11	828×1792	414×896
	iPhone XS Max	1242×2688	414×896
	iPhone X, XS, 11 Pro	1125×2436	375×812
Android	LDPI	270×480	360×640
	MDPI	360×640	
	HDPI	480×800(853)	
	XHDPI	720×1280	
	XXHDPI	1080×1920	
	XXXHDPI	1440×2560	

▲ iOS와 Android의 Viewport 적용 해상도

10 년차 선배의 멘토링 다양한 Viewport 적용 결과

Viewport의 기능을 알아보기 위해 다음 두 개의 URL을 스마트폰 웹브라우저에 직접 입력하여 테스트할 수 있습니다. ① Viewport가 적용된 웹페이지는 해당 단말기의 표현 해상도로 표현되기 때문에 스마트폰 화면에 최적화된 크기로 보여집니다. ② Viewport가 적용되지 않은 페이지는 단말기 실제 해상도로 표현되기 때문에 스마트폰 화면에 작게 보여져 최적화되지 않은 것을 확인할 수 있습니다.

① Viewport 적용 페이지 : http://cafe0103.dothome.co.kr/mobile.html

② Viewport 미적용 페이지 : http://cafe0103.dothome.co.kr/web.html

▲ Viewport 적용 모바일 웹   ▲ Viewport 미적용 모바일 웹

모바일 웹페이지가 Viewport를 통해 화면에 보일 때는 iOS(iPhone)는 Point로, Android는 DP로 변환되어 표현됩니다. 스마트폰의 고유 해상도가 아닌 표현 해상도로 보여주는 이유는 첫째, 텍스트와 이미지를 최적의 크기로 표현하기 위해서입니다. 둘째, 각 운영체제별로 제작된 네이티브 앱과 동일한 해상도 체계를 유지하기 위해서입니다. 즉, 사용자는 서비스가 네이티브 앱으로 제작되든 모바일 웹으로 제작되든 동일한 환경에서 서비스를 사용할 수 있습니다.

Viewport 태그

Viewport 태그는 HTML에서 ⟨head⟩와 ⟨/head⟩ 사이에 들어가는 소스입니다. 최근에는 웹과 모바일을 동시에 사용하는 경우가 많으므로 대부분 HTML 소스에 Viewport 태그를 넣습니다. 이때 제작하는 서비스의 특성상 해당 소스를 편집해야 합니다.

```
                                                  ❶                    ❷
<meta name="viewport" content="width=device-width, initial-scale=1.0, maximum-scale=1.0,
 ❸             ❹            ❺
minimum-scale=1.0, user-scalable=no, target-densitydpi=medium-dpi">
```

①**initial-scale=1.0** | 초기 화면의 크기 비율로 1.0은 100%의 크기를 말합니다. 시작 비율을 정할 수 있습니다.

②**maximum-scale=1.0** | 사용자가 화면 확대 시 최대 크기를 정할 수 있습니다. 확대 비율을 1.0 이상으로 할 경우 user-scalable=no의 값을 "yes"로 해야 화면 확대 및 축소 제스처가 작동됩니다.

③**minimum-scale=1.0** | 사용자가 화면 축소 시 최소 크기를 정할 수 있습니다.

④**user-scalable=no** | "yes"로 하면 사용자의 화면 확대 및 축소 제스처가 작동됩니다.

⑤**target-densitydpi=medium-dpi** | 현재 웹페이지 해상도를 Android는 MDPI, iOS는 @1×로 맞춰 네이티브 앱의 표현 해상도로 맞춥니다.

Viewport를 적용한 모바일 뷰어 사용하기

Viewport는 모바일 웹의 해상도를 네이티브 앱과 동일하게 표현할 수 있는 HTML 태그입니다. 따라서 모바일 웹을 제작할 때에도 네이티브 앱과 동일한 개념의 제작 방식을 사용해야 합니다.

TIP 모바일 웹 제작 시 모니터에서 보이는 해상도를 그대로 제작하면 안 됩니다. 많은 디자이너가 이런 실수를 하는데, 모니터에서는 문제없이 보이지만 실제 스마트폰을 통해 보면 저화질로 이미지가 깨지고 갈라지게 보입니다.

모바일 뷰어 사용하기

모바일 웹 해상도는 스마트폰으로 직접 URL을 입력하거나 크롬 브라우저의 모바일 뷰 기능을 이용합니다. 모바일 뷰 기능은 일반 웹페이지를 모바일로 변환하여 Viewport 상태의 해상도로 확인할 수 있습니다.

01 크롬 브라우저의 [설정]–[도구 더보기]–[개발자 도구]를 선택합니다.

02 [Toggle device Toolbar]를 클릭합니다.

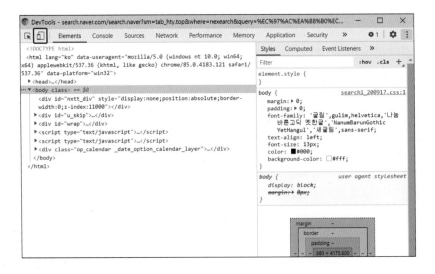

03 상단에 있는 메뉴에서 단말기를 선택할 수 있습니다. 또는 [Edit]를 선택해 다른 단말기를 추가할 수도 있습니다.

04 같은 모바일 웹페이지도 다른 단말기의 해상도로 테스트할 수 있습니다.

▲ Galaxy S5(360×640)　　　　▲ iPhone 6, 7, 8(375×667)

TIP [Toggle device Toolbar]를 활용하면 실제 스마트폰 단말기에서 보이는 것처럼 Viewport가 적용된 상태를 확인할 수 있습니다. 하지만 이 방법도 결국 PC의 모니터를 통해 표현 해상도로 확인하는 방식입니다. 즉, 표현 해상도로 보여주고 있지만 실제 이미지는 보이는 것보다 더 큰 고해상도 이미지를 사용합니다. 이것은 크롬 브라우저의 개발자 도구를 통해 사용된 이미지를 확인하여 알 수 있으며 다음 과정(110쪽)에서 자세히 알아봅니다.

Viewport에 따른 모바일 웹 이미지 제작 방식 알아보기

모바일 웹의 해상도별 이미지 제작 방식은 Android 기준으로 여섯 개의 해상도별 이미지를 각각 만드는 방식(①)과 대표 해상도 1set를 만드는 방식(②)이 있습니다. ①은 모든 해상도의 이미지를 크기별로 제작합니다. 즉, 하나의 모바일 웹페이지이지만 모든 해상도를 고려하여 크기별로 이미지를 전부 제작해 사용자의 단말기 해상도에 맞는 이미지를 보여줍니다.

Android		iOS			모바일 웹	
6Set	1Set	@1x	@2x	@3x	❶ 6Set	❷ 1Set
XXXHDPI XXHDPI XHDPI HDPI MDPI LDPI	대표 해상도	iPhone	iPhone 4 iPhone 5 iPhone 6 iPhone 7 iPhone 8 iPhone XR iPhone 11	iPhone 6+ iPhone 7+ iPhone 8+ iPhone X iPhone XS Max iPhone 11 Pro	XXXHDPI XXHDPI XHDPI HDPI MDPI LDPI	대표 해상도
			❸ Adobe XD			

XD를 활용해 모바일 웹 이미지 제작하기

XD는 Android, iOS와 같은 네이티브 앱 이미지 제작뿐 아니라 일반 웹과 모바일 웹 이미지를 동시에 제작할 수 있습니다. 최근에는 웹과 모바일을 동시에 구현하는 반응형 웹을 많이 제작하는 추세입니다.

01 XD에서 반응형 웹을 고려한 디자인을 합니다. 이때 웹 형태와 모바일 웹 형태를 동시에 진행합니다.

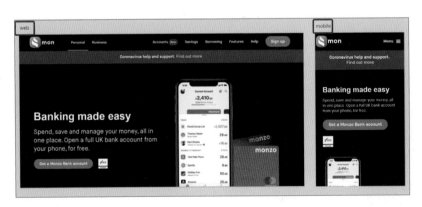

02 내보내기 기능에서 [웹] 이미지로 내보내기할 수 있습니다.

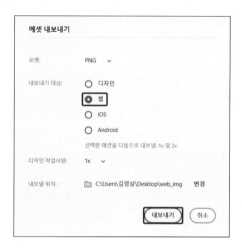

03 내보내기가 완료된 이미지는 1:1 이미지와 2:1 이미지입니다.

일반 웹에서는 1:1 이미지를 사용하고 모바일 웹에서는 2:1 이미지를 사용합니다. 즉, 2:1 이미지는 모바일 웹에서 원본의 2배인 XHDPI 또는 @2x의 이미지를 대표 해상도로 사용하게 되어 있는 것을 알 수 있습니다.

크롬 브라우저를 활용해 모바일 웹 이미지 해상도 확인하기

크롬 브라우저의 개발자 도구를 통해서 현재 서비스되고 있는 다른 모바일 웹의 이미지가 어떤 해상도인지 알아볼 수 있습니다.

01 ①반응형으로 제작된 서비스(모바일 웹)를 크롬 브라우저를 통해 접속한 후 개발자 모드를 실행합니다. ②[Application]을 클릭하고 ③왼쪽의 [Frames]-[Images]를 선택합니다.

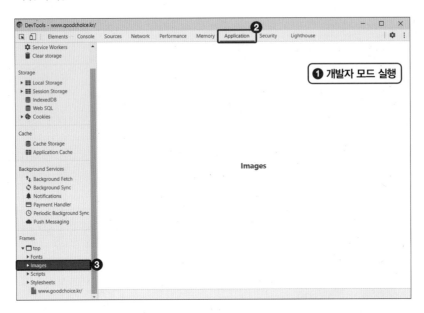

02 메뉴 리스트에서 모바일 웹에 사용한 이미지 원본을 찾을 수 있습니다. 리스트에서 원하는 이미지를 찾은 후 더블클릭합니다.

03 이미지를 마우스 오른쪽 버튼으로 클릭해 [이미지를 다른 이름으로 저장]을 선택합니다.

04 모바일 웹에 사용한 이미지를 포토샵에서 열고 이미지 크기를 확인합니다. 실제 보여주는
크기와 제작된 이미지의 크기를 비교할 수 있습니다.

▲ Viewport를 통한 모바일 웹(Galaxy S5 단말기의 360×640) 확인

▲ 모바일 웹에 사용된 이미지 원본

		모바일 웹에 사용된 이미지 원본
❶	36×36	72×72
❷	36×36	72×72
❸	360×180	1520×764

크롬 브라우저의 [Toggle device Toolbar]를 클릭해 뷰어의 단말기를 [Galaxy S5]로 설정하면 화면의 크기가 360×640으로 보여집니다. 여기서 360×640 크기는 Android XXHDPI의 표현 해상도입니다. XXHDPI의 실제 표현 해상도는 DP 기준으로 360×640dp이지만 PC의 모니터를 통해 보이는 크기는 360×640px입니다. 여기서 알 수 있듯이 해당 서비스의 모바일 웹페이지도 실제 보여주는 표준 해상도의 두 배 크기인 XHDPI 또는 @2×의 이미지를 대표 해상도로 설정하고 제작된 것임을 확인할 수 있습니다.

TIP 이 책의 92쪽을 참고해 Android의 DP를 확인합니다.

CHAPTER 04

모바일 앱 GUI 디자인 및 레이아웃

모바일 앱의 GUI 디자인 실무 작업 과정을 살펴봅니다.
XD를 이용한 앱 GUI 디자인에 활용할 수 있는 효율적인
노하우도 알아봅니다.

01

모바일 앱
GUI 디자인

서비스 전체의 UI가 제작되면 각 화면의 GUI를 제작하게 됩니다.
GUI 제작 시에는 각 기능과 성격에 맞는 정확한 GUI를 설계해야
합니다. 모바일 앱 서비스 제작 시 가장 많이 사용하는 GUI 특징에
대해 알아봅니다.

태스크 분석을 통한 GUI 디자인

모바일 앱 서비스의 첫 화면은 사용자가 원하는 기능을 직관적으로 보여주고 사용자가 직접 실
행할 수 있는 화면으로 구성해야 합니다. 최초 태스크 분석이 끝나면 서비스에서 가장 중요한
순서로 태스크를 구분합니다. 태스크의 중요도는 해당 서비스에서 사용자가 많이 사용하는 기
능을 기준으로 합니다. 중요도가 가장 높은 태스크를 메인 디자인의 첫 화면에 배치하여 노출하
는 것이 태스크 기반 화면 설계입니다.

▲ 사용자가 가장 원하는 기능을 앱 시작 화면에 노출하는 메인 디자인

탭(Tap) GUI 구조

탭(Tap) GUI 구조는 모바일 UI에서 가장 많이 사용하는 구조 중 하나입니다. 상단 탭과 하단 탭으로 구성하며, Android의 기본 메뉴 구조는 상단 탭 구조로 되어 있습니다. 최근에는 운영 체제별 GUI를 통일하여 제작하는 추세이므로 Android와 iOS 앱 모두 하단 탭 메뉴를 많이 사용합니다. 하단 탭 메뉴는 사용자의 접근성이 가장 용이하여 사용성이 가장 많은 기능(메뉴)을 배치합니다. 원 뎁스(One Depth) 구조를 사용하면 한 화면에서 여러 개의 메인 기능을 실행할 수 있고 다른 메인으로의 이동도 편리합니다.

TIP 원 뎁스 구조는 장면 전환을 최소화하여 사용자가 원하는 주요 정보를 한 화면에서 볼 수 있게 설계하는 것입니다. 인터랙션 적용이 쉽지만 항상 메인 메뉴가 화면에 노출되므로 다른 레이아웃이나 디자인을 적용하기는 어렵습니다.

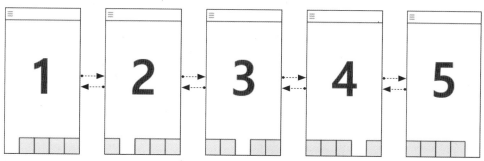

▲ 하단 탭 구조의 UI

▲ 다양한 하단 탭 구조의 앱

플로팅(Floating) GUI 구조

플로팅(Floating) GUI 구조는 Android의 머티리얼 디자인(Material Design) 테마에서 나온 것으로, 플랫 디자인에 그림자 효과를 적용하여 입체감을 살리는 디자인 방식을 말합니다. 사용성이 많은 버튼이나 메뉴를 가장 높은 뎁스(위)에 배치하고 정보를 보여주는 화면을 가장 낮은 뎁스(아래)에 배치하는 구조입니다. 글쓰기, 사진 촬영, 검색하기 등 해당 화면에서 필수로 수행해야 할 기능을 플로팅 메뉴로 많이 제작합니다. 최근에는 플로팅 메뉴를 숨김 메뉴로 응용하여 사용하기도 합니다.

TIP 플로팅 구조는 복사기 시스템에서 유래되었습니다. 복사기의 수많은 기능 중 사용자는 [복사하기] 버튼만 사용한다는 점에 착안하여 필수 버튼 한 개에만 기능을 담았습니다.

플로팅 구조는 항상 화면에 노출되어 있으므로 다른 디자인과의 조화가 어렵고 직접 버튼을 클릭(탭)하기 전까지는 버튼의 기능과 의도를 파악하기 어렵습니다.

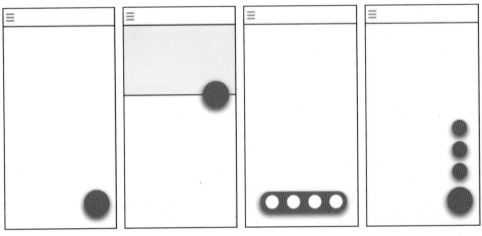

▲ 다양한 형태의 플로팅 구조

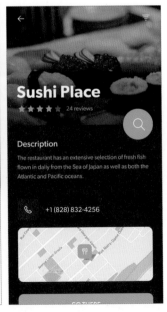

▲ 다양한 플로팅 구조의 앱

갤러리(Gallery) GUI 구조

갤러리(Gallery) GUI 구조는 이미지나 정보의 전달이 많은 앱에 사용합니다. 시각적인 부분을 강조하는 것이 특징이며 콘텐츠의 연속성을 위해 의도적으로 섬네일을 크롭(Thumbnail Crop)하여 적용합니다. 즉, 이미지 섬네일을 화면에 정확하게 배치하지 않고 의도적으로 화면을 넘어가게 배치하여 사용자가 자연스럽게 아래위로 슬라이드하도록 유도합니다. 갤러리 GUI는 디자인 및 메뉴 구조가 단순해서 디자인에 변화를 주거나 기능을 추가하기 어렵습니다. 따라서 탭 메뉴, 플로팅 메뉴, 숨김 메뉴 등과 함께 사용하여 부족한 정보를 보충합니다.

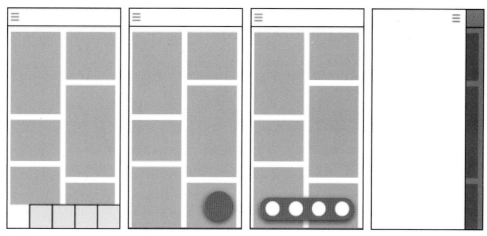

▲ 탭 메뉴, 플로팅 메뉴, 숨김 메뉴에 적용된 갤러리 GUI

숨김 메뉴 GUI 구조

숨김 메뉴 GUI 구조는 최근에 많이 사용하는 메뉴로, 서비스의 주요 기능 외에 기타 내용이나 설정, 마이페이지 등에 활용합니다. 숨김 메뉴 모양이 햄버거처럼 생겼다고 하여 '햄버거 메뉴'로 부르기도 하지만 정식 명칭은 패널(Panel) 메뉴입니다. 메뉴가 펼쳐졌을 때 이전 화면을 어둡게 오버레이하고 다시 메인 기능으로 돌아와 집중하도록 유도합니다. 숨김 메뉴는 버튼을 클릭(탭)하기 전까지는 버튼의 기능과 의도를 파악하기 어렵습니다.

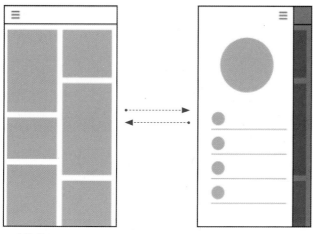

▲ 숨김 메뉴

순차적 GUI 구조

순차적 GUI 구조는 앱 서비스의 메인 기능을 확실히 노출하고 순차적인 흐름을 통해 사용자가 자연스럽게 서비스를 사용하도록 유도합니다. 주로 단계별 수행을 할 때 많이 적용하는데, 하나의 정보 또는 기능을 수행하고 그 다음 서비스로 이동하기 위해 사용자의 스와이프 제스처를 유도합니다. 화면 전체에 하나의 주제를 보여주기 때문에 추가 기능이나 다른 화면으로 이동하기 어렵다는 단점이 있습니다. 최근에는 주로 앱 서비스 최초 실행 시 앱 서비스 설명이나 기능 소개에 많이 사용합니다.

▲ 순차적 GUI 구조

02

UI-Kit 활용하기

모바일 앱 디자인은 자유롭게 이루어지지만 앱 규격화를 위해 정해진 규칙이나 테마, 디자인 가이드라인을 따라야 합니다. Android, iOS는 모두 각자의 테마를 담고 있는 UI-Kit를 제공하고 있습니다. 기본 규격을 통일하여 디자인해야 더 효율적으로 일할 수 있습니다.

XD에서 UI-Kit 다운로드하기

규격화된 UI-Kit는 XD의 [메뉴]-[UI 키트 받기]에서 다운로드할 수 있습니다. XD에서는 지난 버전의 UI-Kit는 최신 버전이 업데이트된 이후에는 제공하지 않으므로 수시로 UI-Kit를 다운로드해야 합니다.

UI-Kit에는 상태 바(Status Bar), 툴 바(Toolbar), 버튼(Button), 간격(Margin)과 같이 규격화된 수치가 있습니다. UX 디자이너는 UI-Kit에서 제시하는 규격화된 절대적인 수치를 따라 디자인해야 합니다.

> TIP 모바일 운영체제별 디자인 가이드는 125~146쪽에서 설명하였습니다. 여기서는 XD에서 제공하는 규격화된 UI-Kit를 다운로드하는 방법을 알아봅니다. 지난 버전의 UI-Kit를 다운로드하고 싶다면 https://cafe.naver.com/032cafe 또는 예제 소스에서 확인합니다.

Android UI-Kit 다운로드하기

XD에서 [메뉴]–[UI 키트 받기]–[재질 디자인] 메뉴를 클릭합니다. 자동으로 https://material.io/resources 페이지로 이동하고 [Design kits for Adobe XD]를 다운로드할 수 있습니다. Android는 자체 디자인 테마인 머티리얼 디자인 테마를 제공하며, Android 앱 디자인 시 해당 테마의 규격을 사용하도록 권장하고 있습니다.

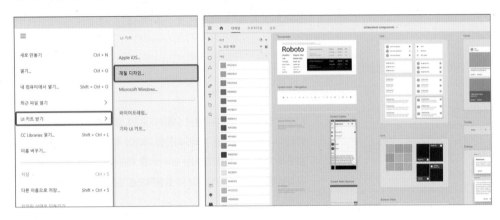

iOS UI-Kit 다운로드하기

XD에서 [메뉴]–[UI 키트 받기]–[Apple iOS] 메뉴를 클릭합니다. 자동으로 https://developer.apple.com/design/resources 페이지로 이동하고 [iOS 14 (Beta) Download for Adobe XD]를 다운로드할 수 있습니다. iOS도 자체 플랫 디자인 테마를 제공하며, iOS 앱 디자인 시 해당 테마를 기본으로 한 규격을 사용하도록 권장하고 있습니다.

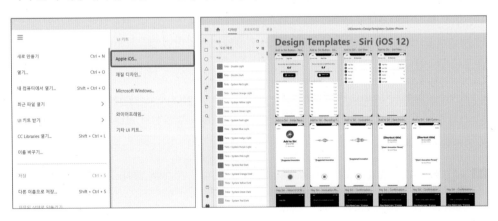

이때 iOS UI-Kit 및 폰트는 macOS 환경에서만 작동합니다. 따라서 Windows PC에서는 사용할 수 없으므로 7-ZIP과 같은 Windows 변환 프로그램을 활용하여 변환한 후 작업해야 합니다.

앱 아이콘 다운로드하기

GUI 디자인 시 수많은 버튼과 아이콘을 사용합니다. Android에서는 Android 및 iOS에서 무료로 사용할 수 있는 다양한 아이콘을 제공합니다. 아이콘은 해상도별 아이콘과 PNG, SVG 형태의 아이콘을 다운로드할 수 있습니다.

앱 아이콘 다운로드하기

Android 개발자 사이트(https://developer.android.com)에 접속하고 [품질 가이드라인]-[Style]을 클릭합니다. [Style] 항목의 왼쪽 리스트에서 [Iconography]-[System icons]를 클릭한 후 [Material Icons]에서 다양한 아이콘을 다운로드할 수 있습니다.

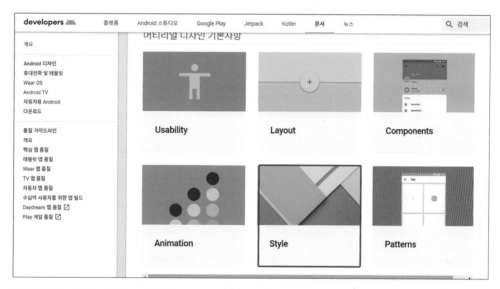

> **TIP** 총 다섯 가지 형태(Filled, Outlined, Rounded, Two-Tone, Sharp)의 아이콘을 다운로드할 수 있고 원하는 아이콘을 선택하면 다운로드 옵션이 나타납니다. Dark/Light 모드와 크기 및 운영체제를 선택하면 PNG 파일로 다운로드할 수 있습니다. iOS 버전으로 다운로드하면 각 크기별로 @1x, @2x, @3x의 세 가지 해상도로 저장되고, Android 버전으로 다운로드하면 XXXHDPI, XXHDPI, XHDPI, HDPI, MDPI, LDPI의 여섯 가지 해상도로 저장됩니다.

폰트 다운로드하기

Android와 iOS 운영체제는 고유의 시스템 폰트를 제공합니다. 앱 디자인 시 각 운영체제에서 제공하는 폰트를 사용하여 디자인해야 프로토타입 디자인과 최종 디자인 결과물이 동일합니다.

Android 폰트 다운로드하기

Android의 기본 시스템 폰트는 'Roboto'입니다. 폰트는 Android 개발자 사이트(https://developer.android.com)에 접속하고 [품질 가이드라인]-[Style]-[Typography]-[The type system]을 클릭하여 다운로드할 수 있습니다. 또는 구글 폰트(https://fonts.google.com)에 접속하여 'Roboto'와 '본고딕(Noto Sans KR)'을 다운로드합니다. 앱 디자인 시 영문은 'Roboto', 한글은 'Noto Sans KR'을 사용합니다. 다운로드한 폰트는 C드라이브\Windows\Fonts 폴더에 붙여 넣어 사용합니다.

Android 앱 디자인 시 내비게이션 바의 Title은 Medium 20pt, Subheader는 Regular 16pt, 본문 Body 및 Menu는 Medium 14pt 등으로 정해져 있습니다. 프로토타입 디자인 시 정해진 규격에 맞는 폰트와 크기를 사용해야 효율적으로 개발을 진행할 수 있습니다.

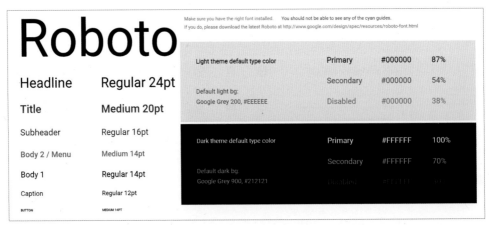

▲ Android 앱 디자인 시 Roboto의 크기 및 규격

> **TIP** XD를 사용하면 PC 환경에 따라 'pt' 단위를 사용하지만 실제 Android 앱 개발에서는 'SP' 단위를 사용합니다. Roboto는 'pt'와 'SP'의 크기가 동일하므로 XD 실습에서는 'pt'를 사용해도 무방합니다. 앞으로의 폰트 크기는 따로 단위를 지정하지 않고 진행합니다.

iOS 폰트 다운로드하기

iOS의 기본 시스템 폰트는 'San Francisco(샌프란시스코)'이며 약자로 SF Pro라고 합니다. 폰트는 iOS 개발자 사이트(https://developer.apple.com/fonts)에서 다운로드할 수 있습니다. 이때 '애플 산돌 고딕(Apple SD Gothic Neo)'도 함께 다운로드하여 한글 디자인에 사용합니다. 여기서 제공하는 모든 파일은 macOS 환경에서만 사용할 수 있습니다.

TIP Windows PC를 사용한다면 예제 소스나 저자 카페(https://cafe.naver.com/032cafe)에서 SF Pro와 애플 산돌 고딕체를 다운로드할 수 있습니다.

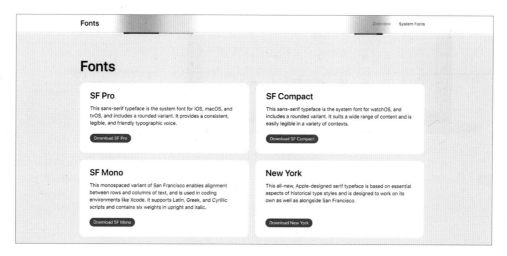

TIP iOS 앱 디자인을 할 때 폰트는 주로 SF Pro를 사용합니다. SF Compact는 Apple Watch의 작은 화면에 최적화된 폰트이며, SF Mono는 X-code와 같은 코딩 환경에서 사용합니다. New York은 SF Pro와 같이 사용하며, 좀 더 세련된 텍스트를 표현할 수 있습니다. 앱 디자인에는 SF Pro만 있어도 무방합니다.

iOS 앱 디자인 시 다음과 같은 크기에 맞춰 디자인합니다. 이때 SF Pro는 시각적으로 다르게 보이는 두 가지 사이즈가 있는데 Text와 Display입니다. 내비게이션 바의 Title과 같은 시각적 연출을 할 때는 모든 텍스트를 화면에 표현하기 위해 자간이 좁은 디스플레이(Display) 형식을 사용합니다. 반면 내용을 읽어야 하는 텍스트는 가독성을 높이기 위해 자간이 넓은 텍스트(Text) 형식을 사용합니다.

SF Pro

Navie Bar Title	Medium 17pt	Display
Navie Bar Button	Regular 17pt	Display
Search Bar	Regular 13.5pt	Text
Tab Bar Button	Regular 10pt	Text
Table Header	Regular 12.5pt	Text
Table Row Subline	Regular 12pt	Text

SF Pro
Display

SF Pro
Text

▲ iOS 앱 디자인 시 SF Pro의 크기 및 규격

애플은 SF Pro를 기반으로 한 아이콘 리소스(SF Symbols)도 제공합니다. SF Symbols 리소스는 San Francisco system font와 완벽하게 통합하도록 설계되어 iOS 앱 디자인에 사용되는 모든 아이콘의 크기와 정렬 등을 정확히 맞출 수 있습니다.

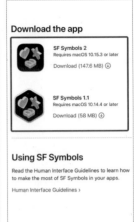

▲ https://developer.apple.com/sf-symbols 다운로드

TIP SF Symbols 리소스는 macOS 환경에서만 작동하므로 Windows PC 사용자는 Android의 시스템 아이콘을 사용하도록 합니다.

Android 앱
주요 가이드라인

최근 앱 UX 디자인은 UX 디자이너의 창의적이고 자유로운 디자인을 최대한 수용하고 있습니다. 하지만 자유로운 앱 디자인을 할 때에도 필수로 지켜야 할 가이드라인이 존재합니다. Android 앱의 주요 가이드라인에 대해 알아봅니다.

Android 앱 가이드라인

DP 규격 해상도

Android 앱 디자인 시 해상도는 MDPI(가로세로 360×640dp)를 기준으로 제작합니다. XD에서 1:1 비율인 MDPI로 제작하고 필요에 따라 다른 해상도의 이미지로 추출하므로 DP 기준의 규격을 사용하는 것이 바람직합니다.

Android 앱 가이드는 8dp를 기준으로 작성하며 iOS도 8pt 그리드를 사용합니다. 실제로는 4dp 그리드가 기본이지만 고해상도 화면에서는 4dp가 너무 작게 표현되어서 4dp의 배수인 8dp를 기준으로 하여 레이아웃 및 디자인에 활용합니다.

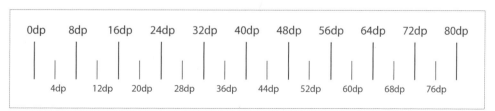

▲ 가이드라인 중 Understanding Layout

전체 레이아웃 디자인에는 8dp 그리드를 사용하고 콘텐츠 내부의 세부 디자인은 4dp를 사용합니다. 필수 가이드라인 외에 자유로운 앱 디자인을 할 때도 8dp를 기준으로 하는 것이 좋습니다. 이때 해상도에 따라 XXXHDPI는 @4×, XXHDPI는 @3×, XHDPI는 @2×, HDPI는 @1.5×를 한 픽셀로 디자인합니다. 주요 가이드라인은 Android 개발자 사이트에서 머티리얼 디자인 테마의 기본 레이아웃 가이드를 확인할 수 있습니다. 다양한 앱 디자인을 하더라도 툴 바, 탭 영역, 아이콘 크기, 마진 등과 같은 주요 필수 가이드라인을 지켜서 디자인합니다.

툴 바의 버튼과 가장자리의 마진

툴 바(Toolbar)는 보통 내비게이션 바라고도 하며 앱의 상단에 위치한 타이틀 바입니다. 앱 서비스 중 사용자의 현재 위치를 나타내며 주요 메뉴를 담고 있는 부분입니다.

▲ 툴 바에서 버튼과 가장자리 마진

Android에서 툴 바의 높이는 56dp로 정해져 있습니다. 버튼의 터치 영역도 48dp로 정해져 있어서 툴 바에서 메뉴 버튼이 배치될 때 나머지 가장자리 영역의 마진은 4dp로 나옵니다.

콘텐츠와 콘텐츠 사이 마진

카드뉴스나 SNS 포스팅, 한 주제의 콘텐츠 그룹의 구분을 짓는 여백은 8dp입니다. 경우에 따라 8dp 이상인 16dp나 24dp를 적용하기도 하지만 최소 기본 여백은 8dp로 되어 있습니다.

▲ 8dp, 16dp, 24dp의 콘텐츠 여백

전체 화면 마진

전체 화면 마진은 화면의 양쪽 여백을 나타내는 수치로, 다양한 크기의 모바일 화면에서도 항상 동일한 수치를 유지해야 합니다. Android 기본 테마의 마진은 16dp로 되어 있지만 디자인에 따라 8dp로 적용하기도 합니다.

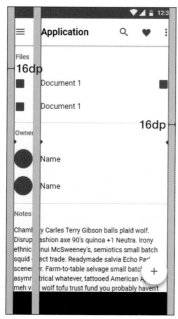
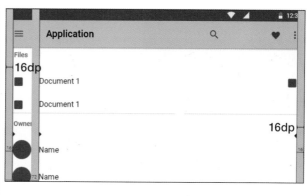

▲ 세로와 가로 화면의 16dp 마진

상태 바와 아이콘

Android의 상태 바와 아이콘의 크기는 24dp입니다. 상태 바는 스마트폰의 배터리 및 시간, 정보 아이콘을 표시하는 영역으로 화면의 제일 상단에 위치합니다.

▲ 상태 바의 높이

메시지나 알림을 나타내는 정보 아이콘도 상태 바에서 보여지므로 가로세로 24dp로 적용합니다. 주의할 점은 아이콘의 크기가 24dp라고 하여 아이콘 전체가 24dp에 채워지는 것이 아닙니다. 아이콘 파일의 완성 크기를 24dp에 맞춰야 합니다.

▲ 24dp의 알림 아이콘

상태 바에 들어가는 아이콘을 제외하고 앱상에서 사용되는 모든 아이콘의 기본 크기는 가로세로 24dp로 제작합니다. 여러 아이콘을 동시에 배치할 때는 아이콘과 아이콘 사이에 8dp 간격을 적용합니다.

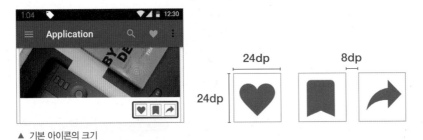

▲ 기본 아이콘의 크기

오른쪽 끝 마진

오른쪽 끝 마진은 왼쪽에서 오른쪽으로 글자를 읽는 문화에서 발생한 기준입니다. 오른쪽 기본 16dp에 텍스트 및 콘텐츠 내용이 끝나는 기준에 16dp를 더 적용하는 것입니다. 다양한 화면 크기와 화면이 가로로 반응하였을 때도 유지합니다.

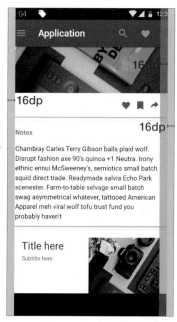
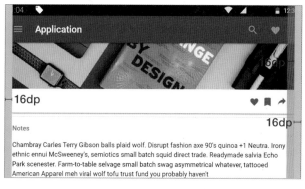

▲ 오른쪽 끝 마진

버튼의 터치 영역

Android에서 가장 중요한 필수 가이드라인 중 하나는 버튼의 터치 영역을 나타내는 48dp입니다. Android의 머티리얼 테마에서는 버튼의 터치 영역을 가로세로 48dp로 정하고 있습니다.

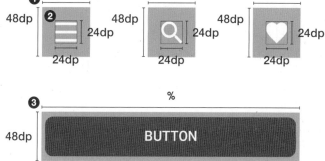

▲ 버튼의 터치 영역

① 가로세로의 크기가 정해져 있는 버튼은 기본 48dp입니다. 48dp 크기는 버튼 안에 있는 아이콘의 크기가 아닌 버튼 이미지 전체 크기입니다.

② 버튼의 크기는 48dp이지만 내부에 들어가는 아이콘과 같은 디자인의 크기는 자유롭게 적용할 수 있습니다. 하지만 아이콘의 크기가 서로 달라져 앱 전체의 균형을 깰 수 있으므로 버튼 안에 아이콘은 24dp로 적용하는 것을 권장하고 있습니다.

③ 세로는 고정이지만 가로는 화면의 가로 크기에 맞춰 변경할 수 있습니다. 가로 크기는 나인패치를 적용해 늘이거나 줄일 수 있으며 보통 %로 정의합니다.

TIP 나인패치에 대한 자세한 내용은 이 책의 141쪽을 참고하세요.

툴 바, 플로팅 버튼, 오버레이 마진

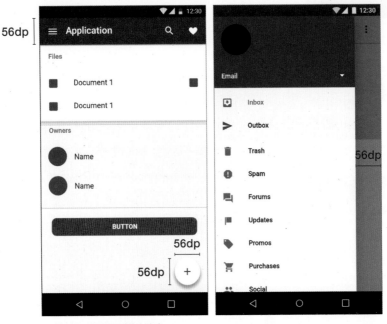

▲ 툴 바, 플로팅 버튼, 오른쪽 오버레이 마진

툴 바 : 머티리얼 테마와 Android 기본 툴 바 또는 내비게이션 바의 높이는 56dp가 기본입니다. 하지만 개발상에서 툴 바의 높이를 새롭게 정의할 수 있으며 디자이너의 의도에 따라 변화를 줄 수 있습니다. 단, 56dp의 툴 바를 사용하지 않는다면 최대한 4dp의 배수로 제작해야 합니다.

플로팅 버튼 : 머티리얼 디자인의 핵심적인 버튼으로, 가장 사용성이 많은 버튼을 플로팅 버튼으로 제작합니다. 기본 버튼 터치 영역보다 큰 가로세로 56dp로 제작합니다.

오버레이 마진 : 화면의 오른쪽에 56dp의 마진을 제외하고 오버레이된 메인 화면을 보여줍니다. 오버레이된 메인 화면은 주요 태스크를 담고 있는 화면으로 사용자에게 되돌아오기와 집중을 요구할 때 사용합니다.

리스트 목록

리스트 목록은 앱 디자인에 가장 많이 나오는 UI 요소 중 하나입니다. 리스트 목록의 높이는 72dp이며 디자이너의 의도에 따라 새롭게 정의할 수 있습니다. 주로 리스트에 함께 나오는 섬네일이 들어가는 규격도 72dp입니다.

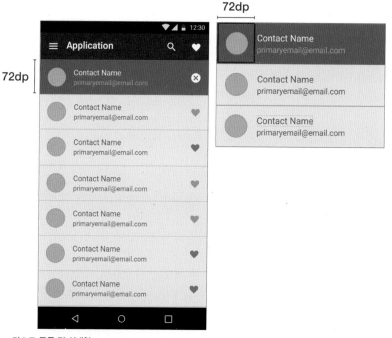

▲ 리스트 목록 및 섬네일

04

iOS 앱
주요 가이드라인

iOS 앱을 디자인할 때는 애플에서 제공하는 필수 규격을 기본으로
삼아 디자인해야 합니다. iOS 앱 주요 가이드라인에 대해 알아봅니다.

iOS 앱 디자인 전 체크 사항

다양한 iPhone 화면에 대응

iOS 앱 디자인을 할 때 가장 중요한 것은 어떤 단말기를 대표로 설정하여 시작하느냐입니다.
iPhone X가 출시되면서 기존의 화면 크기(iPhone 8 크기 375×667)보다 더 커지고 홈 버튼이
사라지는 등 디스플레이에 변화가 생겼습니다.

10 년차 선배의 멘토링   iOS 앱 디자인 제작 순서 이해하기

iPhone X는 iPhone 8과 가로 크기는 동일하나 세로 크기와 툴 바 높이가 다르며, 이미지도 @3×인 세 배수 이미지를
사용합니다. iPhone 11의 크기는 414×896으로 iPhone X보다 크지만 같은 비율이 적용되므로 자동 레이아웃(Auto
Layout)을 적용해 동일한 레이아웃을 표현할 수 있습니다. 단, 이미지는 XD에서 추출한 @2× 이미지를 사용합니다.

iPhone 8은 iPhone X에서 상단 높이가 145pt 줄어듭니다. iPhone 8의 이미지는 @2×의 두 배수 이미지를 사용하
며, XD에서 자동으로 @2× 이미지를 추출하여 사용합니다. iPhone 8 Plus는 414×736으로 iPhone 8보다 크지만
같은 비율로 적용되므로 자동 레이아웃을 적용해 동일한 레이아웃을 표현할 수 있습니다. 단, 이미지는 XD에서 추출
한 @3× 이미지를 사용합니다. iPhone 앱 디자인 제작 순서는 디자이너마다 조금씩 달라서 제작 순서는 바뀔 수 있
습니다. iPhone 8을 먼저 제작할 때도 있고 iPhone X를 먼저 제작할 때도 있습니다. 이때 항상 iPhone 8과 iPhone
X의 변화, 자동 레이아웃의 적용은 동일합니다.

자동 레이아웃(Auto Layout)

iPhone 8의 해상도는 375×667입니다. iPhone 8을 먼저 디자인하면 화면이 더 큰 iPhone 8 Plus에는 자동 레이아웃 기능을 이용해 자동으로 화면 레이아웃이 설정됩니다.

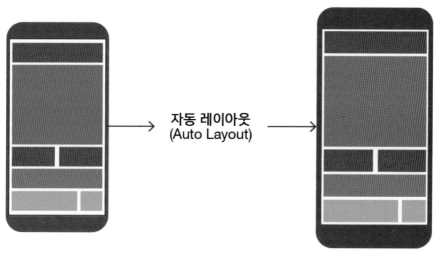

▲ iPhone 6, 7, 8(375×667)을 먼저 제작한 후 자동 레이아웃으로 iPhone 6, 7, 8 Plus(414×736) 제작

고정점 레이아웃(Fixed Point) 방식 : iPhone 앱 디자인 시 기존에는 화면의 이미지나 레이아웃을 정확한 좌표와 크기로 배치하여 제작하였습니다. 이 방식은 다양한 크기의 iPhone 화면에 정확한 레이아웃을 표현할 수 있다는 장점이 있습니다. 반면, 고난이도의 제작 방식을 사용하는 앱에서 여러 개의 레이아웃으로 제작해야 하는 단점도 있었습니다. 곧 다양한 화면 크기에 대응하기 어렵다는 결론에 도달하여 애플은 자동 레이아웃(Adaptive Layout-Auto Layout)을 지원합니다.

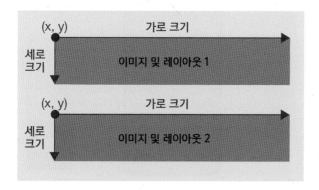

자동 레이아웃(Auto Layout) 방식 : 자동 레이아웃(Auto Layout) 방식은 이미지나 레이아웃 간의 관계를 마진(여백)의 고정 규칙으로 정의해서 화면 크기가 변경되더라도 동일한 비율이 적용되도록 하는 방법입니다. 자동 레이아웃을 이용하여 iPhone 6, iPhone 6 Plus 이후 iOS 시리즈, iPhone X까지도 상대적으로 쉽게 지원할 수 있습니다.

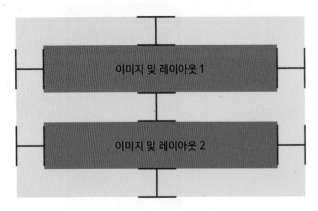

> **TIP** 자동 레이아웃 배치 방식으로 iPhone 8과 iPhone 8 Plus의 디자인 차이는 해결할 수 있었지만 최근에는 iPhone X를 위한 별도의 디자인 방법을 고려해야 합니다.

iPhone X를 고려한 디자인

iPhone X는 iPhone 8 대비 상단 영역(세로 크기)이 145pt 더 길어졌습니다. 가로 크기가 375pt임에도 이미지는 @3x의 세 배수 이미지를 사용합니다. 또한 상단의 둥근 화면 모서리를 피하기 위한 안전 영역(Safe Area)이 추가되었습니다.

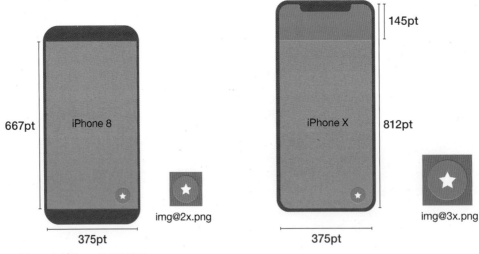

▲ iPhone 8과 iPhone X 크기 비교

상단 영역 : iPhone X는 iPhone 8보다 상단 영역이 145pt 더 깁니다. 추가된 상단 영역 중 일부는 상태 바로, 기존 영역보다 더 넓게 들어갑니다. iPhone 8의 상태 바 높이는 20pt이고 iPhone X의 상태 바 높이는 44pt입니다.

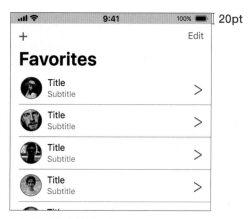 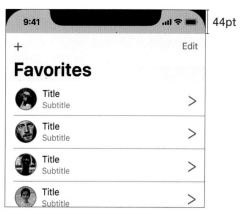

▲ iPhone 8 상태 바 20pt   ▲ iPhone X 상태 바 44pt

콘텐츠 영역 : 상태 바를 제외한 화면 영역으로 가로 크기는 동일하나 iPhone X의 세로 길이가 더 길기 때문에 20% 정도 더 많은 정보를 표시합니다. 중요 정보가 담긴 내용이 있을 경우 iPhone 8에서는 잘려서 보일 수 있으므로 주의해야 합니다.

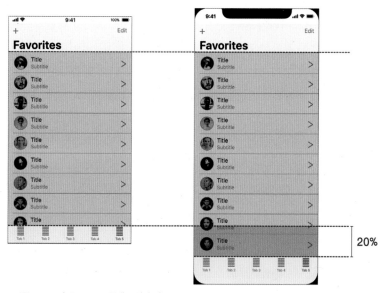

▲ iPhone 8과 iPhone X 콘텐츠 영역 비교

가로 길이 : iPhone X와 iPhone 8의 가로 크기는 375pt입니다. iPhone 8은 두 배수 크기의 @2x 이미지를 사용하며, iPhone X는 세 배수 크기의 @3x 이미지를 사용합니다.

안전 영역(Safe Area)의 마진

iPhone X는 기존 iPhone 시리즈와 다르게 상단 영역이 곡선 처리되어 안전 영역이 필요합니다. iPhone 8과 같은 시리즈는 사각형의 콘텐츠 영역이 존재하여 가변 디자인 시 잘리는 부분이 없습니다. 하지만 iPhone X는 독특한 상단 디자인과 둥근 모서리를 고려한 마진을 설정하여 디자인해야 합니다.

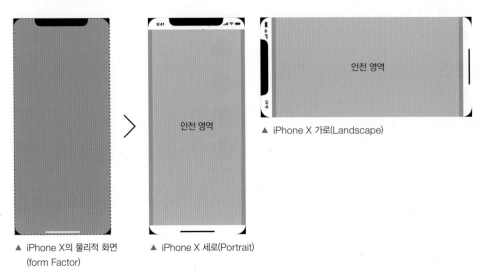

▲ iPhone X의 물리적 화면   ▲ iPhone X 세로(Portrait)
　(form Factor)

iPhone X의 물리적 화면에서 양쪽 모서리의 둥근 면은 잘려서 보입니다. 그래서 화면 좌우에 마진을 적용해 안전 영역에 콘텐츠를 정확히 표현합니다. 마진은 상태 바 44pt 이후부터 적용하며, 좌/우 마진은 16pt로 적용합니다. 콘텐츠는 안전 영역에 표현되며, 가로 화면에서는 상태 바와 하단 바를 제외한 영역부터 마진을 적용해야 합니다. 하단의 홈 표시는 34pt입니다.

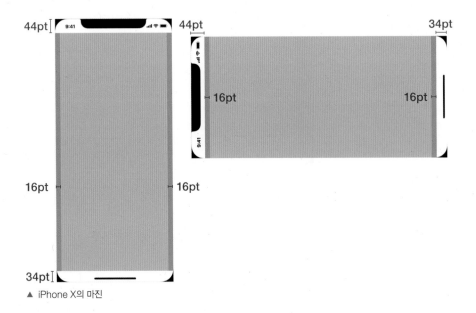

▲ iPhone X의 마진

다양한 종횡비에 최적화한 디자인

iPhone 8은 4.7inch, iPhone 8 Plus는 5.5inch이며, iPhone X는 5.8inch, iPhone XR은 6.1inch로 각 단말기의 크기가 서로 다릅니다. 하지만 iPhone 8과 iPhone 8 Plus의 비율, iPhone X와 iPhone XR의 비율은 같으므로 콘텐츠를 표현하는 데에는 문제가 없습니다. 단, iPhone 8과 iPhone X의 비율이 다르므로 전체 디자인 및 레이아웃 디자인 시 서로의 이미지가 최적화될 수 있게 준비해야 합니다.

iPhone X를 먼저 디자인할 경우 : iPhone X의 전체 디자인이 iPhone 8에 그대로 적용되면 상/하 부분이 잘립니다. 또한 iPhone X의 전체 디자인을 iPhone 8 비율대로 줄이면 좌/우에 빈 공간인 레터박스(Letterbox) 현상이 생깁니다. iPhone X의 전체를 디자인할 때 iPhone 8 비율에 맞춰 적용하려면 상/하 공간이 잘려도 콘텐츠 내용에 문제가 생기지 않는 디자인으로 적용해야 합니다.

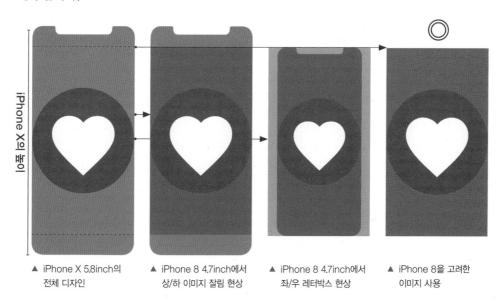

▲ iPhone X 5.8inch의 ▲ iPhone 8 4.7inch에서 ▲ iPhone 8 4.7inch에서 ▲ iPhone 8을 고려한
전체 디자인   상/하 이미지 잘림 현상   좌/우 레터박스 현상   이미지 사용

iPhone X의 높이

iPhone 8을 먼저 디자인할 경우 : iPhone 8의 전체 디자인을 iPhone X에 그대로 적용하면 좌/우가 잘립니다. iPhone 8의 전체 디자인을 iPhone X의 비율대로 적용하면 상/하에 빈 공간인 레터박스 현상이 생깁니다. iPhone 8의 전체를 디자인할 때 iPhone X 비율에 맞춰 적용하려면 상/하 영역까지 표현할 수 있는 이미지를 준비해야 합니다.

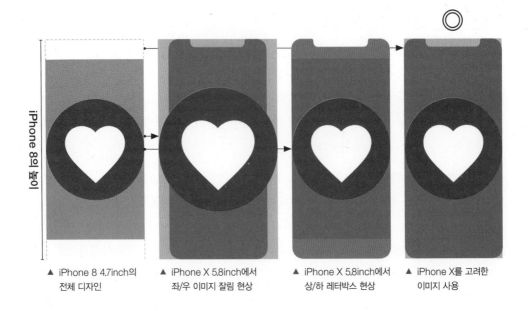

iPhone 8의 높이

▲ iPhone 8 4.7inch의 전체 디자인

▲ iPhone X 5.8inch에서 좌/우 이미지 잘림 현상

▲ iPhone X 5.8inch에서 상/하 레터박스 현상

▲ iPhone X를 고려한 이미지 사용

iOS 앱 주요 가이드라인

앱 내부 콘텐츠 디자인은 디자이너의 창의적인 영역입니다. 하지만 필수로 지켜야 하는 주요 가이드라인이 있는데 상태 바, 내비게이션 바, 마진, 탭 바 등입니다.

상태 바

iOS의 상태 바(Status bar)는 스마트폰의 배터리 및 시간, 정보 아이콘이 나타나는 영역으로 화면 제일 상단에 위치합니다. iPhone 8(20pt)과 iPhone X(44pt)의 크기가 다르므로 상태 바 자체 디자인을 하지 않더라도 상태 바의 서로 다른 높이를 고려하여 나머지 영역을 디자인해야 합니다.

▲ iPhone 8과 iPhone X의 상태 바

내비게이션 바

내비게이션 바(Navigation Bar)는 Android의 툴 바와 같은 역할을 합니다. 현재 위치에 대한 정보 표시 및 화면 이동은 왼쪽, 화면 편집 및 기능은 오른쪽에 배치합니다. 내비게이션 바의 높이는 44pt이며, 안에 들어가는 아이콘의 크기는 최대 가로세로 28pt부터 최소 24pt까지 제작할 수 있습니다.

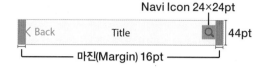

Navi Icon 24×24pt

44pt

마진(Margin) 16pt

큰 타이틀 바

큰 타이틀 바(Large Title Bar)는 현재 화면의 주요 제목(타이틀)을 나타냅니다. 내비게이션은 현재 위치 기준이며 큰 타이틀 바는 현재 화면의 콘텐츠 제목을 나타냅니다. 주로 하단 탭 바에서 선택(클릭)한 화면의 제목이며, 내비게이션의 타이틀과 겹칠 경우 제외해도 무방합니다.

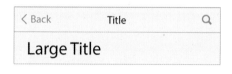

52pt

마진(Margin) 16pt

마진

iPhone X의 안전 영역을 위해 양쪽에 16pt의 마진(Margin)을 적용합니다.

탭 바

탭 바(Tab Bar)는 화면 하단에 위치하는 앱의 메인 버튼 영역입니다. 높이는 49pt이며 대부분 아이콘과 텍스트 조합으로 표현합니다. 메뉴는 3~5개의 조합을 균등하게 배치하며, 탭 바에 들어가는 아이콘은 내비게이션 아이콘 크기와 다릅니다. 탭 바 아이콘의 크기는 가로세로 25pt를 권장하지만 최대 48×32pt 크기까지 제작할 수 있습니다. 탭 바는 사용자가 현재 위치를 인지할 수 있도록 활성(On)/비활성(Off)으로 구분해야 합니다.

홈 표시

홈 표시(Home Indicator)의 높이는 34pt로 iPhone X를 기준으로 제작할 때는 비워둡니다.

Tab Bar Icon 48×34pt

49pt

내부 디자인 아이콘의 터치 영역

iOS의 기본 터치 영역은 최대 44pt로 지정합니다. 터치 영역을 접하는 손가락의 면적을 계산해서 적용한 것으로, 보통 손가락의 면적을 1.6~2.5cm로 했을 때 44pt로 정한 것입니다.

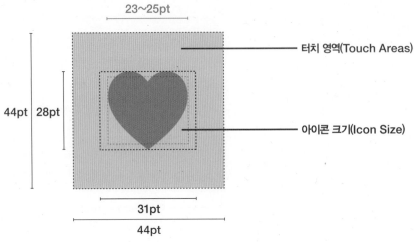

▲ iOS 터치 영역

iOS는 Android와 달리 터치 영역 안의 아이콘의 크기를 유동적으로 적용합니다. 디자이너가 직접 아이콘을 제작하기도 하지만 애플에서 제공하는 SF Symbols 리소스를 사용하기도 합니다.

05

나인패치와
스트레칭 이미지

나인패치는 하나의 이미지를 활용하여 해상도나 상황에 따라 여러 크기로 늘이거나 줄여 사용할 수 있게 하는 기능입니다. 앱 개발 단계에서 보자면 개발자가 기능을 적용하지만 이미지 제작은 디자이너가 하므로, 나인패치는 개발자와 디자이너가 모두 알아두어야 합니다.

나인패치(Draw9patch)

나인패치(Draw9patch)는 상황에 따라 아이콘의 크기가 바뀔 때 매번 다른 이미지를 사용하지 않고, 하나의 이미지가 자동으로 늘어나거나 줄어들게 하는 기능입니다. 이미지의 효율성과 용량을 최적화합니다.

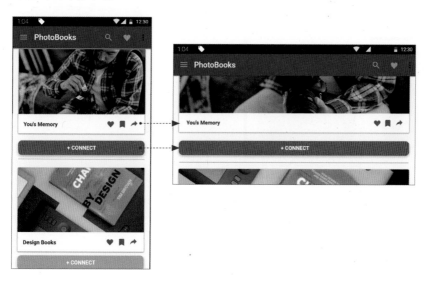

Android 앱 디자인에서는 디자이너가 직접 나인패치를 적용하고 iOS 앱 디자인에서는 나인패치 이미지만 제작하면 개발(X-Code) 단계에서 적용합니다. iOS 앱 개발에서는 나인패치 이미지를 '스트레칭 이미지(Stretch Image)'라고 부릅니다.

나인패치 이미지를 많이 사용하면 그만큼 앱의 용량도 줄고 다양한 해상도에 쉽게 대응할 수 있습니다. 단, 나인패치 기능을 사용하려면 나인패치에 적합한 이미지를 직접 디자인해야 합니다. 다음 그림처럼 원본과 늘어나는 구간을 설정해야만 나인패치를 적용할 수 있습니다.

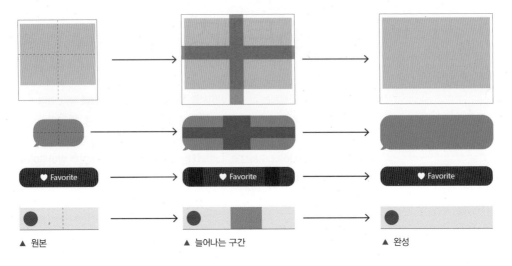

▲ 원본   ▲ 늘어나는 구간   ▲ 완성

Android에 맞는 나인패치 제작

Android는 디자이너가 이미지에 직접 나인패치 기능을 적용하여 완성하는 과정을 거칩니다. Android에서 제공하는 제너레이터를 이용하면 쉽게 나인패치 이미지를 만들 수 있습니다. 상단과 왼쪽은 패치 영역으로 이미지가 늘어나는 위치를 잡아주는 구간입니다. 하단과 오른쪽은 콘텐츠 영역으로 이미지의 크기가 변했을 때 콘텐츠가 표현되는 구간을 설정합니다.

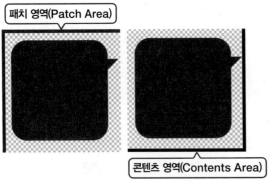

▲ 패치 영역과 콘텐츠 영역

나인패치 제너레이터 활용하기

01 나인패치 제너레이터 웹페이지(https://romannurik.github.io/AndroidAssetStudio /nine-patches.html)에 접속합니다.

02 ①나인패치를 적용할 이미지를 화면 가운데로 드래그하여 가져다 놓습니다. ②이때 [Edit mode]는 [Stretch region]으로 선택합니다. [Stretch region]은 이미지를 연장할 패치 구간을 선택하는 메뉴입니다.

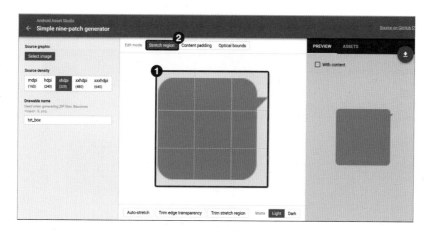

TIP 나인패치를 적용할 마땅한 이미지가 없다면 준비 파일 중 Part 01\다양한 실습 폴더의 txt_box.png 파일을 활용합니다.

03 세로 선과 가로 선을 드래그하여 연장할 구간의 위치를 잡아줍니다. 이때 양쪽 선이 너무 붙지 않게 2px 정도로 간격을 잡습니다. 오른쪽의 [PREVIEW] 영역에서 나인패치가 적용된 상태를 미리 확인할 수 있습니다.

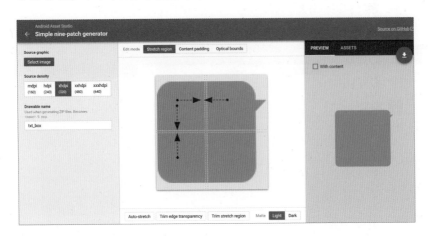

04 ①[Content padding]을 클릭합니다. [Content padding]은 나인패치 적용 후 내부에 콘텐츠가 들어가는 영역을 설정하는 기능입니다. ②사각형을 드래그하여 콘텐츠가 들어갈 영역을 설정합니다. ③[With content]를 체크하면 이미지 내부에 콘텐츠가 들어가는 모습을 미리 확인할 수 있습니다. 이때 [With content]의 회색 배경을 드래그하면 나인패치의 이미지 크기가 바뀌는 모습도 확인할 수 있습니다.

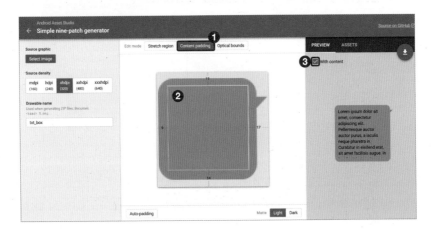

05 ①[ASSETS]를 클릭하고 ②[SEE ALL]을 클릭하면 각 해상도별 나인패치 이미지를 확인할 수 있습니다. ③다운로드 아이콘을 클릭하여 해상도별 나인패치 이미지를 다운로드합니다.

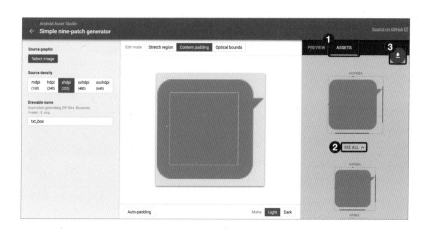

06 ①다운로드한 파일의 압축을 풀면 해상도별 폴더가 생성되고 ②각 폴더 안에 [파일명.9.png] 파일이 만들어진 것을 확인할 수 있습니다. 왼쪽과 상단에는 패치 구간을 표시하는 선이 있고, 오른쪽과 하단에는 콘텐츠를 표시하는 선이 있습니다.

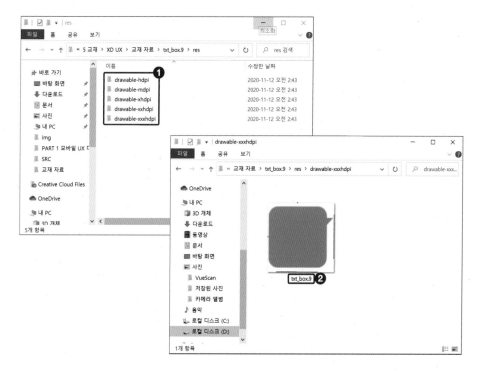

이렇게 제작한 이미지 파일을 개발자에게 전달하면 Android Studio에서 자동으로 나인패치가 적용됩니다.

iOS 스트레칭 이미지 제작

Android 나인패치는 디자이너가 직접 제너레이터를 이용하여 제작합니다. 반면에 iOS 스트레칭 이미지는 디자이너가 스트레칭 적용이 가능한 이미지만 제작하여 개발자에게 전달하면 개발(X-Code)상에서 적용됩니다. 단, 이미지에서 연장될 부분의 좌표를 직접 가이드라인에 표기하거나 이미지 파일명에 정확한 좌표를 넣어 전달하는 것이 좋습니다.

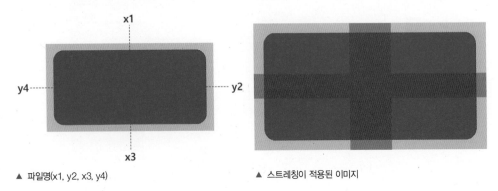

▲ 파일명(x1, y2, x3, y4)   ▲ 스트레칭이 적용된 이미지

스트레칭 이미지를 제작한 후 연장될 부분의 좌표는 'Top, Right, Bottom, Left' 순으로 파일명에 함께 기재하여 전달합니다. 예를 들어 img_st(30, 15, 30, 15)와 같은 방식으로 파일명을 적고 단위는 포인트(pt)로 표기합니다.

CHAPTER 05

모바일 앱 디자인에 필요한 XD 핵심 기능 익히기

지금까지 다양한 UX 디자인을 알아보았습니다. 이번에는 XD의 핵심 기능부터 고급 활용 기능까지 자세히 익혀봅니다.

01

아트보드 편집하고 저장하기

XD에서 디자인하는 작업 영역을 아트보드라고 합니다. 아트보드는
앱의 한 장면이나 화면으로 볼 수 있습니다. XD에서 아트보드를
만드는 방법과 작업한 결과물을 저장하는 방법에 대해 알아봅니다.

아트보드 편집하기

아트보드는 XD에서 가장 중요한 화면이고 실제 모든 디자인이 이루어지는 영역입니다. XD를
실행한 후 시작 화면에서 [맞춤형 크기]를 선택합니다. [W]는 360, [H]는 640으로 설정하여 새
작업 창을 엽니다. 이 크기(360×640)는 Android 앱의 기본 제작 크기입니다.

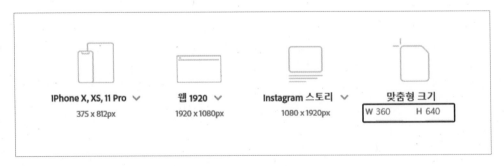

IPhone X, XS, 11 Pro ⌄　　　　**웹 1920** ⌄　　　**Instagram 스토리** ⌄　　　**맞춤형 크기**
375 x 812px　　　　　　　1920 x 1080px　　　　　1080 x 1920px　　　　W 360　　　H 640

> **TIP** 원하는 아트보드를 새로 만들어 XD의 기본 기능을 익히거나 예제 소스로 제공하는 준비 파일(아트보드 편집 및 저장하기.xd)을 활용
> 합니다.

아트보드 이름 바꾸기

아트보드가 만들어지면 시작 화면에서 설정한 크기가 아트보드 이름으로 지정됩니다. 선택 도구▶로 아트보드 이름을 더블클릭하여 원하는 이름으로 수정할 수 있습니다. 작업 중 [아트보드 내보내기] 메뉴를 선택하면 파일명은 자동으로 아트보드 이름으로 저장됩니다.

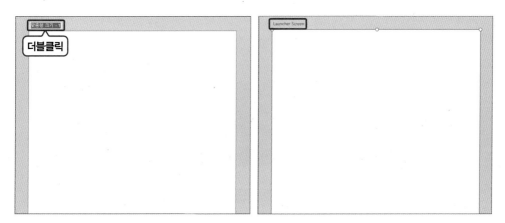

> **TIP** 모든 작업은 선택 도구▶부터 시작됩니다. 하나의 작업이 끝나면 선택 도구▶를 통해 바로 다음 작업을 진행할 수 있도록 하는 습관을 들입니다.

새 아트보드 만들기

앱 프로토타입 디자인을 하다 보면 여러 개의 아트보드를 모아 하나의 프로젝트를 완성합니다. 아트보드 도구▣를 이용하여 새 아트보드를 쉽게 만들 수 있습니다. 아트보드 도구▣를 클릭하면 속성 관리자에 다양한 템플릿 목록이 표시됩니다. 원하는 크기의 템플릿을 선택해 새 아트보드를 만듭니다.

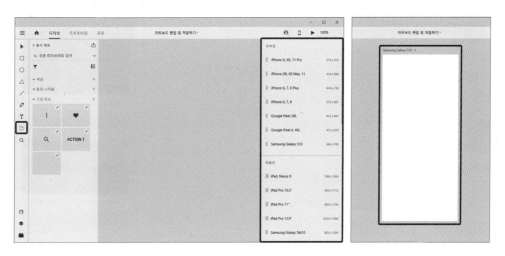

> **TIP** 아트보드 도구▣를 클릭하고 작업 화면을 드래그하면 새 아트보드가 만들어집니다. 속성 관리자에서 [W], [H] 값을 수정해 크기를 바꿀 수 있습니다.

아트보드 복사하기

아트보드 도구 🖻를 이용해 새로운 아트보드를 추가할 수도 있지만 레이아웃과 콘텐츠가 제작된 아트보드를 복사하면 좀 더 효율적으로 작업할 수 있습니다. Alt 를 누른 채 선택 도구 ▶로 아트보드 이름을 클릭하면 일정한 간격으로 아트보드가 복사됩니다. Alt 를 누른 채 아트보드를 드래그하면 아트보드를 연속으로 복사할 수 있고 아트보드 간의 거리를 통일해주는 가이드 (간격)가 표시됩니다.

아트보드 크기 변경하기

XD 시작 화면에서 템플릿이나 맞춤 크기를 설정하여 아트보드를 생성합니다. 앱 디자인을 하다 보면 중간에 아트보드의 크기를 수정할 때가 종종 있습니다. 특히 세로 스크롤을 표현해야 할 아트보드가 있다면 크기를 변경하고 뷰포트를 설정할 수 있습니다.

선택 도구 ▶로 아트보드의 이름을 클릭한 후 속성 관리자의 [변형] 항목에서 [W]와 [H] 값을 수정해 크기를 바꿀 수 있습니다. 또는 아트보드 바운딩 박스의 위젯을 직접 드래그하여 수정할 수도 있습니다.

> **TIP** 뷰포트는 화면에서 보이는 영역을 말합니다. 보통 스마트폰 세로 크기와 동일하게 설정하며, 뷰포트 높이가 아트보드 높이(H)보다 크면 뷰포트 바를 움직여 조절할 수 있습니다. 단, 특별한 경우가 아니라면 수정하지 않습니다.

모든 콘텐츠는 아트보드 내부 영역에서 작업합니다. 그러나 디자인을 하다 보면 세로 스크롤과 같이 콘텐츠가 아트보드 밖(외부 영역)으로 나가는 경우가 있습니다. 이때 아트보드의 크기에 따라 내부 콘텐츠가 다르게 보입니다.

아트보드보다 콘텐츠가 클 경우 아트보드 외부 영역에 있는 콘텐츠는 보이지 않습니다. 그러나 아트보드가 뷰포트보다 크더라도 아트보드 내부에 있는 콘텐츠는 모두 보입니다.

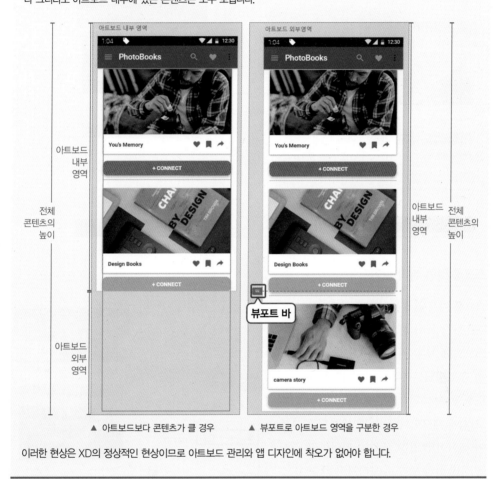

▲ 아트보드보다 콘텐츠가 클 경우   ▲ 뷰포트로 아트보드 영역을 구분한 경우

이러한 현상은 XD의 정상적인 현상이므로 아트보드 관리와 앱 디자인에 착오가 없어야 합니다.

데스크톱 화면 미리 보기

디자인 작업을 완성한 아트보드는 데스크톱 미리 보기 기능을 통해 실제 스마트폰(웹)에서 보이는 화면을 미리 확인할 수 있습니다. 미리 보기는 뷰포트 크기만큼 보이며 XD 디자인 시 수시로 데스크톱 미리 보기 기능을 실행하여 전체 디자인의 조화를 체크해야 합니다. 미리 보기는 스크롤이 없고 전체 화면으로 고정되어 있는 고정 화면과 스크롤이 적용되는 화면을 모두 확인할 수 있습니다.

고정 화면 미리 보기

선택 도구 ▶로 아트보드 이름을 클릭한 후 오른쪽 상단에 있는 데스크톱 미리 보기 ▶를 클릭합니다. 미리 보기 창이 나타난 후 미리 보기가 실행되며, 완성 상태의 프로토타입을 확인할 수 있습니다. Ctrl + Enter 를 눌러도 미리 보기를 실행할 수 있습니다.

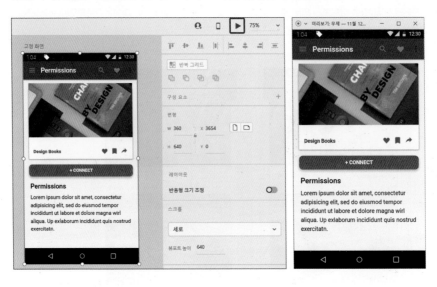

스크롤 화면 미리 보기

스크롤 기능을 적용하려면 아트보드가 뷰포트보다 커야 하고 콘텐츠 디자인도 아트보드에 모두 배치되어야 합니다. 스크롤 시 고정되는 부분을 선택 도구 ▶로 클릭한 후 속성 관리자에서 [스크롤 시 위치 고정]에 체크합니다. 이때 고정되는 부분이 레이어의 가장 상위에 있어야만 스크롤 화면 미리 보기 시 사라지지 않습니다.

문서 설정하기

XD는 새 작업 창을 열면 자동으로 어도비에서 제공하는 클라우드에 저장됩니다. 이때 문서(파일) 이름을 설정하지 않으면 '무제(Untitle)'로 저장되므로 작업 시작 전에 이름을 설정하는 것이 좋습니다.

문서 이름 설정하기

XD 작업 화면의 제목을 클릭하여 원하는 문서 이름을 입력합니다. 기본적으로 별도의 저장 과정 없이 자동으로 클라우드에 저장됩니다.

작업한 문서 되돌리기

문서 이름 옆에 있는 ▼를 클릭하면 지금까지 작업했던 작업 목록이 나타납니다. 북마크를 클릭하면 별도의 파일명을 따로 정할 수 있습니다. 목록의 ⋯을 클릭해 이전 단계의 작업물을 [새 창에서 열기]로 다시 열 수 있고 다른 이름으로 변경할 수 있습니다. 이 기능은 GitHub의 클론 기능처럼 단계별 독자적인 파일을 만들 수 있는 편리한 기능입니다.

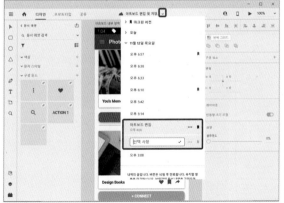 

> **TIP** 작업 중인 문서는 클라우드에 자동으로 저장되지만 [메뉴]–[저장] 메뉴를 클릭하거나 Ctrl + S 를 눌러 틈틈이 저장할 수도 있습니다. 단, 클라우드 저장 및 불러오기는 인터넷이 연결된 상태에서만 가능합니다.

문서 저장하고 열기

XD에서 작업한 문서(파일)는 어도비에서 제공하는 클라우드와 개인 로컬 PC에 저장할 수 있습니다. 개발자 공유, 앱 프로토타입 제작 시에는 클라우드에 저장하고 개인 작업은 로컬 PC에 저장하여 관리합니다. 앞서 알아보았듯 클라우드에 저장한 문서는 시간대별로 작업물을 되돌릴 수 있습니다.

문서 저장하기

로컬 PC에 저장한 문서는 앱 프로토타입 및 공유 기능을 실행할 수 없습니다. 로컬 PC에 저장한 문서를 클라우드에 저장하려면 [메뉴]-[다른 이름으로 저장]을 클릭하여 클라우드 문서로 저장해야 합니다.

▲ 로컬 PC에 저장

▲ 클라우드에 저장

문서 열기

XD의 문서 열기는 클라우드 문서 열기와 내 컴퓨터(로컬 PC)에서 열기가 있습니다. [메뉴]-[열기] 메뉴에서 문서를 열 수 있으며, 녹색으로 체크된 문서가 클라우드에 저장된 문서입니다. 왼쪽 아래에 있는 [내 컴퓨터에서]를 클릭하면 로컬 PC에 저장한 문서를 열 수 있습니다.

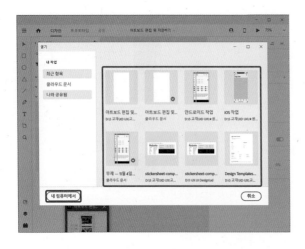

외부 디자인 파일 열기(PSD, AI, Sketch)

포토샵(PSD), 일러스트레이터(AI), 스케치(Sketch) 파일을 XD에서 열어 디자인을 수정할 수 있습니다. 포토샵(PSD)이나 일러스트레이터(AI) 파일을 열면 레이어가 그대로 유지된 형태로 불러올 수 있지만, 스케치(Sketch) 파일은 몇 가지 고유 기능이 작동되지 않을 수 있습니다. XD에서 불러온 외부 디자인 파일을 저장하면 xd 파일로 저장됩니다.

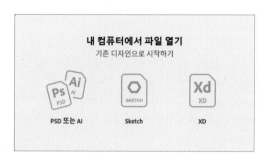

TIP 외부 디자인 파일을 불러오는 자세한 방법은 이 책의 164쪽을 참고하세요.

XD 주요 단축키

좀 더 빠른 작업 속도를 내기 위해 단축키를 익혀두는 것이 좋습니다. XD 단축키는 메뉴에 표시되어 있으며 이미지를 클릭하고 마우스 오른쪽 버튼을 클릭하여 나타나는 단축 메뉴에서도 확인할 수 있습니다.

기능	단축키	기능	단축키
화면 확대하기	Ctrl + +	화면 복사하기	Alt + 드래그
화면 축소하기	Ctrl + −	전체 선택하기	Ctrl + A
새로 만들기	Ctrl + N	미리 보기 실행하기	Ctrl + Enter
내 컴퓨터에서 열기	Shift + Ctrl + O	열기	Ctrl + O
다른 이름으로 저장하기	Shift + Ctrl + S	저장하기	Ctrl + S
가져오기	Shift + Ctrl + I	로컬 문서로 저장하기	Shift + Ctrl + Alt + S
[내보내기]-[선택됨]	Ctrl + E	[내보내기]-[일괄 처리]	Shift + Ctrl + E
[내보내기]-[Zeplin]	Ctrl + Alt + E	[내보내기]-[After Effects]	Ctrl + Alt + F
다시 실행하기	Shift + Ctrl + Z	실행 취소	Ctrl + Z
복사하기	Ctrl + C	잘라내기	Ctrl + X
모양 붙여넣기	Ctrl + Alt + V	붙여넣기	Ctrl + V
3D 변형 표시하기	Ctrl + T	삭제하기	Delete
숨기기	Ctrl + ,	잠그기/잠금 풀기	Ctrl + L
구성 요소 만들기(심볼)	Ctrl + K	그룹 만들기	Ctrl + G
내보내기에 표시	Shift + E	에셋에 색상 추가	Shift + Ctrl + C
앞으로 가져오기	Ctrl +]	맨 앞으로 가져오기	Shift + Ctrl +]
맨 뒤로 보내기	Shift + Ctrl + [	뒤로 보내기	Ctrl + [
정사각형 격자 표시	Ctrl + '	레이아웃 격자 표시	Shift + Ctrl + '
모양으로 마스크 만들기	Shift + Ctrl + M	패스 – 추가	Ctrl + Alt + U
패스 – 빼기	Ctrl + Alt + S	패스 – 교차	Ctrl + Alt + I
패스 – 오버랩 제외	Ctrl + Alt + X	패스 – 패스로 변환	Ctrl + 8
확대/축소	Z	라이브러리 보기	Shift + Ctrl + Y
레이어 보기	Ctrl + Y	플러그인 보기	Shift + Ctrl + P
같은 비율로 도형 만들기, 수직/수평선, 수직/수평 이동, 15°씩 회전 다중 선택			Shift
중심부터 도형 만들기/크기 조절하기			Alt
작업 중 화면 이동하기			Space Bar
오브젝트 선택 후 더블클릭			수정하기
텍스트 입력 중지 및 작업 중지			Esc

TIP XD에 플러그인을 설치했다면 플러그인을 실행할 단축키는 별도로 확인해야 합니다.

02

기본 도구
활용하기

선택 도구, 도형 도구, 텍스트 도구 등 앱 디자인에 필요한 기본 도구
활용법에 대해 알아봅니다. 실무에서는 XD를 단독으로 사용하기보다
포토샵이나 일러스트레이터를 함께 사용합니다. 여기서는 간단한
도구의 기능만 살펴봅니다.

기본 도형 만들기

도구 상자의 다양한 기능을 이용해 기본 도형(오브젝트)을 만들고 속성 관리자에서 편집하는 방법을 알아봅니다. XD의 기본 도구는 포토샵이나 일러스트레이터의 도구 기능과 같습니다. 도구 바의 사각형 도구, 타원 도구, 다각형 도구를 이용해 사각형과 원형을 만듭니다.

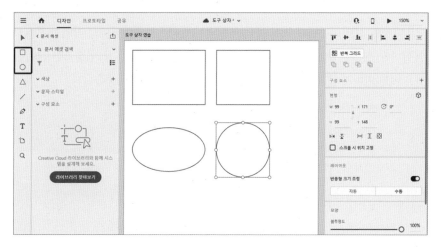

> **TIP** 도구를 선택하고 아트보드에 드래그하면 사각형, 타원을 그릴 수 있습니다. Shift 를 누른 채 드래그하면 정사각형, 정원, 수직선, 수평선을 그릴 수 있고, Alt 를 누른 채 드래그하면 중심을 기준으로 도형을 그릴 수 있습니다.

속성 관리자에서 도형 변형하기

XD의 인터페이스는 매우 직관적이므로, 도형을 그리고 난 후 속성 관리자의 [변형] 항목에서 속성을 변경해 원하는 모양으로 새롭게 변형할 수 있습니다. 크기 조절, 회전을 적용할 수 있고 모서리를 둥글게 만들거나 다각형 도형을 만들 수도 있습니다. [채우기], [테두리] 항목에서는 도형의 면과 테두리에 색을 적용할 수 있고 그레이디언트도 적용할 수 있습니다.

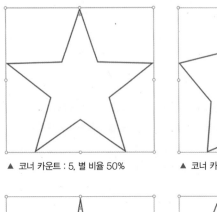

▲ 코너 카운트 : 5, 별 비율 50%

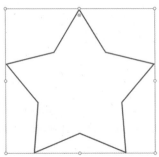

▲ 코너 카운트 : 5, 별 비율 70%

▲ 코너 카운트 : 5, 별 비율 30%

▲ 코너 카운트 : 20, 별 비율 80%

펜과 선을 이용해 드로잉하기

실무에서 모바일 디자인 시 아이콘이나 버튼 등의 이미지는 일러스트레이터에서 작업한 후 XD에 가져와 사용합니다. XD는 최종 프로토타입을 완성하는 프로그램이다 보니 정교한 아이콘을 만드는 작업은 벡터 이미지 제작에 최적화된 프로그램을 활용하는 것이 좋습니다.

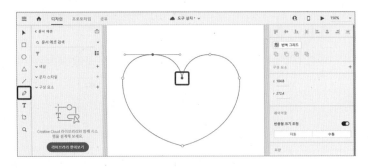

TIP 간단한 도형이나 아이콘, 선 등은 XD의 펜 도구 🖉 를 이용하여 만들 수 있습니다.

선에는 테두리 속성의 두께와 색상 외에 선의 정렬, 선의 끝 처리, 선의 연결, 점선 등의 속성이 있습니다. 특히 선의 정렬 속성에 따라 같은 크기의 도형도 다르게 보입니다. 이러한 효과를 활용하면 다양한 용도에 사용할 수 있습니다. XD의 기본 설정은 안쪽 정렬로 되어 있습니다.

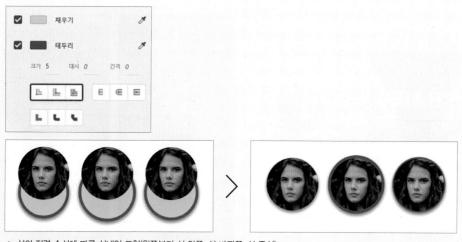

▲ 선의 정렬 속성에 따른 섬네일 표현(왼쪽부터 선 안쪽, 선 바깥쪽, 선 중심)

텍스트 입력하고 편집하기

앱 디자인에 사용하는 텍스트는 크게 세 가지로 구분합니다. 텍스트 자체가 디자인의 일부로 사용되는 텍스트, 앱에서 프로그램에 의해 표현되는 텍스트, 사용자가 직접 입력하여 나오는 텍스트입니다. 먼저 본격적인 디자인 작업 전에 각 운영체제의 시스템 폰트인 iOS의 SF Pro와 애플 산돌 고딕, Android의 Roboto와 본 고딕을 설치해야 합니다. 디자인이나 로고에 사용하는 폰트는 자유롭게 선택할 수 있지만 기본 UI에는 시스템 폰트를 사용해야 최종 결과물과 동일한 디자인을 얻을 수 있습니다.

iOS Font	Android Font
SF Pro	Roboto
Large Title / Bold / 34pt / Display	Headline / Regular / 24pt
Navi Bar Title / Medium / 17pt / Display	
Navi Bar Button / Regular / 17pt / Display	Navie Bar Title / Medium / 20pt
Tab Bar Button / Regular / 10pt / Text	
Search Bar / Regular / 13.5pt / Text	Subheader / Regular / 16pt
Table Header / Regular / 12.5pt / Text	
Table Row / Regular / 16.5pt / Text	Body 2 / Metac /Medium / 14pt
Table Row Subline / Regular / 12pt / Text	
Table Footer / Regular / 12.5pt / Text	Body 1 / Regular / 14pt
Action Sheets / Regular / 20pt / Display	Caption / Regular / 12pt
	Button / Medium / 14pt
SF Pro Display　**SF Pro** Text	
한글 폰트 : AppleSDGothicNeo	한글 폰트 : NotoSns

▲ iOS와 Android 폰트 및 규격

정적 텍스트(디자인 텍스트)

정적 텍스트는 앱 디자인상 디자이너가 입력한 텍스트가 그대로 노출되는 텍스트로, 디자인의 일부로 사용되는 고정 텍스트입니다. 디자인으로 사용되므로 시스템 폰트를 사용하지 않아도 됩니다. 앱 디자인의 전체 흐름을 깨지 않는 범위에서 자유롭게 디자인하고 이미지 콘텐츠에 처음부터 입력하여 이미지화한 텍스트입니다. 스플래시나 로고 등에 자주 사용합니다.

▲ 스플래시 화면에 사용된 다양한 텍스트

동적 텍스트

동적 텍스트는 디자이너가 앱 디자인상 입력하는 요소이지만 프로그램화되어 나오는 텍스트를 말합니다. 실제 예시대로 디자인하고 폰트 크기, 스타일, 색상 등을 알려주면 개발 파트에서 처리합니다. XD의 개발자 공유 중 문자 스타일 기능을 이용하면 디자이너가 작성한 문자 스타일 가이드를 쉽게 확인할 수 있습니다.

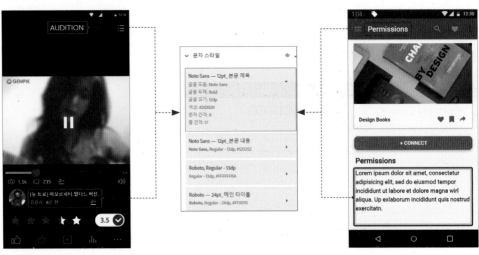

▲ XD의 개발자 공유

입력 텍스트

입력 텍스트는 사용자가 검색 또는 메시지를 입력할 때 발생하는 텍스트를 말합니다. 실제 앱 디자인에 적용하지 않지만 사용자가 입력했을 때 나오는 텍스트도 문자 스타일을 지정해야 합니다. 동적 텍스트와 마찬가지로 XD의 공유 기능을 이용해 개발자에게 쉽게 전달할 수 있습니다.

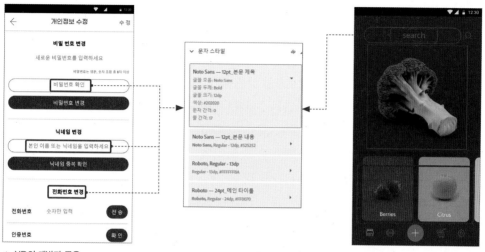

▲ XD의 개발자 공유

TIP 개발자 공유 과정에서 문자 스타일 공유 방법에 대한 자세한 설명은 172, 392쪽을 참고하세요.

텍스트 찾기

텍스트 도구 **T** 로 아트보드를 클릭하거나 드래그하여 텍스트 영역을 지정한 후 원하는 텍스트를 입력합니다. 속성 관리자에서 폰트, 크기, 자간, 줄 간격, 단락 간격 등 문자 스타일을 변경할 수 있습니다. 이때 폰트는 폰트 이름을 클릭하여 폰트 목록에서 찾을 수 있습니다. 또는 원하는 폰트의 앞 글자를 입력하면 자동으로 폰트를 찾아줍니다. 예를 들어 SF Pro Display를 찾으려면 폰트 이름에 SF를 입력하면 자동으로 같은 이름을 가진 폰트를 찾을 수 있습니다. 색상은 [채우기]에서 변경합니다.

▲ 폰트 목록에서 고르기

▲ 폰트 이름으로 찾기

오브젝트 정렬과 결합

모바일 앱 디자인 시 오브젝트 정렬과 결합(패스파인더) 기능을 자주 사용합니다. XD의 스마트 정렬 기능을 활용하면 레이아웃 디자인을 쉽고 효율적으로 진행할 수 있습니다.

스마트 가이드

스마트 가이드는 XD에서 자동으로 지원하는 정렬 기능입니다. 오브젝트나 아트보드를 이동, 복사할 때 이들의 간격을 보여줍니다. **Alt** 를 누른 채 아트보드 이름을 클릭하면 아트보드를 복사할 수 있습니다. 두 개 이상의 아트보드가 있을 때 선택 도구 ▶로 아트보드를 움직이면 아트보드 간격이 분홍색 면으로 표시되고 간격 수치가 나타납니다.

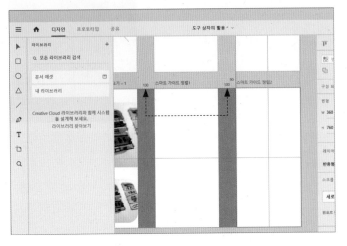

오브젝트 이동도 동일합니다. 선택 도구 ▶로 오브젝트를 움직이면 오브젝트 간격이 분홍색 선으로 표시되고 간격 수치가 나타납니다. 아트보드와 오브젝트의 정렬 수치, 오브젝트와 오브젝트 사이의 간격도 확인할 수 있습니다.

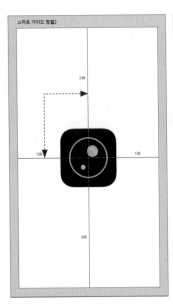

정렬, 결합

선택 도구 ▶로 아트보드를 클릭하면 아트보드 정렬, 오브젝트를 클릭하면 오브젝트를 정렬할 수 있습니다. 아트보드와 오브젝트 정렬 방식은 동일합니다. 속성 관리자에서 정렬 항목을 확인하여 상단 정렬⬛, 가운데 정렬(세로⬛), 하단 정렬⬛, 가로 배치⬛, 왼쪽 정렬⬛, 가운데 정렬(가로⬛), 오른쪽 정렬⬛, 세로 배치⬛할 수 있습니다. 오브젝트끼리 정렬하려면 정렬하고자 하는 오브젝트를 선택한 후 정렬합니다. 오브젝트 한 개만 선택하면 오브젝트와 아트보드 간의 정렬이 적용됩니다.

오브젝트 결합은 일러스트레이터의 패스파인더와 같은 기능으로, 겹쳐진 오브젝트의 모양을 합치거나 나눌 수 있습니다. 패스파인더 기능은 두 개 이상의 오브젝트가 겹쳐 있는 상태에서 선택 도구 ▶로 선택하여 속성 관리자에서 원하는 모양으로 결합할 수 있습니다.

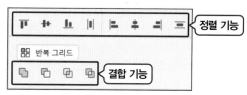

▲ 정렬 기능/결합 기능

03

외부 파일 불러오고
편집하기

XD는 일러스트레이터, 포토샵과 같은 전문 디자인 프로그램을
이용하면 디자인 완성도를 높일 수 있습니다. 외부 디자인 파일을
불러오는 방법에 대해 알아봅니다.

일러스트레이터(AI) 파일 불러오기

모바일 앱 프로토타입 디자인을 할 때 다양한 아이콘을 사용합니다. 일러스트레이터에서 벡터
아이콘을 만들고 XD로 불러와 아이콘을 수정하거나 에셋으로 등록할 수 있습니다. 같은 벡터
기반 프로그램이므로 별도의 메뉴나 기능을 적용하지 않고도 파일을 붙여 넣을 수 있습니다. 일
러스트레이터에서 파일을 열고 Ctrl + C 를 눌러 복사한 후 XD에서 Ctrl + V 를 눌러 붙여 넣
습니다.

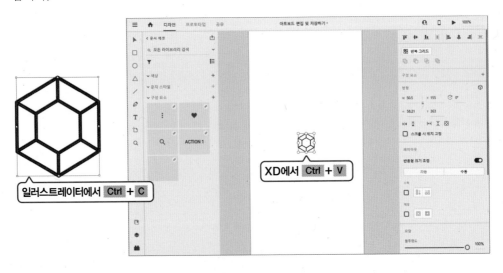

이렇게 불러온 아이콘은 속성 관리자에서 원하는 수치를 입력해 크기나 위치를 바꿀 수 있습니다. [채우기]와 [테두리]에서 색상이나 선 두께를 수정할 수도 있습니다. 세부 수정이 끝나면 아트보드 빈 공간(페이스트 보드)을 클릭하거나 Esc 를 눌러 오브젝트 밖으로 빠져나옵니다.

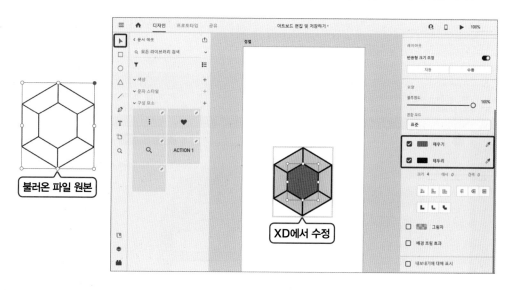

비트맵 파일 불러오기

디자인에 필요한 비트맵 이미지나 포토샵에서 제작한 PNG 파일을 불러올 수 있습니다. 특히 외부에 있는 비트맵 이미지를 불러와 사용하면 작업 효율을 높일 수 있습니다. JPG, PNG, GIF, AI, SVG 등 외부 이미지를 불러올 수 있습니다. 단, GIF의 움직이는 애니메이션은 적용되지 않습니다. [메뉴]-[가져오기] 메뉴를 클릭하여 비트맵 이미지를 선택합니다. 이미지의 위치나 크기를 바꿀 수 있고 회전을 적용할 수 있습니다.

▲ [메뉴]-[가져오기] 메뉴에서 비트맵 이미지 가져오기

외부 사이트(URL)에 있는 이미지 불러오기

디자인에 활용할 이미지를 마우스 오른쪽 버튼으로 클릭해 [이미지 복사]를 선택합니다. XD에서 Ctrl + V 를 눌러 이미지를 붙여 넣습니다. 아트보드 작업 창에 복사된 이미지는 위치나 크기를 바꿀 수 있고 회전을 적용할 수 있습니다. 이때 이미지 내부의 포인트 핸들을 조절하면 둥근 모서리로 모양을 수정할 수 있습니다.

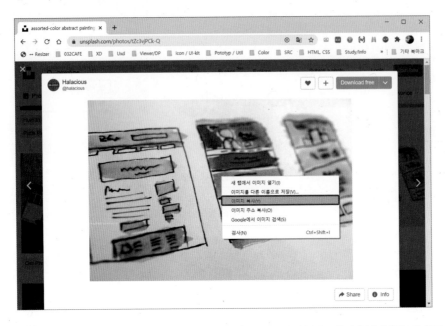

> **TIP** 외부 사이트에 있는 비트맵 이미지를 불러오려면 크롬 브라우저를 사용해야 합니다. 또한 저작권에 문제없는 이미지를 가져와 디자인에 활용해야 합니다.

XD로 불러온 외부 사이트의 비트맵 이미지는 에셋으로 등록하지 않더라도 개발자 공유 모드에서 이미지 정보를 확인할 수 있습니다. 해당 이미지를 다운로드하여 개발에 활용할 수도 있습니다.

▲ 개발자 공유에서 원본 이미지 확인

04

XD 핵심 기능
익히기

모바일 앱 디자인 제작에 필수 기능인 플러그인, UI-Kit, 문서 에셋,
구성 요소, 반복 그리드 등 주요 기능에 대해 알아봅니다.

플러그인 활용하기

XD는 꾸준한 업데이트를 통해 다양한 기능의 플러그인과 운영체제별 UI-Kit를 제공하고 있습니다. 플러그인은 XD 사용자라면 누구나 설치하여 사용할 수 있습니다. 플러그인을 사용하려면 원하는 플러그인을 검색하고 설치해야 합니다. 각 플러그인마다 사용법이 모두 다르므로 플러그인을 설치하기 전에 튜토리얼을 꼭 확인합니다. [메뉴]-[플러그인]-[플러그인 탐색] 메뉴를 선택하거나 메뉴 바에서 플러그인 도구 █를 클릭합니다. 플러그인 탐색 페이지로 이동하면 원하는 플러그인을 검색하고 설치합니다.

여러 개의 플러그인을 설치하면 플러그인 도구 ■를 클릭했을 때 플러그인 목록이 나타납니다. 원하는 플러그인을 선택하면 해당 플러그인의 튜토리얼과 기능을 확인할 수 있습니다. 대부분 몇 번의 조작으로 쉽게 사용할 수 있으니 다양한 플러그인을 찾아 실무에 적용합니다.

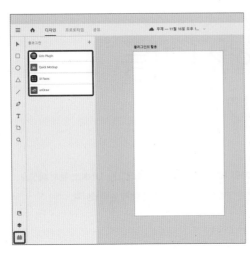

10 년차 선배의 멘토링   UI Face 플러그인 활용하기

XD에서 많이 사용하는 대표 플러그인인 UI Face를 설치해보겠습니다. UI Face는 사용자 섬네일을 만드는 플러그인으로 저작권에 저촉되지 않아 누구나 마음 편히 사용할 수 있는 대표 플러그인입니다.

사용자 섬네일을 적용해보겠습니다. ① 가로세로 48px인 정원을 여덟 개 만들어 모든 원을 선택한 후 ② UI Face 플러그인을 실행합니다. UI Face 기능에서 외부 사이트나 다양한 필터를 적용하여 원하는 이미지를 불러올 수 있습니다. ③ [Select Photos]를 클릭하여 ④ 원하는 이미지를 선택하고 ⑤ [Apply]를 클릭합니다. ⑥ 선택한 이미지가 자동으로 섬네일로 적용됩니다.

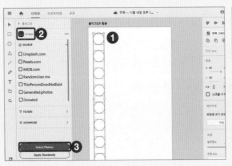

이와 같이 플러그인을 활용하면 XD에서 작업해야 하는 많은 단계를 쉽게 진행할 수 있고, 다양한 기능을 적용할 수 있습니다.

UI-Kit 활용하기

플러그인 외에도 운영체제별 앱 디자인에 필요한 다양한 UI-Kit를 다운로드할 수 있습니다. 앱 제작 시 중요 UI는 UI-Kit를 복사하여 사용하는 것이 좋습니다. UI-Kit에 있는 다양한 오브젝트는 각 운영체제별 필수 가이드라인에 맞춰 제작된 오브젝트로, 필요 시 복사하여 새로운 작업에 수정하여 사용하면 효율적입니다. 이때 주의할 점은 iOS UI-Kit는 맥북(macOS PC)에서만 열 수 있으므로 Windows 사용자는 예제 소스로 제공하는 macOS용 파일을 다운로드하여 활용합니다.

UI-Kit를 구성하는 그룹이나 문서 에셋으로 등록한 오브젝트를 아트보드로 복사하여 활용합니다. 이때 문서 에셋의 구성 요소는 원본인 UI-Kit와 링크로 연결되어 있으므로 작업 중인 창에서 수정하면 원본의 구성 요소도 변경됩니다. 따라서 복사한 구성 요소는 반드시 로컬로 변환하여 사용합니다.

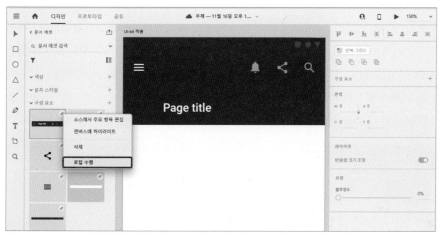

▲ [문서 에셋]–[구성 요소]의 연결을 해제

TIP [문서 에셋]–[구성 요소]에서 원하는 아이콘을 마우스 오른쪽 버튼으로 클릭하여 [로컬 수행]을 선택합니다. 원본과 연결이 해제된 아이콘은 링크 아이콘이 사라지면서 현재 작업 중인 창에서만 사용할 수 있는 구성 요소로 변경됩니다.

문서 에셋 활용하기

문서 에셋은 XD의 주요 기능 중 하나입니다. 문서 에셋은 디자인에 사용한 이미지, 문자, 색상 등을 라이브러리 📷 에 등록하여 재사용하거나 개발에 필요한 이미지나 문자 및 색상 스타일로 추출할 수 있는 기능입니다. XD에서 제작한 이미지 또는 외부에서 가져온 이미지를 문서 에셋에 등록할 수 있습니다. 문서 에셋은 [구성 요소], [문자 스타일], [색상]으로 구성되어 있으며 개발자 공유 모드를 통해 작업자 모두가 확인할 수 있습니다.

디자인 가이드에 맞는 오브젝트 제작

XD에서 제작한 전체 레이아웃 디자인과 각종 아이콘, 버튼 등은 운영체제에서 제공하는 디자인 가이드에 맞춰 디자인합니다. 디자인된 모든 오브젝트와 레이아웃은 공유 기능을 통해 그대로 개발 파트에 전달되므로 현재 화면에 보이지 않는 상황별 화면까지 고려하여 모든 이미지를 제작해야 합니다. 전체 레이아웃 마진과 버튼 및 오브젝트의 크기는 운영체제에 따라 적용해야 하며, 콘텐츠 간의 마진이나 하단 탭 메뉴의 크기, 간격, 갤러리 뷰의 크기도 디자인 가이드에 맞춰 제작합니다.

TIP Android, iOS 앱 주요 가이드라인에 대한 자세한 내용은 이 책의 125~140쪽을 참고합니다.

구성 요소 등록하고 활용하기

[문서 에셋]-[구성 요소]에는 XD에서 사용하는 오브젝트와 이미지를 등록할 수 있습니다. 등록한 구성 요소는 라이브러리⬛에 저장되며 해상도별로 이미지를 추출할 수 있습니다. 원하는 구성 요소를 선택하고 마우스 오른쪽 버튼을 클릭해 [구성 요소 만들기]를 선택하거나 Ctrl + K 를 눌러 구성 요소로 등록합니다. 등록한 구성 요소는 녹색 테두리로 바뀌며 [문서 에셋]-[구성 요소]에서 확인할 수 있습니다. 이때 구성 요소의 이름은 정확하게 지정하는 것이 좋습니다. 차후 이미지 내보내기를 할 때 구성 요소로 등록된 이름으로 내보내기 후 저장됩니다.

▲ 구성 요소로 등록하고 이름 바꾸기

구성 요소 편집하기

구성 요소로 등록한 오브젝트는 다른 화면에 공통적으로 사용할 수 있습니다. 작업 중간에 구성 요소를 수정하려면 반드시 메인 구성 요소를 수정해야만 같은 구성 요소를 사용한 모든 오브젝트가 한번에 수정됩니다. 수정하려는 구성 요소를 선택한 후 마우스 오른쪽 버튼을 클릭해 [메인 구성 요소 편집]을 선택합니다. 또는 [문서 에셋]-[구성 요소]에서 원하는 구성 요소를 마우스 오른쪽 버튼으로 클릭한 후 [주요 구성 요소 편집]을 선택합니다. 다른 작업 파일에서 가져온 구성 요소라면 로컬 구성 요소로 변경한 후 편집합니다.

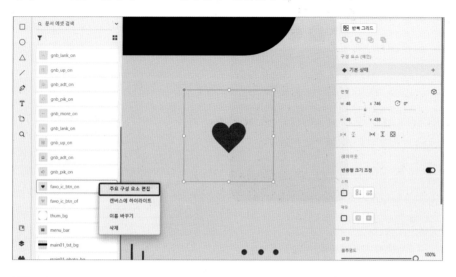

TIP 구성 요소를 편집할 때는 반드시 메인 구성 요소를 수정해야 전체 구성 요소가 수정됩니다. 구성 요소로 선택한 오브젝트가 그룹으로 설정되어 있다면 Shift + Ctrl + G 를 눌러 그룹을 해제합니다. 구성 요소가 해제되면서 일반 오브젝트로 변경됩니다.

10 년차 선배의 멘토링   구성 요소 찾기

작업을 하다 보면 구성 요소로 등록한 오브젝트가 많아서 원하는 구성 요소를 찾기 어려울 때가 있습니다. 이때는 구성 요소 찾기 기능을 통해 원하는 구성 요소를 쉽게 찾도록 합니다.

① **[문서 에셋]–[구성 요소]에서 아트보드에 있는 구성 요소 찾기** : [문서 에셋]–[구성 요소]에서 찾고 싶은 구성 요소를 마우스 오른쪽 버튼으로 클릭하여 [캔버스에 하이라이트]를 선택합니다. 아트보드에 원하는 구성 요소가 표시됩니다.

② **아트보드에서 구성 요소 찾기** : 아트보드에서 찾고 싶은 구성 요소를 마우스 오른쪽 버튼으로 클릭하여 [에셋에 구성 요소 공개]를 선택합니다. [문서 에셋]–[구성 요소]에서 원하는 구성 요소가 표시됩니다.

[내보내기에 대해 표시] 기능을 이용한 협업

구성 요소로 등록한 오브젝트는 내보내기 기능을 통해 각 운영체제에 맞는 이미지로 내보낼 수 있습니다. 동시에 개발자 공유 기능을 통해 [문서 에셋]에 등록한 오브젝트나 이미지를 개발자나 다른 디자이너와 공유할 수도 있습니다. 개발자 공유 기능을 사용하려면 속성 관리자의 [내보내기에 대해 표시]를 해야 합니다. 아트보드에 있는 모든 구성 요소를 선택하고 속성 관리자의 [내보내기에 대해 표시]에 체크합니다.

▲ [내보내기에 대해 표시]에 체크해야만 링크를 공유할 수 있음

[공유]를 클릭해 개발자 공유 모드로 이동한 후 원하는 운영체제를 선택하고 [다운로드 가능한 에셋]에 체크합니다. 웹, iOS, Android 중 선택할 수 있으며 링크 만들기를 통해 원하는 해상도에 맞는 이미지로 링크를 내보낼 수 있습니다.

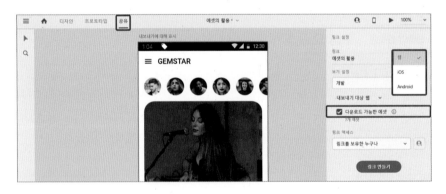

TIP 개발자 공유 모드의 내보내기 기능에 대한 자세한 내용은 이 책의 387쪽을 참고하세요.

문자 스타일 등록하고 활용하기

문자 스타일은 앱 디자인에서 사용한 문자를 [문서 에셋]-[문자 스타일]에 등록하여 바로 적용하거나 개발자 공유 기능을 통해 개발자와 공유할 수 있는 기능입니다. 텍스트를 입력할 때는 Android, iOS의 주요 디자인 가이드에 맞춰 입력합니다. 원하는 텍스트를 선택하고 마우스 오른쪽 버튼을 클릭합니다. [에셋에 문자 스타일 추가]를 선택하거나 Shift + Ctrl + T 를 눌러 문자 스타일로 등록합니다. 등록한 문자 스타일은 [문서 에셋]-[문자 스타일]에서 확인할 수 있습니다. 이때 문자 스타일의 이름은 정확하게 지정하는 것이 좋습니다. 어느 항목에서 사용한 텍스트인지 정확하게 입력해야 다른 텍스트에 적용하기 쉽습니다.

▲ 문자 스타일 등록하고 이름 바꾸기

문자 스타일 적용하기

선택 도구 ▶로 텍스트를 선택하고 [문서 에셋]-[문자 스타일]에서 적용할 문자 스타일을 선택합니다. 문자 스타일과 같은 형식의 스타일이 적용됩니다.

▲ 텍스트에 문자 스타일 적용하기

색상 스타일 등록하고 편집하기

앱 디자인에서 사용할 색상을 규격화하고 개발자 공유 기능을 통해 개발자나 다른 디자이너와 색상을 공유하여 사용할 수 있습니다. 앱 디자인에 사용할 오브젝트에 색상을 적용한 후 해당 오브젝트를 마우스 오른쪽 버튼으로 클릭합니다. [에셋에 색상 추가]를 선택하거나 Shift + Ctrl + C 를 눌러 색상 스타일로 등록합니다. 등록한 색상 스타일은 [문서 에셋]-[색상]에서 확인할 수 있습니다.

▲ 색상 스타일 등록하기

색상 스타일 편집하기

등록한 색상 스타일을 수정할 수 있습니다. 색상을 수정한 후에는 같은 색상 스타일이 적용된 모든 오브젝트의 색상이 한번에 수정됩니다. [문서 에셋]-[색상]에서 수정하고 싶은 색상 스타일을 마우스 오른쪽 버튼으로 클릭해 [편집]을 선택합니다. 색상 편집 창에서 원하는 색상으로 수정합니다. 같은 색상 스타일로 적용된 모든 오브젝트의 색상이 동시에 수정됩니다.

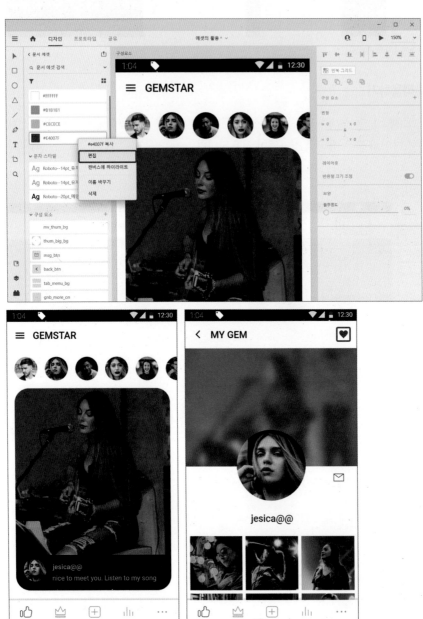

▲ 색상 스타일을 편집하면 색상 스타일이 적용된 오브젝트가 동시에 수정됨

구성 요소 내부 인스턴스(Instance) 활용하기

구성 요소로 등록한 오브젝트는 내부에 하위 인스턴스 요소를 가지며, 기본 상태, 오버 상태, 프레스 상태 등 다양한 하위 인스턴스 요소로 표현됩니다.

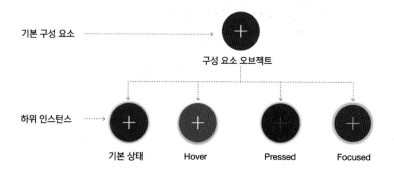

구성 요소 오브젝트에 하위 인스턴스를 추가하면 하나의 구성 요소 오브젝트를 여러 디자인으로 변경하여 바로 사용할 수 있습니다. [새 상태] 추가는 하나의 구성 요소에 여러 디자인을 포함할 때 사용하고 [마우스 오버 상태]와 같은 마우스 이벤트는 웹 디자인 시 마우스 오버 효과를 나타낼 때 사용합니다. 구성 요소의 [마우스 오버 상태]는 프로토타입에서 [트리거]-[탭] 등으로 변경할 수 있습니다.

STEP 01. 구성 요소 인스턴스 만들기(새 상태)

구성 요소에 내부 인스턴스 및 구성 요소 인터랙션을 구현하기 위해서는 새 상태가 중요합니다. 구성 요소 중 가장 처음 만든 대표 메인 구성 요소에서 수정할 수 있습니다.

01 ①오브젝트를 구성 요소로 등록하고 이름을 설정합니다. 여기서는 **main_btn_1**로 설정하였습니다. ②속성 관리자의 [구성 요소(메인)]에서 상태 추가 ➕를 클릭하고 ③[새 상태]를 선택합니다. ④추가된 새 상태의 이름을 **메뉴 선택**으로 변경합니다.

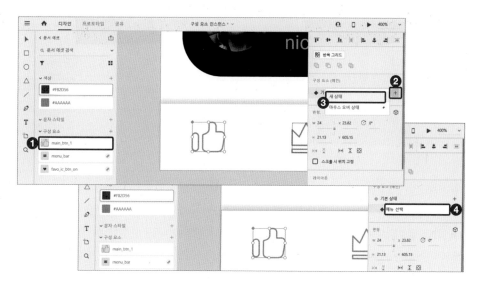

02 ①[구성 요소(메인)]이 [메뉴 선택]인지 확인합니다. ②아트보드에 있는 구성 요소를 더블클릭하여 원하는 디자인으로 변경합니다.

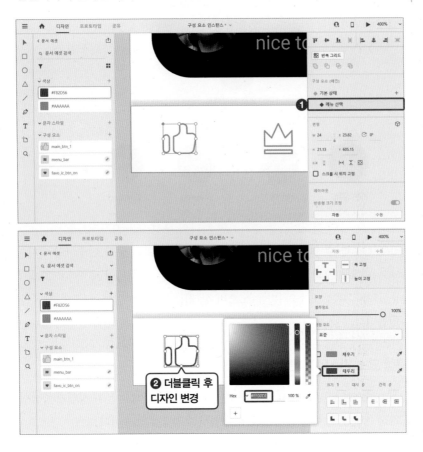

03 하나의 구성 요소가 인스턴스 설정으로 인해 [기본 상태]를 선택했을 때와 [메뉴 선택]을 선택했을 때의 두 가지 다른 모습으로 표현됩니다.

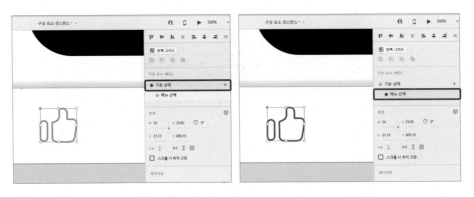

하나의 구성 요소 오브젝트에 여러 개의 하위 디자인을 추가하여 앱 디자인에 활용할 수 있습니다. 하단 탭 메뉴는 메뉴를 선택했을 때와 선택하지 않았을 때를 구분할 수 있습니다. 구성 요소 하위 인스턴스 기능을 활용하여 여러 개의 디자인을 하나의 구성 요소 오브젝트에 활용해봅니다.

STEP 02. 구성 요소 인스턴스 만들기(마우스 오버)

구성 요소 인스턴스는 마우스 오버 및 클릭, 버튼의 ON/OFF 상태와 같이 하나의 구성 요소에 여러 개의 이미지를 포함할 수 있습니다. 이번에는 마우스 오버 상태의 구성 요소 인스턴스를 만들어봅니다.

01 ①버튼 오브젝트를 만들어 구성 요소로 등록하고 이름을 설정합니다. 여기서는 signup_btn으로 설정하였습니다. ②속성 관리자의 [구성 요소(메인)]에서 상태 추가 ➕를 클릭하고 ③[마우스 오버 상태]를 선택합니다. ④마우스 오버 상태가 추가됩니다.

02 ①[구성 요소(메인)]이 [마우스 오버 상태]인지 확인합니다. ②아트보드에 있는 구성 요소를 더블클릭하여 원하는 디자인으로 변경합니다.

03 하나의 구성 요소가 인스턴스 설정으로 인해 [기본 상태]를 선택했을 때와 [마우스 오버 상태]를 선택했을 때의 두 가지 다른 모습으로 표현됩니다. 데스크톱 미리 보기 ▶를 클릭하거나 Ctrl + Enter 를 눌러 마우스 오버 효과를 확인할 수 있습니다.

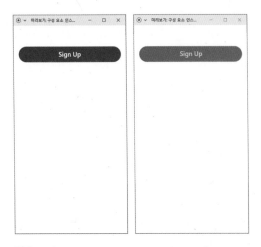

> **TIP** 마우스 오버 효과를 확인하려면 반드시 [기본 상태]를 선택한 상태에서 미리 보기를 실행합니다. 클릭(탭)과 같은 이벤트는 프로토타입 모드에서 인터랙션 항목을 변경할 수 있습니다.

반복 그리드

앱 디자인을 하다 보면 동일한 구조의 리스트나 메뉴 등을 반복적으로 만들어야 할 때가 있습니다. XD의 반복 그리드 기능을 활용하면 동일한 UI를 자동으로 만들 수 있습니다. 다양한 스마트폰 해상도(크기)에 대응할 수 있도록 반응형 크기 기능도 활용할 수 있습니다.

반복 그리드 적용하고 수정하기

반복 그리드는 동일한 UI를 가로 또는 세로 방향으로 자동 생성하는 기능입니다. 반복 그리드를 적용한 후 원하는 형태로 UI를 수정할 수도 있습니다. 오브젝트를 선택한 후 속성 관리자의 [반복 그리드]를 클릭합니다. 가로 조절 위젯이나 세로 조절 위젯을 드래그하여 가로 또는 세로 방향으로 오브젝트를 자동 생성할 수 있습니다.

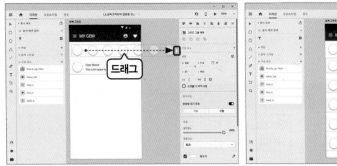

▲ 가로 방향 반복 그리드 적용

▲ 세로 방향 반복 그리드 적용

반복 그리드를 적용한 후 전체 디자인에 맞게 다시 수정할 수도 있습니다. 속성 관리자의 [그리드 그룹 해제]를 클릭한 후 오브젝트 간 간격이나 크기 등을 수정합니다.

179

TIP 오브젝트를 선택하면 속성 관리자에서 [반복 그리드]가 표시되고, 반복 그리드 기능이 적용된 상태에서는 [그리드 그룹 해제]가 표시됩니다.

반응형 크기 조정

모바일 앱 디자인을 할 때는 다양한 스마트폰 해상도(크기)에 대응하는 화면을 디자인해야 합니다. 제작한 UI가 다른 해상도의 화면에서도 최적화되어 배치될 수 있도록 반응형 크기 조정 기능을 이용해 UI의 크기를 조정합니다. 반응형 크기 조정은 오브젝트의 크기를 조정할 때 적용됩니다. 속성 관리자의 [반응형 크기 조정]을 비활성화하면 오브젝트 크기 조정 시 늘이는 크기가 그대로 적용되어 오브젝트도 함께 커집니다. [반응형 크기 조정]을 활성화하면 오브젝트 크기가 고정된 상태에서 간격 비율만 변합니다. 이 기능도 반복 그리드처럼 원하는 UI에 맞게 수정 작업을 거쳐야 합니다.

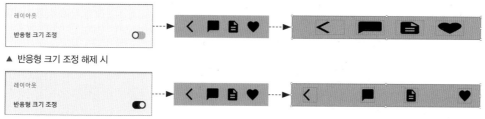

▲ 반응형 크기 조정 해제 시

▲ 반응형 크기 조정 적용 시

텍스트 및 그룹 반응형 크기 조정

반응형 크기 조정 기능을 활용하려면 텍스트 입력 시 텍스트 입력 영역을 먼저 만들어야 합니다. 작은 화면에서 보이는 텍스트와 화면이 넓어졌을 때 보이는 텍스트가 다르므로 텍스트 영역을 미리 잡아두는 것이 좋습니다. 작은 화면일 때 일부만 보이던 텍스트가 텍스트 영역을 넓게 조정하면 숨겨졌던 부분까지 나타납니다.

▲ 반응형 크기 조정 시 텍스트 입력

반응형 크기 조정 시 각 오브젝트와 배경은 최초 비율과 간격만큼 동일하게 재배치됩니다. 이때 항상 고정된 간격과 비율대로 크기를 조정하고 싶다면 각 오브젝트를 그룹으로 설정해둡니다.

▲ 반응형 크기 조정 시 각 오브젝트의 크기와 간격이 같은 비율로 늘어남

▲ 그룹 오브젝트는 크기와 간격이 고정된 채 나머지 부분이 늘어남

10 년차 선배의 멘토링　스택과 패딩을 이용한 정렬

스택은 그룹인 오브젝트들의 가로세로를 원하는 간격으로 정렬하는 기능이고, 패딩은 그룹인 오브젝트들의 외각 패딩을 적용하는 기능입니다. 스택과 패딩을 적용하려면 반드시 오브젝트가 그룹으로 설정되어 있어야 합니다.

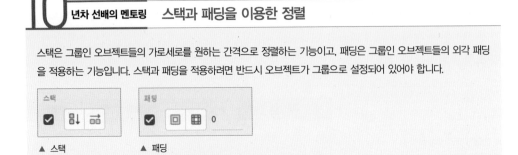

▲ 스택　　　　　　▲ 패딩

① 그룹 오브젝트를 선택하고 [가로 스택]을 클릭하면 간격을 정할 수 있습니다.
② 그룹 오브젝트를 선택하고 [세로 스택]을 클릭하면 간격을 정할 수 있습니다.

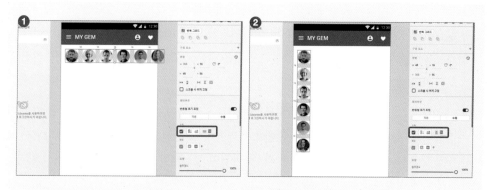

③그룹 오브젝트를 선택하고 [패딩]을 클릭하면 패딩의 간격을 정할 수 있습니다.

④그룹 오브젝트를 선택하고 [모든 패딩 값]을 클릭합니다. 위쪽, 오른쪽, 아래쪽, 왼쪽 순으로 패딩값을 따로 적용할
  수 있습니다.

아트보드 안내선과 그리드 시스템

앱 디자인 시 기준과 규칙은 매우 중요합니다. 각 화면별로 통일된 레이아웃과 정돈된 화면을
디자인할 때 바로 그리드 시스템을 사용합니다. 그리드 시스템은 마진을 정하는 마진 그리드와
전체 레이아웃의 통일성을 줄 수 있는 칼럼 그리드가 있습니다. XD에서는 아트보드 안내선과
레이아웃 그리드 기능을 이용해 작업에 필요한 그리드를 만들 수 있습니다.

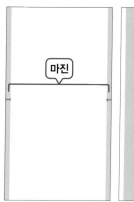

▲ 마진 설정

▲ 좌/우 마진을 뺀 콘텐츠 영역

▲ 그리드 시스템

마진 : 마진은 각 서비스의 특성에 맞게 디자이너가 설정하는 부분이므로 정확한 수치는 정해져 있지 않습니다. 일반적으로 Android 디자인 가이드에 맞춰 16dp를 적용하며, 아이콘이나 버튼 크기는 8배수로 적용합니다. 처음 설정한 마진은 다른 크기의 화면이나 반응형으로 커진 화면에 보일 때 항상 그 값을 유지합니다.

칼럼 : 모바일 그리드 시스템은 스마트폰 세로를 기준으로 하여 1분할, 2분할, 3분할을 가장 많이 사용합니다. 칼럼은 화면에 보이는 콘텐츠 영역에 주요 콘텐츠가 크게 몇 분할로 나눠서 보이는가에 따라 나눌 수 있습니다. 칼럼은 좌/우 마진이 결정되면 그 값을 고정한 나머지 영역인 콘텐츠 영역에 적절하게 정의합니다.

 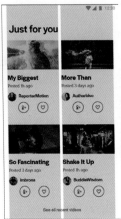 

▲ 1분할 레이아웃 디자인　　▲ 2분할 레이아웃 디자인　　▲ 3분할 레이아웃 디자인

반응형 서비스를 지원하는 모바일 웹과 같은 서비스는 스마트폰, 태블릿(스마트폰 가로), 웹의 화면에 맞게 1분할, 2분할, 3분할을 포함할 수 있는 6칼럼도 많이 사용합니다. 스마트폰처럼 가로 폭이 작은 화면에서는 화면 정렬 및 배치가 중요하므로 정확하게 분할해야 합니다.

▲ 6분할의 가로

▲ 6분할의 세로

안내선을 이용해 아트보드 마진 설정하기

아트보드의 안내선 기능을 이용해 마진 값을 설정할 수 있습니다. 안내선은 세로와 가로 안내선을 만들 수 있으며 아트보드 바깥쪽에서부터 드래그하여 사용할 수 있습니다. 안내선은 아트보드에는 표시되나 실제 완성 화면에는 나타나지 않습니다. 아트보드의 왼쪽과 위쪽의 바깥 영역에서 아트보드 안쪽으로 드래그하면 안내선이 나타납니다. 안내선을 표시할 때는 아트보드와 안내선 사이의 간격과 수치가 함께 나타납니다.

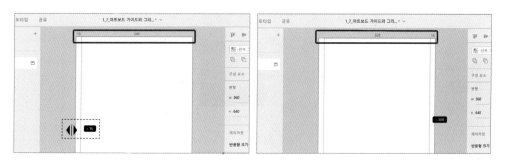

TIP 안내선을 지우려면 안내선을 다시 바깥쪽으로 드래그합니다. Ctrl + ; 을 눌러 안내선을 숨긴 후 다시 표시할 수도 있습니다.

그리드를 이용해 화면 분할하기

레이아웃 디자인이나 오브젝트 정렬을 위해 그리드 시스템을 아트보드에 적용할 수 있습니다. 그리드는 레이아웃 그리드와 정사각형 격자 그리드가 있습니다. 레이아웃 그리드를 표시하려면 아트보드 이름을 클릭한 후 속성 관리자의 [레이아웃]에 체크합니다. 아트보드에 기본 그리드가 표시됩니다.

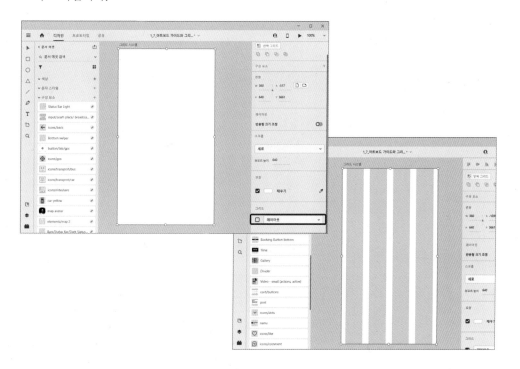

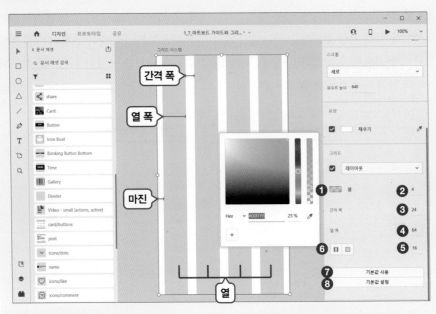

① 그리드의 색상과 투명도를 조절합니다.

② 그리드의 전체 분할을 정합니다.

③ 각 그리드의 간격을 정합니다.

④ 그리드의 폭을 정합니다.

⑤ 좌/우 또는 전체 외각의 마진을 정합니다.

⑥ 좌/우 또는 전체 외각 마진 모드를 정합니다.

⑦ 현재 설정된 값을 기본값으로 정합니다.

⑧ XD의 기본 그리드 값을 적용합니다.

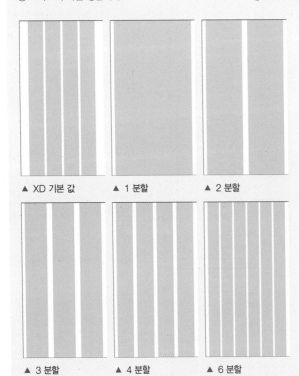

▲ XD 기본 값   ▲ 1 분할   ▲ 2 분할

▲ 3 분할   ▲ 4 분할   ▲ 6 분할

정사각형 그리드를 적용하려면 속성 관리자의 [그리드]를 [정사각형]으로 선택합니다. 아트
보드에 정사각형 그리드가 표시되고 정사각형 그리드의 색상과 격자의 크기를 조절할 수 있
습니다.

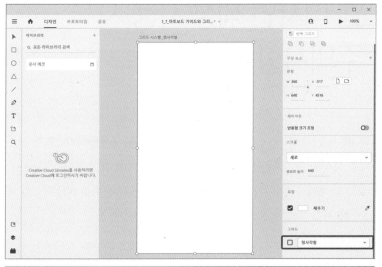

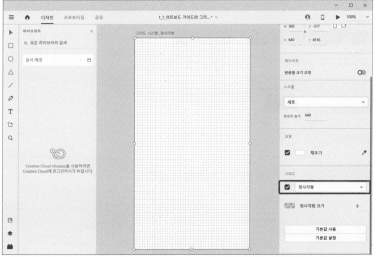

TIP 정사각형 그리드의 크기는 모바일 해상도에서 가장 많이 사용하는 8dp를 주로 사용합니다.

앱 디자인 색상 사용 시 주의사항

XD에서는 색상 지정 시 RGB 기반의 헥스 코드(Hex Code) 방식을 사용합니다. 헥스 코드는 #과 여섯 자리의 숫자로 색상을 표기하는 방식으로, 두 자리씩 끊어서 각각 'Red', 'Green', 'Blue'의 강도를 $256(=16^2)$ 단계에 걸쳐 나타냅니다. 각 두 자릿수는 16진수로 $00(=0_{10})$일 때 가장 어둡고 $FF(=255_{10})$일 때 가장 밝습니다. 중간값은 $80(=128_{10})$입니다.

스마트폰 특성상 메모리 소모와 그래픽 카드의 문제를 해결하고 최적의 색상을 지원하기 위해 iOS와 Android에서 앱 디자인에 최적화된 컬러 시스템을 제공하고 있습니다.

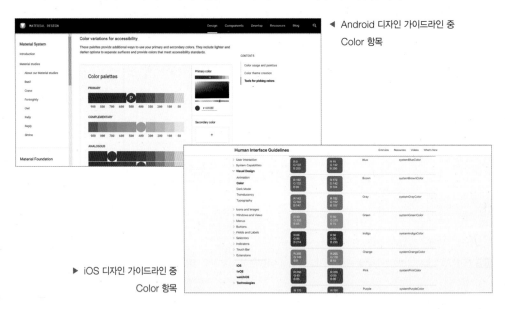

◀ Android 디자인 가이드라인 중
   Color 항목

▶ iOS 디자인 가이드라인 중
   Color 항목

스마트폰은 PC에 비해 그래픽을 처리하는 그래픽 카드 성능이 낮습니다. 따라서 Black(K) 값을 처리하기 위해 메모리와 배터리 소모가 많이 일어납니다. 이것을 방지하기 위해 RGB 외에 별색으로 분류되는 Black(K) 값을 적절하게 사용하고 최대한 RGB로 구현 가능한 색상을 사용하는 것이 효율적입니다. 이러한 이유로 iOS는 그림자와 어두운 부분을 최대한 배제한 플랫 디자인을 사용합니다.

포토샵의 [Color Picker] 대화상자를 보면 오른쪽 아래에 [K] 항목이 표시됩니다. 실제로 어둡거나 검은색을 사용하지 않는다면 K값이 없는 색상을 선택하는 것이 좋습니다. K값이 많이 포함되면 실제 스마트폰에 표현될 때 상대적으로 더 어둡게 표현되거나 안티에일리어싱(계단 현상)이 일어날 수 있습니다. 이러한 현상은 그레이디언트를 이용한 배경이나 이미지 적용에 많이 나타납니다.

①포토샵 등을 이용해 K값이 없는 색상에서 K값이 있는 색상으로 바뀌는 그레이디언트를 적용할 경우 실제 앱으로 제작해 표현될 때는 색상의 층이 생기는 계단 현상이 일어날 수 있습니다. PC 그래픽 카드에서는 K값이 들어간 부분을 무리 없이 표현하지만 스마트폰의 그래픽 카드는 상대적으로 성능이 낮습니다. RGB로 색상을 표현하다가 K값이 추가되면 메모리와 배터리를 소모하게 되므로 이를 방지하기 위해 자체적으로 색상을 최적화하려는 현상입니다. 그레이디언트와 같은 색상의 조합을 만들 때는 ②처럼 K값이 포함되지 않고 순수 RGB로만 처리할 수 있는 색상을 사용하는 것이 좋습니다.

❶ ▲ 디자인 시　　　▲ 앱 적용 시　　　❷ ▲ 디자인 시　　　▲ 앱 적용 시

TIP 앱 디자인 시 Black(K) 값이 있는 색상과 없는 색상을 구분하여 사용하도록 합니다.

모바일 UX/UI 디자인 프로젝트

PART

02

젬픽 모바일 앱 로그인,
회원 가입 페이지 디자인 `iOS`

모바일 앱 디자인에서는 로그인과 회원 가입 페이지가 매우 중요합니다. 이번 프로젝트 예제에서는 앱 서비스 도입에 필요한 로그인, 회원 가입 과정을 실제 개발 사례에 맞게 제작하고 프로토타입까지 완성해보겠습니다.

PREVIEW

서비스명	젬픽_GEMPIK
제작 운영체제	iOS
제작 해상도	iPhone X(750×812px)
제작 언어	영문

#SNS 간단 로그인

#이메일, 패스워드 입력 방식

#회원 가입 방식

#최신 트렌드

DESIGN GUIDE

로그인, 회원 가입 페이지 UI

런치 스크린부터 로그인, 회원 가입에 필요한 요소를 보여주는 화면입니다. 사용자가 원하는 버튼이나 아이콘을 클릭(탭)했을 때 해당 페이지로 바로 이동해야 하며, 네거티브 와이어 프레임을 활용하여 각 화면이 자유롭게 연결되는 UI입니다.

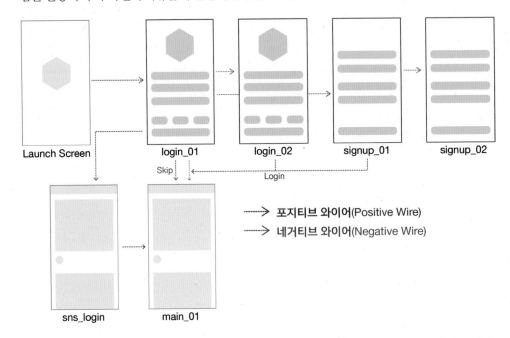

- **login_01** : 앱 실행 시 최초 로그인 화면입니다. 기존 사용자를 위한 이메일과 비밀번호 입력, 신규 사용자를 위한 SNS 로그인과 서비스 자체 회원 가입 버튼으로 구성됩니다. 최초 회원 가입 유도로 인한 사용자 이탈을 막기 위해 건너뛰기(Skip) 버튼도 함께 배치합니다. 단, 건너뛰기 버튼을 클릭하면 서비스를 이용하는 데 제약이 있으므로 회원 가입을 유도합니다.
- **login_02** : 네거티브 와이어 구조로 이메일 및 비밀번호 오류 등이 있을 때 표시하는 화면입니다.
- **signup_01** : 서비스 자체 회원 가입 내용으로 신규 이메일과 비밀번호 입력, 비밀번호 확인, 닉네임 입력 등이 있습니다.
- **signup_02** : 네거티브 와이어 구조로 이메일 및 비밀번호 형식, 동일한 닉네임 사용에 대한 콘텐츠를 표시합니다.

> **TIP** 페이지 구조는 실무에서 쓰는 용어(login, signup, main)를 기준으로 정리하였습니다.

STEP 01

로그인 및 회원 가입 디자인 준비하기

로그인, 회원 가입 페이지 디자인을 진행해보겠습니다.
최근 트렌드인 SNS 연동 로그인과 이메일 및 비밀번호만
입력할 수 있는 간편 로그인 방식을 디자인해봅니다.

새 아트보드 만들어 기본 레이아웃 안내선 적용하기

01 ①XD 시작 화면에서 [iPhone X, XS, 11 Pro(375×812)]를 선택합니다. ②작업 화면이 나타나면 아트보드 이름을 더블클릭합니다. ③아트보드 이름을 login_01로 변경합니다.

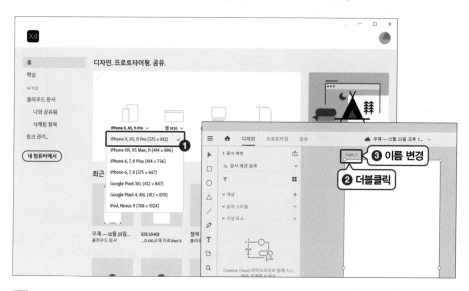

TIP 로그인 및 회원 가입 페이지는 iPhone X 크기인 375×812px로 제작합니다. 디자인을 하기 전에는 제작에 필요한 레이아웃 및 기본 UI-Kit를 준비해야 합니다. 준비 파일 폴더에서 구성 요소를 확인할 수 있습니다.

02 ①준비 파일 중 **iOS_UI-Kit.xd** 파일을 엽니다. ②[문서 에셋]–[구성 요소]의 [iOS_UI-Kit]에서 [title_bar], [tab_bar], [navi_bar], [iPhone X_Templates]를 복사하여 작업 중인 아트보드에 붙여 넣습니다. ③각 구성 요소를 화면에 정확히 배치합니다.

03 ①그림을 참고하여 아트보드 안내선을 표시합니다. **02** 과정에서 배치한 [title_bar], [tab_bar], [navi_bar]는 삭제합니다. ②좌/우 마진은 16pt씩 적용하고 ③ `Ctrl` + `L` 을 눌러 안내선과 아트보드를 잠급니다.

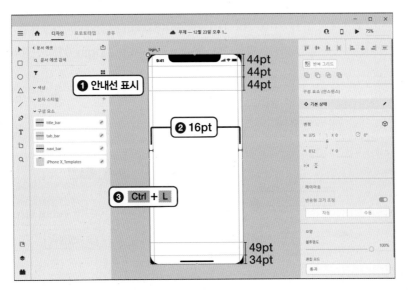

> **TIP** 프로젝트 예제를 실습할 때는 iOS_UI-Kit.xd 파일의 [iOS_UI-Kit] 구성 요소를 활용하고 기본 레이아웃 안내선을 미리 적용해둡니다. iOS_UI-Kit.xd 파일의 문서 에셋으로 등록한 [iOS_UI-Kit]는 라이브러리📚를 클릭한 후 [문서 에셋]–[구성 요소]에서 확인합니다. iOS 앱 주요 가이드라인은 이 책의 132쪽을 참고하세요.

> **TIP** 안내선을 표시하려면 아트보드 왼쪽과 상단의 외곽선을 드래그합니다. 안내선을 이용해 아트보드의 마진을 설정하는 방법은 이 책의 183쪽을 참고하세요.

로고, 아이콘, 색상을 문서 에셋에 등록하기

04 ①준비 파일 중 **로고 디자인**.ai 파일을 일러스트레이터에서 엽니다. ②각 아이콘을 복사하여 ③작업 중인 아트보드에 붙여 넣습니다. ④각 아이콘을 선택하고 `Ctrl` + `K` 를 눌러 구성 요소로 등록합니다. 구성 요소 이름은 작업 화면을 참고하세요.

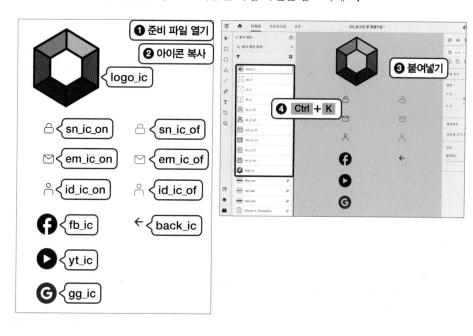

> **TIP** 이렇게 등록한 구성 요소는 구성 요소 편집을 위해 아트보드 바깥쪽에 배치해둡니다. 각 아이콘은 최초 구성 요소로 등록해두었으므로 메인 구성 요소(마스터 구성 요소)가 됩니다. 참고로 작은 아이콘은 가로세로 24×24px, 큰 아이콘은 가로세로 44×44px로 제작했습니다. 이 크기는 iOS 아이콘 제작 시 가장 많이 사용하는 규격입니다.

10 년차 선배의 멘토링 문서 에셋 등록하기

디자인에 사용할 아이콘, 텍스트, 색상을 [구성 요소], [문자 스타일], [색상 스타일]에 등록할 수 있습니다. 이 요소들은 UX 시나리오의 디자인 리서치를 통해 설정된 텍스트와 문자, 아이콘 등을 미리 제작한 후 [문서 에셋]에 등록해야 합니다. 문서 에셋을 미리 등록해두면 앱 디자인 시 체계적이고 규격화된 디자인을 할 수 있습니다.

버튼이나 아이콘을 제작할 때에는 활성화(On)와 비활성화(Off) 요소를 모두 제작해야 합니다. 또한 차후 이미지 내보내기 작업 시 구성 요소 이름이 파일명으로 설정됩니다. 그러므로 공동 작업자와 오해가 없는 파일명으로 정확하게 설정한 후 저장합니다. 문서 에셋 활용법은 이 책의 169쪽을 참고하세요.

05 ①사각형 도구□로 여섯 개의 색상 바를 만듭니다. ②다음 표를 참고하여 각 사각형의 [채우기] 색상을 적용합니다. ③선택 도구▶로 각 색상 바를 선택하고 Shift + Ctrl + C 를 눌러 [문서 에셋]-[색상]에 등록합니다. ④여섯 개의 색상을 차례대로 등록합니다.

#BE1E2D : 제목 타이틀 및 강조하는 선의 색상   **#AD2DE6** : 사용자 유도 버튼 색상 및 포인트 색상
#E4007F : 활성화 버튼 색상   **#494949** : 본문 내용 텍스트 색상
#FF94D0 : 비활성화 버튼 색상   **#B9B9B9** : 비활성 텍스트 색상

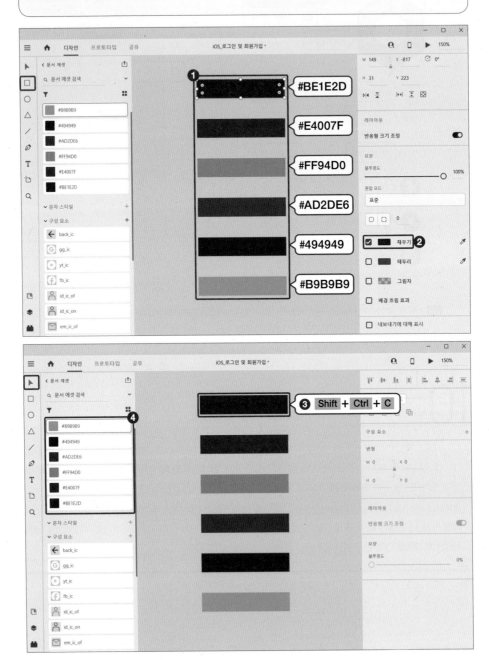

TIP [문자 스타일]은 실제 앱 디자인을 하면서 폰트와 색상, 크기를 적용한 후 등록합니다. 현재 단계에서는 등록하지 않습니다.

STEP 02

로그인 페이지
디자인하기

앱 실행 시 최초로 등장하는 로그인 화면을 디자인해보겠습니다.
페이지 UI는 기존 사용자를 위한 이메일과 비밀번호 입력 영역,
신규 사용자를 위한 SNS 로그인과 서비스 자체 회원 가입,
건너뛰기(Skip) 버튼으로 구성합니다.

login_01 페이지에 로고, 이메일, 비밀번호, 로그인 버튼 제작하기

01 ①[문서 에셋]−[구성 요소]에서 [logo_ic]를 아트보드로 가져옵니다. ②가운데 정렬(가로)▤을 클릭하고 ③[Y]는 **88**로 설정합니다.

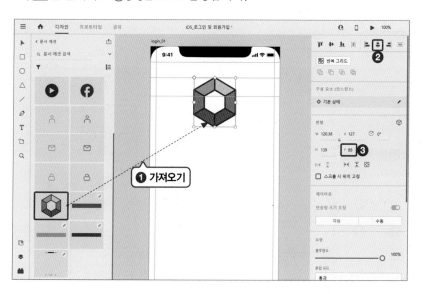

02 ①텍스트 도구 **T** 로 Welcome to GEMPIK **Enter** log in to your existant account of "gempik"을 입력합니다. ②다음 표를 참고하여 문자 스타일과 위치를 지정합니다.

> **문자 스타일** : SF Pro Display, 20, Bold, #BC1E2D, **[X]** : 가운데 정렬(가로), **[Y]** : 243
> **문자 스타일** : SF Pro Text, 12, Medium, #BC1E2D, **[X]** : 가운데 정렬(가로), **[Y]** : 283

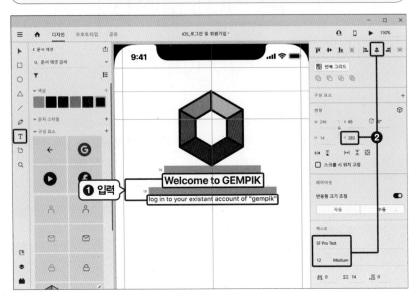

TIP SF Pro Display 폰트가 없다면 이 책의 123쪽을 참고하여 다운로드합니다.

03 ①사각형 도구 □ 로 이메일 입력 상자를 만듭니다. ②다음 표를 참고하여 사각형의 크기와 위치, 색상을 지정합니다.

> **[W]** : 343, **[H]** : 44, **[X]** : 16, **[Y]** : 354, **[모퉁이 반경]** : 22, **[채우기]** : #FFFFFF,
> **[테두리]** : #BE1E2D, **[테두리]─[크기]** : 2

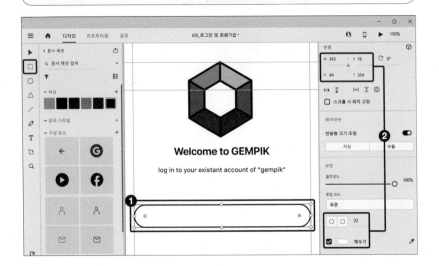

04 ①[문서 에셋]–[구성 요소]에서 [em_ic_on]을 아트보드로 가져와 입력 상자 왼쪽에 배치합니다. ②텍스트 도구 T로 임의의 이메일 주소를 입력합니다. ③다음 표를 참고하여 아이콘의 위치와 문자 스타일, 정렬 방식을 지정합니다.

> **[em_ic_on]┤[X]** : 32, **[Y]** : 364
> **문자 스타일** : SF Pro Text, 16, Medium, #BC1E2D
> **아이콘과 텍스트 정렬** : 입력 상자와 가운데 정렬(가로, 세로)

05 ①사각형 도구 ☐로 비밀번호 입력 상자를 만듭니다. ②다음 표를 참고하여 사각형의 크기와 위치, 색상을 지정합니다.

> **[W]** : 343, **[H]** : 44, **[X]** : 16, **[Y]** : 422, **[모퉁이 반경]** : 22, **[채우기]** : #FFFFFF,
> **[테두리]** : #FF94D0, **[테두리]┤[크기]** : 1

06 ①[문서 에셋]–[구성 요소]에서 [sn_ic_of]를 아트보드로 가져와 입력 상자 왼쪽에 배치합니다. ②텍스트 도구 T 로 Password를 입력합니다. ③다음 표를 참고하여 아이콘의 위치와 문자 스타일, 정렬 방식을 지정합니다.

> **[sn_ic_of]–[X]** : 32, **[Y]** : 432
> **문자 스타일** : SF Pro Text, 16, Regular, #FF94D0
> **아이콘과 텍스트 정렬** : 입력 상자와 가운데 정렬(가로, 세로)

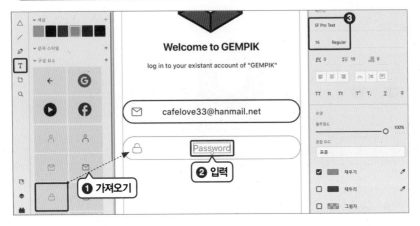

TIP 03–06 과정처럼 이메일 입력 상자는 활성화 상태로 디자인하고 비밀번호 입력 상자는 비활성화 상태로 디자인합니다. 실무 디자인 시 두 입력 상자의 차이를 신경 써서 디자인해야 합니다.

07 ①텍스트 도구 T 로 Forgot Password?를 입력합니다. ②텍스트 상자는 비밀번호 입력 상자와 16pt 간격을 두고 오른쪽 안내선에 붙입니다. ③다음 표를 참고하여 문자 스타일, 위치를 지정합니다.

> **문자 스타일** : SF Pro Text, 12, Semibold, #494949, **[X]** : 253, **[Y]** : 482

08 ①사각형 도구 □로 로그인 버튼을 만듭니다. ②텍스트 도구 T로 LOG IN을 입력합니다. ③다음 표를 참고하여 사각형의 크기와 위치, 색상, 문자 스타일과 정렬 방식을 지정합니다.

> **사각형–[W]** : 343, **[H]** : 44, **[X]** : 16, **[Y]** : 512, **[모퉁이 반경]** : 22,
> **[채우기]** : #AD2DE6, **[테두리]** : 해제
> **문자 스타일** : SF Pro Text, 16, Medium, #FFFFFF
> **텍스트 정렬** : 로그인 버튼과 가운데 정렬(가로, 세로)

SNS 로그인 버튼과 회원 가입 버튼 만들기

09 ①텍스트 도구 T로 Or Connect using을 입력합니다. ②텍스트 상자가 선택된 상태에서 가운데 정렬(가로) ♣을 클릭합니다. ③다음 표를 참고하여 문자 스타일, 위치를 지정합니다.

> **문자 스타일** : SF Pro Text, 12, Semibold, #494949, **[X]** : 153, **[Y]** : 584

10 ①[문서 에셋]-[구성 요소]에서 SNS 로그인 버튼인 [gg_ic], [yt_ic], [fb_ic]를 아트보드로 가져옵니다. ②다음 표를 참고하여 각 버튼의 위치를 지정합니다.

> **[gg_ic]─[X]** : 106, **[Y]** : 614
> **[yt_ic]─[X]** : 166, **[Y]** : 614
> **[fb_ic]─[X]** : 226, **[Y]** : 614

> TIP SNS 로그인 버튼을 클릭하면 각각 해당 SNS 로그인 화면으로 이동하는 개념입니다. 별도의 화면은 제작하지 않습니다.

11 ①텍스트 도구 [T]로 Don't have an account? Sign Up을 입력합니다. ②텍스트 상자는 오른쪽 안내선에 붙이고 ③다음 표를 참고하여 문자 스타일, 위치를 지정합니다.

> **문자 스타일** : SF Pro Text, 12, Semibold, #494949, **[X]** : 171, **[Y]** : 748
> 'Sing Up' 텍스트만 Bold, #006DFF

12 ①텍스트 도구 T로 Skip을 입력합니다. ②텍스트 상자는 왼쪽 안내선에 붙이고 ③다음 표를 참고하여 문자 스타일, 위치를 지정합니다. iPhone X에 맞는 login_01 페이지 화면이 완성되었습니다.

> **문자 스타일** : SF Pro Text, 12, Bold, #006DFF, **[X]** : 16, **[Y]** : 748

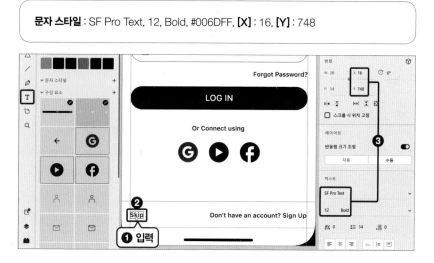

login_02 페이지 디자인하기

13 네거티브 와이어 구조로 이메일과 비밀번호의 오류가 있을 때 표시하는 화면을 제작해봅니다. ① Alt 를 누른 채 login_01 아트보드 이름을 클릭하여 아트보드를 복사합니다. ② 아트보드 이름을 더블클릭하고 ③login_02로 변경합니다.

14 ①선택 도구 ▶ 로 login_02 아트보드의 이메일 입력 상자를 클릭합니다. ②[테두리]를 #FF94D0, [테두리]-[크기]를 1로 변경합니다.

15 ①login_02 아트보드의 em_ic_on 아이콘을 선택합니다. ②[문서 에셋]-[구성 요소]에서 [em_ic_of]를 아트보드로 가져옵니다. 자동으로 아이콘이 변경됩니다. ③텍스트 도구 T 로 각 입력 상자의 텍스트를 Invalid email format, Incorrect password로 변경하고 다음 표를 참고하여 문자 스타일을 지정합니다. ④두 텍스트와 입력 상자 모두 가운데 정렬(가로) ▮ 합니다.

문자 스타일 : SF Pro Text, 16, Medium, #FF0000

아이콘을 문서 에셋에 등록하기

16 login_01, login_02 아트보드에 사용한 아이콘과 문자 스타일을 [문서 에셋]에 등록합니다. 이렇게 등록한 요소는 다른 디자인에 바로 적용할 수 있습니다. 다음 표를 참고하여 차근차근 등록합니다.

> ① **구성 요소 [이름 : input_box_on]** : 활성화된 텍스트 입력 상자
> ② **구성 요소 [이름 : input_box_of]** : 비활성화된 텍스트 입력 상자
> ③ **구성 요소 [이름 : login_btn]** : 로그인 버튼
> ④ **문자 스타일 [이름 : 버튼]** : Skip 버튼 기능의 문자 스타일
> ⑤ **문자 스타일 [이름 : 입력]** : 입력 문자 스타일
> ⑥ **문자 스타일 [이름 : 비활성]** : 입력 전 비활성화 문자 스타일
> ⑦ **문자 스타일 [이름 : 표시 및 버튼]** : 비밀번호 찾기 버튼 기능의 문자 스타일
> ⑧ **문자 스타일 [이름 : 잘못된 형식]** : 잘못된 형식의 문자 스타일

TIP 아이콘(이미지 오브젝트)의 구성 요소를 등록할 때는 Ctrl + K , 문자 스타일을 등록할 때는 Shift + Ctrl + T 를 눌러 쉽게 등록합니다. 그런 다음 각 항목의 이름을 더블클릭하여 알맞은 이름으로 변경합니다. 구성 요소와 색상, 문자 스타일을 [문서 에셋]에 등록하는 자세한 방법은 이 책의 170~174쪽을 참고하세요.

STEP

03

회원 가입 페이지 디자인하기

서비스 자체에서 지원하는 회원 가입 페이지를 디자인해봅니다. 회원 가입 페이지에는 신규 이메일과 비밀번호 입력, 비밀번호 확인, 닉네임 입력 등이 구성됩니다. 디자인과 텍스트는 문서 에셋에 등록한 목록을 이용해 쉽게 디자인에 적용할 수 있습니다.

signup_01 페이지 디자인하기

01 ① `Alt` 를 누른 채 login_02 아트보드 이름을 클릭하여 아트보드를 복사합니다. ②아트보드 이름을 더블클릭하고 ③**signup_01**로 변경합니다. ④안내선만 남기고 모두 삭제합니다.

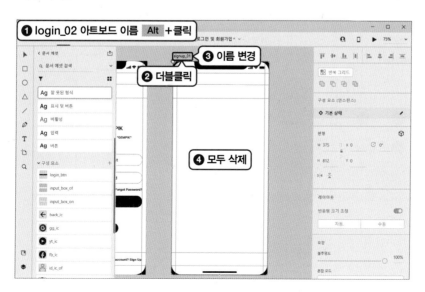

02 ①[문서 에셋]–[구성 요소]에서 [back_ic]를 가져와 signup_01 아트보드 왼쪽 상단의 안
내선에 붙입니다. ②[X]는 **16**, [Y]는 **44**로 설정합니다.

03 ①텍스트 도구 **T**로 **Let's Get Started**를 입력합니다. ②다음 표를 참고하여 문자 스
타일, 위치를 지정합니다.

> **문자 스타일** : SF Pro Display, 20, Bold, #BC1E2D, **[X]** : 가운데 정렬(가로), **[Y]** : 140

04 ①텍스트 도구 T 로 Create an account to GEMPIK to all features를 입력합니다.
②다음 표를 참고하여 문자 스타일, 위치를 지정합니다.

> **문자 스타일** : SF Pro Text, 12, Medium, #BC1E2D, **[X]** : 가운데 정렬(가로), **[Y]** : 180

05 ①[문서 에셋]-[구성 요소]에서 [input_box_on]을 아트보드로 가져옵니다. ②[X]는
16, [Y]는 246으로 설정합니다.

TIP [input_box_on]은 STEP 02의 **16** 과정에서 등록한 구성 요소입니다.

06 이메일 입력 영역을 만들어봅니다. ①[문서 에셋]−[구성 요소]에서 [em_ic_on]을 가져와 입력 상자 왼쪽에 배치하고 ②입력 상자와 함께 선택한 후 가운데 정렬(세로) ⬚ 합니다. ③텍스트 도구 T 로 임의의 이메일 주소를 입력합니다. ④다음 표를 참고하여 문자 스타일과 위치를 지정합니다.

> **[em_ic_on]─[X]** : 32, **[Y]** : 256
> **문자 스타일** : [문서 에셋]─[문자 스타일]─[입력] 적용
> **아이콘과 텍스트 정렬** : 가운데 정렬(세로, 가로)

> **TIP** [입력]은 STEP 02의 16 과정에서 등록한 문자 스타일입니다. 앞으로의 실습에서는 [문서 에셋]─[문자 스타일]을 적용하며 진행합니다.

07 비밀번호 입력 영역을 만들어봅니다. ①[문서 에셋]−[구성 요소]에서 [input_box_of]와 [sn_ic_of]를 아트보드로 가져옵니다. ②아이콘은 입력 상자 왼쪽에 배치하고 ③아이콘과 입력 상자 모두 가운데 정렬(세로) ⬚ 합니다. ④텍스트 도구 T 로 Password를 입력하고 ⑤입력 상자와 함께 가운데 정렬(가로) ⬚ 합니다. ⑥다음 표를 참고하여 문자 스타일과 위치를 지정합니다.

> **[input_box_of]─[X]** : 16, **[Y]** : 314
> **[sn_ic_of]─[X]** : 32, **[Y]** : 324
> **문자 스타일** : [문서 에셋]─[문자 스타일]─[비활성] 적용
> **입력 상자와 텍스트 정렬** : 가운데 정렬(세로, 가로)

08 비밀번호 확인 영역을 만들어봅니다. ① Alt 를 누른 채 비밀번호 입력 영역(Password 입력 상자 및 텍스트)을 드래그하여 복사합니다. ②[X]는 16, [Y]는 382로 설정합니다.

09 ①텍스트 도구 T 로 'Password'를 **Confirm Password**로 변경합니다. ②입력 상자와 텍스트를 함께 선택한 후③가운데 정렬(세로) ┣┫, 가운데 정렬(가로) ╪ 하고 ④[문서 에 셋]-[문자 스타일]-[비활성]을 적용합니다.

10 닉네임 입력 영역을 만들어봅니다. ① `Alt` 를 누른 채 완성한 비밀번호 확인 영역을 드래그하여 복사합니다. ②[X]는 **16**, [Y]는 **450**으로 설정합니다.

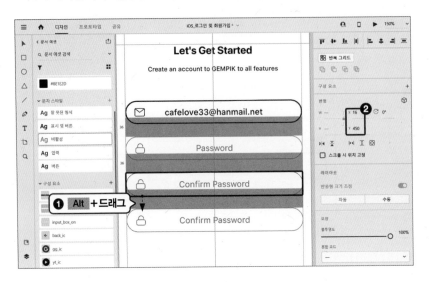

11 ①아트보드의 sn_ic_of 아이콘을 선택하고 ②[문서 에셋]–[구성 요소]에서 [id_ic_of]를 아트보드로 가져옵니다. 자동으로 아이콘이 변경됩니다. ③텍스트 도구 **T** 로 'Confirm Password'를 nickname으로 변경하고 ④다음 표를 참고하여 아이콘의 위치와 문자 스타일, 정렬 방식을 지정합니다.

> **[id_ic_of]–[X]** : 32, **[Y]** : 460
> **문자 스타일** : [문서 에셋]–[문자 스타일]–[비활성] 적용
> **입력 상자와 텍스트 정렬** : 가운데 정렬(세로, 가로)

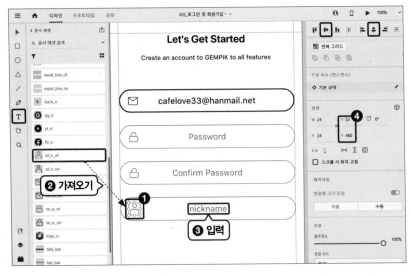

TIP 아트보드에서 아이콘(구성 요소)을 선택하고 [문서 에셋]–[구성 요소]에서 새로운 구성 요소를 가져오면 선택한 아이콘이 구성 요소로 바로 변경됩니다.

12 ①[문서 에셋]-[구성 요소]에서 [login_btn]을 아트보드로 가져옵니다. ② `Shift` + `Ctrl` + `G` 를 눌러 구성 요소 그룹을 해제합니다. ③[X]는 16, [Y]는 685로 설정합니다.

> **TIP** 구성 요소를 선택하고 `Shift` + `Ctrl` + `G` 를 누르면 그룹 해제 기능이 적용됩니다. 기존의 구성 요소가 해제되어 오브젝트를 변경할 수 있고 새로운 구성 요소로 등록할 수도 있습니다.

13 ①텍스트 도구 `T` 로 'LOG IN'을 **CREATE**로 변경합니다. ②다음 표를 참고하여 문자 스타일과 정렬 방식을 지정하고 ③ `Ctrl` + `K` 를 눌러 새 구성 요소로 등록합니다. ④구성 요소 이름은 **create_btn**으로 변경합니다. iPhone X에 맞는 signup_01 페이지 화면이 완성되었습니다.

> **문자 스타일** : SF Pro Text, 16, Medium, #FFFFFF
> **버튼 상자와 텍스트 정렬** : 가운데 정렬(가로, 세로)

signup_02 페이지 디자인하기

14 네거티브 와이어 구조로 회원 가입 시 오류 등이 있을 때 표시하는 화면을 제작해봅니다. ① Alt 를 누른 채 signup_01 아트보드 이름을 클릭하여 아트보드를 복사합니다. ②아트보드 이름을 더블클릭하고 ③signup_02로 변경합니다.

15 ①②다음 표를 참고하여 활성화 상태의 이메일 입력 상자와 아이콘을 비활성화 상태로 변경합니다. [문서 에셋]-[구성 요소]에서 가져와 변경합니다.

[input_box_on] : [input_box_of]로 변경
[em_ic_on] : [em_ic_of]로 변경

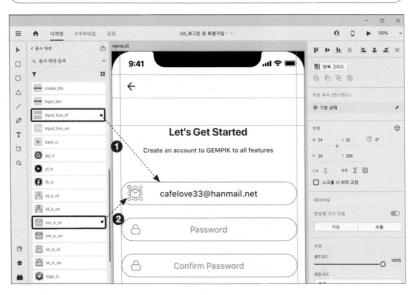

16 다음 표를 참고하여 각 항목의 텍스트를 변경합니다.

> Invalid Email Format(사용할 수 없는 이메일 형식입니다.)
> Incorrect Password Format(잘못된 비밀번호 형식입니다.)
> The Password is Different(비밀번호가 틀립니다.)
> This Nickname Cannot be Used(사용할 수 없는 닉네임입니다.)
> **문자 스타일** : [문서 에셋]-[문자 스타일]-[잘못된 형식] 적용

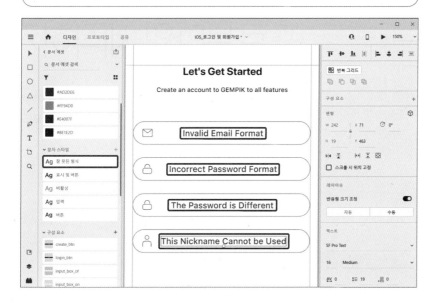

STEP 04

자연스러운 효과의 프로토타입 제작하기

앱 서비스의 시작인 런치 스크린부터 로그인과 회원 가입으로 이어지는 프로토타입을 제작해봅니다. XD의 디자인 모드를 프로토타입 모드로 이동한 후 작업을 진행합니다.

런치 스크린에서 로그인과 회원 가입 연결하기

01 ① 준비 파일 중 **iOS 로그인 및 회원 가입_프로토타입.xd** 파일을 엽니다. ② Launch Screen 아트보드를 선택하고 ③ 인터랙션 연결 위젯▶을 login_01 아트보드에 연결합니다. ④ 다음 표를 참고하여 인터랙션 항목을 설정합니다.

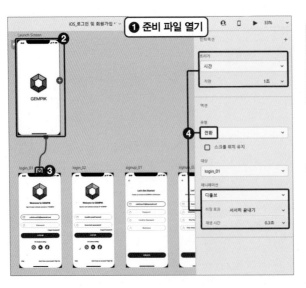

[트리거] : [시간], [지연]―[1초]
[유형] : [전환]
[애니메이션] : [디졸브],
[서서히 끝내기], [0.3초]

TIP STEP 04에서는 런치 스크린이 포함된 준비 파일을 이용해 실습을 이어갑니다. 앞서 실습한 login_01, login_02, signup_01, signup_02 화면은 준비 파일에서 동일한 아트보드를 확인할 수 있고 main_01, sns_fb_login 아트보드가 추가되어 있습니다.

02 ①login_01 아트보드의 이메일 주소와 비밀번호 텍스트를 선택합니다. ②인터랙션 연결 위젯을 login_02 아트보드에 연결합니다. ③다음 표를 참고하여 인터랙션 항목을 설정합니다.

> **[트리거]** : [탭]
> **[유형]** : [전환]
> **[애니메이션]** : [디졸브], [서서히 끝내기], [0.3초]

03 ①login_01 아트보드의 'Don't have an account? Sign Up' 텍스트를 선택하고 ②인터랙션 연결 위젯을 signup_01 아트보드에 연결합니다. ③다음 표를 참고하여 인터랙션 항목을 설정합니다.

> **[트리거]** : [탭]
> **[유형]** : [전환]
> **[애니메이션]** : [디졸브], [서서히 끝내기], [0.3초]

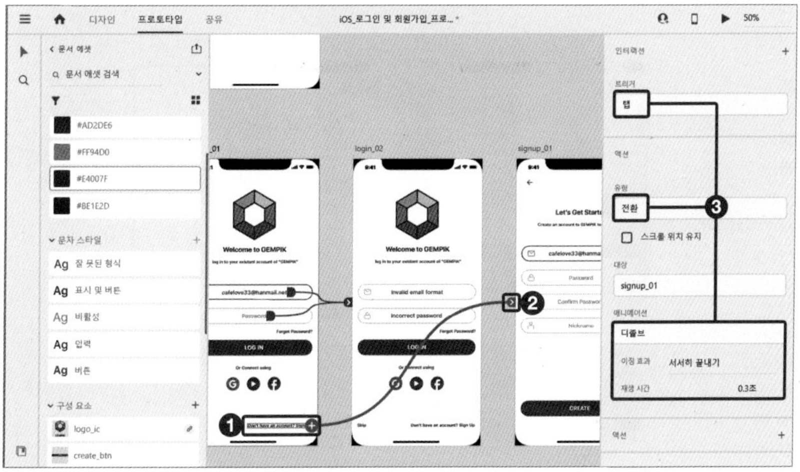

04 ① login_02 아트보드의 'Don't have an account? Sign Up' 텍스트를 선택하고 ② 인터 랙션 연결 위젯▶을 signup_01 아트보드에 연결합니다. ③ 다음 표를 참고하여 인터랙션 항목을 설정합니다.

> **[트리거]** : [탭]
> **[유형]** : [전환]
> **[애니메이션]** : [디졸브], [서서히 끝내기], [0.3초]

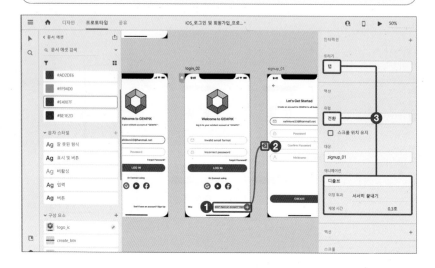

05 ① signup_01 아트보드의 back_ic 아이콘을 선택하고 ② 인터랙션 연결 위젯▶을 login_01 아트보드에 연결합니다. ③ 다음 표를 참고하여 인터랙션 항목을 설정합니다.

> **[트리거]** : [탭]
> **[유형]** : [전환]
> **[애니메이션]** : [디졸브], [서서히 끝내기], [0.3초]

06 ①signup_01 아트보드의 각 텍스트를 선택하고 ②인터랙션 연결 위젯 ▣ 을 signup_02 아트보드에 연결합니다. ③다음 표를 참고하여 인터랙션 항목을 설정합니다.

> **[트리거]** : [탭]
> **[유형]** : [전환]
> **[애니메이션]** : [디졸브], [서서히 끝내기], [0.3초]

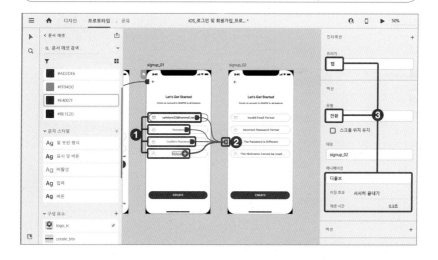

Skip, SNS 로그인, CREATE 버튼과 메인 화면 연결하기

07 ①login_01 아트보드와 login_02 아트보드의 fb_ic 아이콘을 선택합니다. ②인터랙션 연결 위젯 ▣ 을 sns_fb_login 아트보드에 연결합니다. ③다음 표를 참고하여 인터랙션 항목을 설정합니다.

> **[트리거]** : [탭]
> **[유형]** : [전환]
> **[애니메이션]** : [디졸브], [서서히 끝내기], [0.3초]

08 ①sns_fb_login 아트보드의 back_ic 아이콘을 선택하고 ②인터랙션 연결 위젯▶을 login_01 아트보드에 연결합니다. ③다음 표를 참고하여 인터랙션 항목을 설정합니다.

> **[트리거]** : [탭]
> **[유형]** : [전환]
> **[애니메이션]** : [디졸브], [서서히 끝내기], [0.3초]

09 ①login_01 아트보드와 login_02 아트보드의 login_btn 버튼과 sns_fb_login 아트보드의 Login 버튼을 선택합니다. ②인터랙션 연결 위젯▶을 main_01 아트보드에 연결합니다. ③다음 표를 참고하여 인터랙션 항목을 설정합니다.

> **[트리거]** : [탭]
> **[유형]** : [전환]
> **[애니메이션]** : [디졸브], [서서히 끝내기], [0.3초]

10 ①signup_01 아트보드와 signup_02 아트보드의 create_btn 버튼을 선택하고, ②인터 랙션 연결 위젯▶을 main_01 아트보드에 연결합니다. ③다음 표를 참고하여 인터랙션 항목을 설정합니다.

> **[트리거]** : [탭]
> **[유형]** : [전환]
> **[애니메이션]** : [디졸브], [서서히 끝내기], [0.3초]

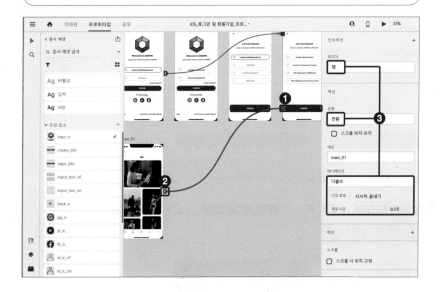

11 런치 스크린에서 로그인, 회원 가입, 메인 화면으로 이동하는 프로토타입을 완성하였습니다. 데스크톱 미리 보기 ▶ 또는 Ctrl + Enter 를 눌러 완성된 프로토타입을 확인합니다.

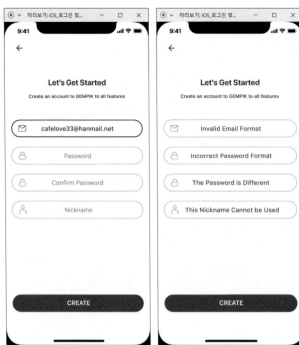

스크롤 기능을 이용한 메인 페이지 디자인 `Android`

이번 프로젝트 예제는 스크롤 기능을 이용하여 동영상과 갤러리를 보여주는 형식의 메인 페이지를 디자인합니다. 스크롤 기능과 팝업, 숨김 메뉴 등 다양한 기능이 있는 갤러리형 UI의 메인 디자인을 제작해보겠습니다.

PREVIEW

서비스명	젬픽_GEMPIK
제작 운영체제	Android
제작 해상도	360×760px
제작 언어	영문

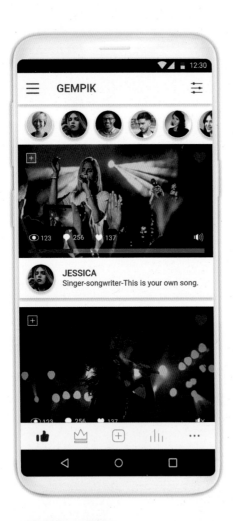
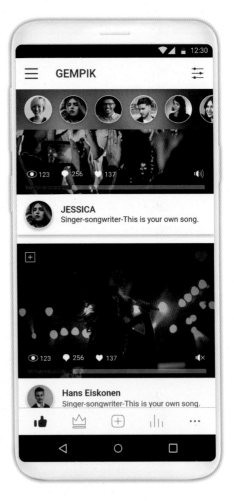

#섬네일 흐림 효과

#메인 페이지 디자인

#숨김 메뉴

#오버레이 팝업 효과

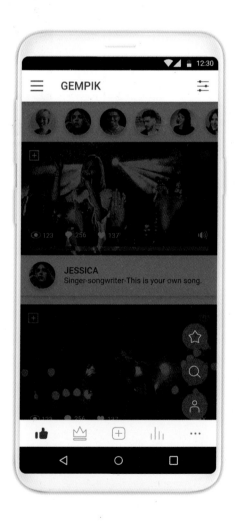

DESIGN GUIDE

갤러리형 메인 페이지 UI

메인 페이지는 사용자들의 노래, 음악, 연주 등 다양한 사진과 동영상을 짧은 시간 동안 보여주는 구조로, 실시간 플레이 영상이나 추천 영상을 보여줍니다. 세로 스크롤 기능이 구현되며 해당 영상을 클릭(탭)하면 전체 영상을 확인할 수 있는 갤러리형 UI입니다.

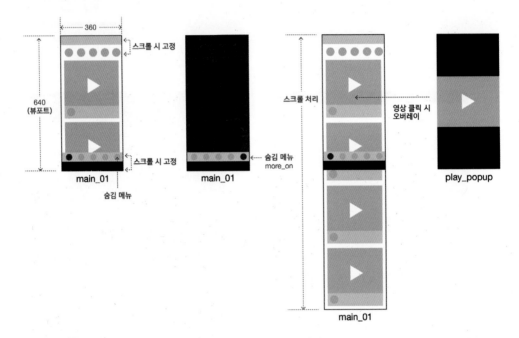

- **main_01** : 갤러리형 UI의 메인 화면으로 사용자들이 업로드한 영상을 스크롤로 확인할 수 있습니다. 상단에는 고정된 타이틀 바가 있고 하단에는 메인 메뉴와 홈 메뉴가 고정되어 있습니다. 메인 메뉴 중 [더 보기]를 클릭하면 숨겨져 있던 메뉴가 나타나는 숨김 메뉴 구조입니다.
- **more_on(숨김 메뉴)** : 하단의 메뉴 탭 바에 다 들어가지 못한 나머지 메뉴를 모아두었습니다. 메뉴를 클릭(탭)하면 화면이 오버레이(Overlay)되면서 숨은 메뉴가 나타납니다. XD의 구성요소 인터랙션 기능을 사용합니다.
- **play_popup** : 영상의 [확대] 버튼을 클릭하면 화면 전체 영상이 팝업으로 나타나고 현재 화면에 오버레이(Overlay)되어 보입니다.

STEP

01

메인 페이지 UI 디자인 준비하기

갤러리형 UI 메인 페이지는 Android의 360×760dp 크기로
제작합니다. 제작 전에 필요한 레이아웃 및 기본 UI-Kit를 준비하는
과정이므로 꼼꼼히 진행합니다.

새 아트보드 만들어 기본 레이아웃 안내선 적용하기

01 ①XD 시작 화면에서 [맞춤형 크기]를 선택하고 **360×760** 크기의 아트보드를 만듭니다.
②작업 화면이 나타나면 아트보드 이름을 더블클릭하고 ③아트보드 이름을 main_01로
변경합니다.

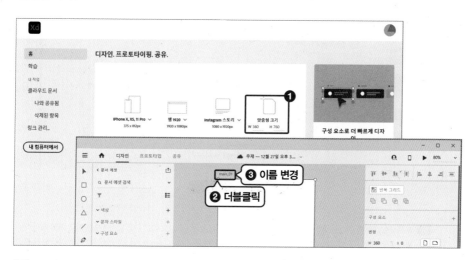

> **TIP** Android 기본 크기는 360×640dp이지만 최근 새롭게 출시되는 스마트폰의 크기는 360×760dp 크기가 많습니다. 따라
> 서 360×760dp 크기로 제작하고 하단의 홈 메뉴를 가져와 배치합니다.

02 ①준비 파일 중 **Android_ UI-Kit.xd** 파일을 엽니다. ②[문서 에셋]−[구성 요소]의
[Android_ UI-Kit]에서 [상태 바], [하단 홈 메뉴]를 복사하여 작업 중인 아트보드에 붙여
넣습니다. ③[상태 바]는 화면 상단에 배치하고 [하단 홈 메뉴]는 화면 하단에 정확히 배치
합니다.

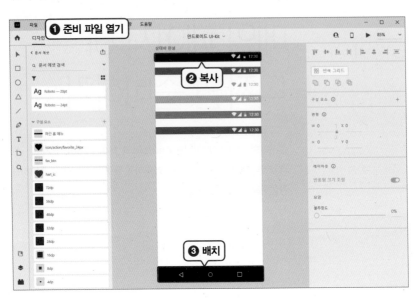

03 ①그림을 참고하여 아트보드 안내선을 표시하고 ②[크기별 구성 요소]를 붙여 넣습니다.
③좌/우 마진은 16pt씩 적용합니다. ④ Ctrl + L 을 눌러 안내선과 아트보드를 잠급니다.

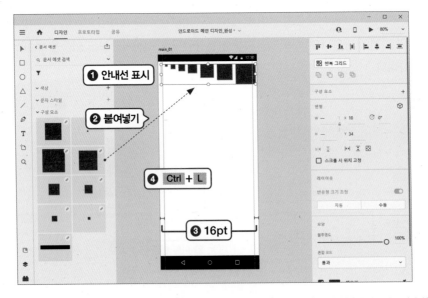

> **TIP** 프로젝트 예제를 실습할 때는 Android_UI-Kit.xd 파일의 [Android_UI-Kit] 구성 요소를 활용하고 기본 레이아웃 안내선을
> 미리 적용해둡니다. Android_UI-Kit.xd 파일의 문서 에셋으로 등록한 [Android_UI-Kit]는 라이브러리 🗔 를 클릭한 후 [문
> 서 에셋]−[구성 요소]에서 확인합니다. Android 앱 주요 가이드라인은 이 책의 125쪽을 참고하세요.

> **TIP** 안내선을 표시하려면 아트보드 왼쪽과 상단의 외곽선을 드래그합니다. 안내선을 이용해 아트보드의 마진을 설정하는 방법은
> 이 책의 183쪽을 참고하세요.

아이콘, 색상을 문서 에셋에 등록하기

04 ①준비 파일 중 **아이콘 디자인.ai** 파일을 일러스트레이터에서 엽니다. ②각 아이콘을 복사하여 ③작업 중인 아트보드에 붙여 넣습니다. ④각 아이콘을 선택하고 Ctrl + K 를 눌러 구성 요소로 등록합니다. 구성 요소 이름은 작업 화면을 참고하세요.

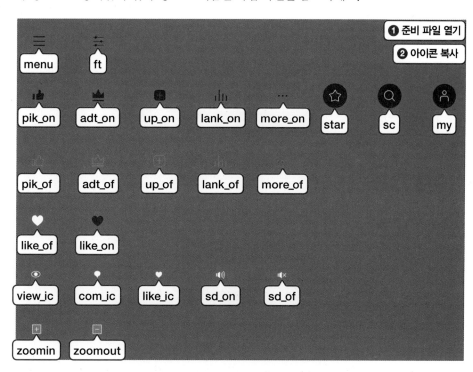

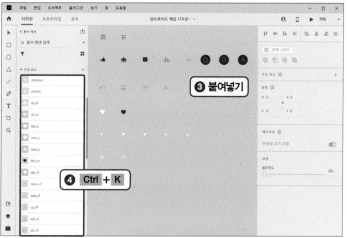

TIP 이렇게 등록한 구성 요소는 구성 요소 편집을 위해 아트보드 바깥쪽에 배치해둡니다. 각 아이콘은 최초 구성 요소로 등록해 두었으므로 메인 구성 요소(마스터 구성 요소)가 됩니다. 참고로 작은 아이콘은 가로세로 24X24dp, 큰 아이콘은 가로세로 48X48dp로 제작하였습니다. 이 크기는 Android 아이콘 제작 시 가장 많이 사용하는 규격입니다.

05 ①사각형 도구□로 여섯 개의 색상 바를 만듭니다. ②다음 표를 참고하여 각 사각형의 채우기 색상을 적용합니다. ③선택 도구▶로 각 색상 바를 선택하고 Shift + Ctrl + C 를 눌러 [문서 에셋]−[색상]에 등록합니다. ④여섯 개의 색상을 차례대로 등록합니다.

#BE1E2D : 제목 타이틀 및 강조하는 선의 색상   **#AD2DE6** : 사용자 유도 버튼 색상 및 포인트 색상

#E4007F : 활성화 버튼 색상   **#494949** : 본문 내용 텍스트 색상

#FF94D0 : 비활성화 버튼 색상   **#B9B9B9** : 비활성 텍스트 색상

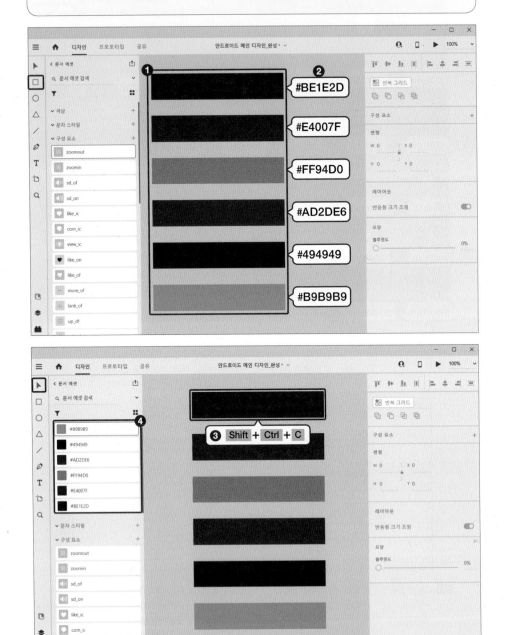

TIP [문자 스타일]은 실제 앱 디자인을 하면서 폰트와 색상, 크기를 적용한 후 등록합니다. 현재 단계에서는 등록하지 않습니다.

STEP

02

상단 툴 바와 하단 메뉴 탭 바 디자인하기

메인 페이지 디자인 요소로는 상단 툴 바와 앱 서비스의 주요 메뉴인
하단 메뉴 탭 바, Android의 고유 메뉴인 하단 홈 메뉴 등이 있습니다.
해당 페이지는 다양한 규격의 영상을 카드 디자인 형식으로 구성할
예정이므로 규격에 맞게 디자인합니다.

main_01 페이지의 상단 툴 바 디자인하기

01 상단 툴 바는 메뉴, 타이틀 텍스트, 필터링 아이콘으로 구성되어 있고 각 화면의 제목을 담고 있는 핵심 UI입니다. ①사각형 도구 ▢로 상태 바 바로 아래에 툴 바를 만듭니다. ②다음 표를 참고하여 사각형의 크기와 스타일 등을 지정합니다.

> **[W]** : 360, **[H]** : 56, **[X]** : 0, **[Y]** : 24, **[채우기]** : #FFFFFF, **[테두리]** : 해제,
> **[그림자]─[X]** : 0, **[Y]** : 3, **[B]** : 6

02 ①[문서 에셋]−[구성 요소]에서 [menu]와 [ft]를 아트보드로 가져옵니다. ②다음 표를 참고하여 툴 바 양옆에 배치합니다.

> **[menu]−[X]** : 4, **[Y]** : 28
> **[ft]−[X]** : 308, **[Y]** : 28

03 ①텍스트 도구 Ｔ로 GEMPIK을 입력합니다. ②다음 표를 참고하여 문자 스타일과 위치를 지정합니다.

> **문자 스타일** : Roboto, 20, Medium, #E4007F, **[X]** : 72, **[Y]** : 40

04 ① 선택 도구 ▶ 로 타이틀 텍스트를 선택하고 ② Shift + Ctrl + T 를 눌러 문자 스타일로 등록합니다. ③ 툴 바를 구성하는 아이콘과 타이틀을 모두 선택하고 Ctrl + G 를 눌러 그룹으로 지정합니다.

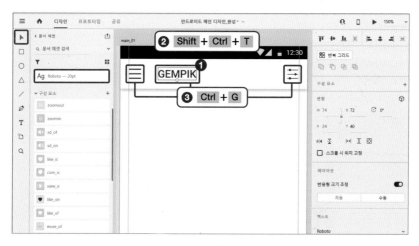

> **TIP** Android 툴 바의 메인 타이틀 문자 스타일은 Roboto, 20, Medium을 사용하고 왼쪽 기준으로 [X]는 72부터 시작합니다. Menu와 ft 아이콘은 버튼 영역인 48×48dp로 제작된 구성 요소입니다. Android 앱 주요 가이드라인은 이 책의 125쪽을 참고하세요.

내부 인스턴스를 활용해 하단 메뉴 탭 바 디자인하기

05 하단 메뉴 탭 바와 같이 On/Off로 구성된 메뉴는 [구성 요소]의 내부 인스턴스를 활용하여 쉽게 변경할 수 있습니다. 먼저 각 메뉴들의 위치를 잡고 내부 인스턴스를 하나씩 추가합니다. ① 사각형 도구 □ 로 하단 홈 메뉴 위에 탭 바를 만듭니다. ② 다음 표를 참고하여 사각형의 크기와 위치, 색상을 지정하고 그림자를 적용합니다.

[W] : 360, [H] : 48, [X] : 0, [Y] : 664, [채우기] : #FFFFFF, [테두리] : 해제,
[그림자]-[X] : 0, [Y] : -3, [B] : 6

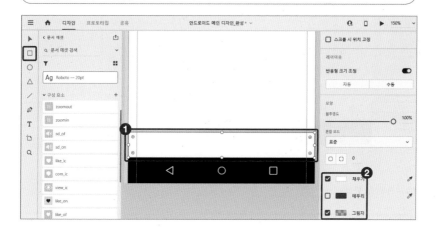

06 ①[문서 에셋]-[구성 요소]에서 [pik_on], [adt_on], [up_on], [lank_on], [more_of]를 탭 바 위에 배치합니다. ②다음 표를 참고하여 세부 위치를 지정합니다.

> **[pik_on]-[X]** : 16, **[Y]** : 664
> **[adt_on]-[X]** : 86, **[Y]** : 664
> **[up_on]-[X]** : 156, **[Y]** : 664
> **[lank_on]-[X]** : 226, **[Y]** : 664
> **[more_of]-[X]** : 296, **[Y]** : 664, 메인 구성 요소(마스터 구성 요소)로 배치

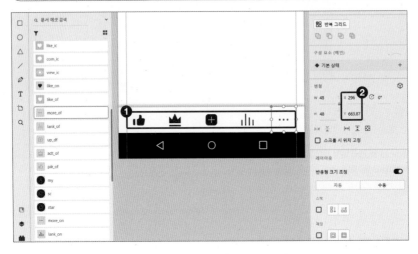

TIP [more_of]는 숨김 메뉴 인터랙션을 적용할 것이므로 처음부터 비활성 메뉴로 시작합니다. 구성 요소 중 대표 메인 구성 요소(마스터 구성 요소)로 배치합니다.

10 년차 선배의 멘토링 메인 구성 요소(마스터 구성 요소) 알아보기

메인 구성 요소(마스터 구성 요소)는 구성 요소 중 대표 구성 요소로, 최초 구성 요소로 만든 오브젝트(아이콘)를 말합니다. 또는 [문서 에셋]-[구성 요소]에서 원하는 구성 요소를 선택한 후 마우스 오른쪽 버튼을 클릭합니다. 이때 [주요 구성 요소 편집] 메뉴가 나타나는 오브젝트가 메인 구성 요소입니다.

TIP 구성 요소의 등록이나 편집에 대한 자세한 내용은 이 책의 170쪽을 참고하세요.

메인 아이콘의 구성 요소를 활용해 내부 인스턴스 추가하기

07 ① 선택 도구 ▶ 로 첫 번째 메뉴인 pik_on 아이콘을 선택합니다. ② 속성 관리자의 [구성 요소(인스턴스)] 항목의 편집 ✏ 을 클릭합니다.

> **TIP** 내부 인스턴스 추가 기능을 사용하면 하나의 구성 요소에 여러 개의 디자인을 동시에 사용할 수 있습니다. 단, 내부 인스턴스 추가 기능은 메인 구성 요소(마스터 구성 요소)에만 적용할 수 있습니다. 구성 요소의 내부 인스턴스에 대한 자세한 내용은 175쪽을 참고하세요.

08 ① 새 작업 창이 열리고 메인 구성 요소(마스터 구성 요소)만 표시됩니다. ② 속성 관리자의 [구성 요소(메인)]의 상태 추가 ➕ 를 클릭하고 ③ [새 상태]를 선택합니다. ④ 추가된 상태의 이름을 off로 변경합니다.

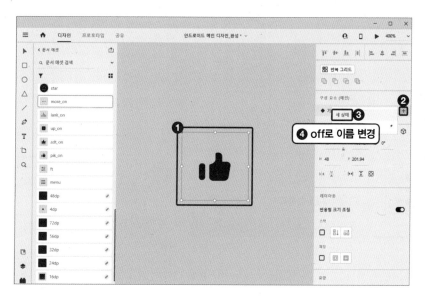

09 ①[off] 구성 요소가 선택된 상태에서 오브젝트를 더블클릭해 구성 요소 안으로 들어갑니다. ②[문서 에셋]-[구성 요소]에서 비활성으로 준비한 [pik_of]를 가져와 원래 있던 pik_on 아이콘 위치에 정확히 배치합니다.

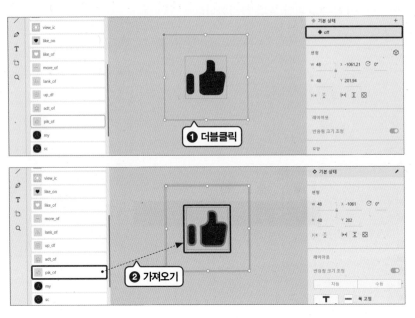

TIP [기본 상태]의 구성 요소와 추가한 구성 요소(off)의 [X], [Y] 값을 동일하게 적용하면 위치를 정확히 맞출 수 있습니다.

10 ①원래 있던 pik_on 아이콘은 Del 를 눌러 지웁니다. ②아트보드의 빈 공간(페이스트보드)을 더블클릭하여 구성 요소 밖으로 나옵니다. ③[pik_on] 구성 요소는 [기본 상태]가 pik_on 아이콘과 ④[off] 상태가 pik_of 아이콘인 두 가지 디자인으로 구성됩니다.

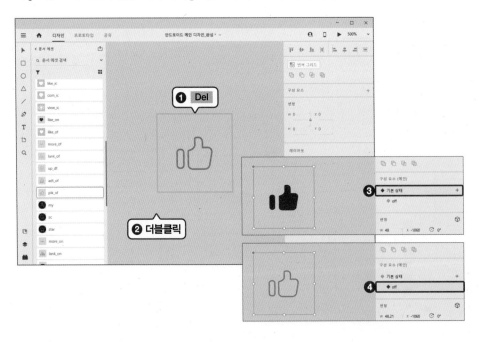

11 ① 구성 요소 [pik_on]의 두 가지 상태를 만든 것과 같은 방법(07-10 과정)으로 [adt_on], [up_on], [lank_on]도 내부 인스턴스를 추가합니다. ② 각 구성 요소의 [기본 상태]와 [off]를 선택해 원하는 메뉴 선택 화면을 만들어봅니다.

> **[기본 상태]** : 메뉴가 선택된 활성화 상태(아이콘 이름_on)를 보여줍니다.
> **[off]** : 메뉴가 선택되지 않은 비활성화 상태(아이콘 이름_of)를 보여줍니다.

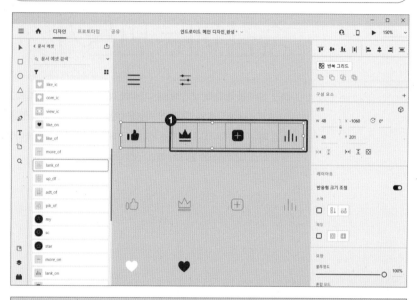

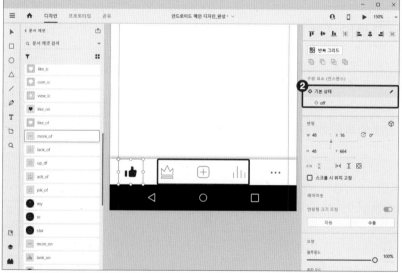

TIP 이와 같은 방식은 활성화 아이콘(On)과 비활성화 아이콘(Off)의 디자인이 다를 때 사용하는 제작 방식입니다. 색만 변경될 때에는 하나의 구성 요소에서 [새 상태]를 추가하여 색상만 변경합니다.

STEP

03

인터랙션 기능으로
숨김 메뉴 만들기

하단 메뉴 탭 바의 더 보기 메뉴는 내부에 다른 숨김 메뉴를 포함하고
있습니다. 구성 요소의 인터랙션 기능을 이용해 실제로 클릭(탭)했을 때
숨김 메뉴가 나타나고 사라지는 인터랙션 메뉴를 제작할 수 있습니다.
구성 요소 인터랙션은 반드시 메인 구성 요소에서만 수정할 수
있습니다.

숨김 메뉴 구성 요소로 내부 인스턴스 추가하기

01 ①선택 도구▶로 moer_of 아이콘을 선택합니다. ②속성 관리자의 [구성 요소(메인)]
항목의 상태 추가➕를 클릭하고 ③[마우스 오버 상태]를 선택합니다. ④[마우스 오버 상
태]의 이름을 **숨김 메뉴**로 변경합니다.

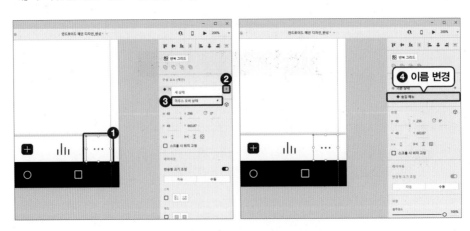

> **TIP** [구성 요소(메인)] 항목의 [마우스 오버 상태]는 프로토타입에서 다양한 인터랙션을 만드는 기능입니다. 기본은 [마우스 오버 상
> 태]로 되어 있지만 프로토타입에서 [트리거]-[탭]으로 변경할 수 있습니다.

02 ①[숨김 메뉴]가 선택된 상태에서 ②more_of 아이콘을 더블클릭하여 구성 요소 안으로 들어갑니다. ③[문서 에셋]–[구성 요소]에서 [more_on]을 가져와 원래 있던 more_of 아이콘의 위치에 정확히 배치합니다. more_of 아이콘이 보이지 않습니다.

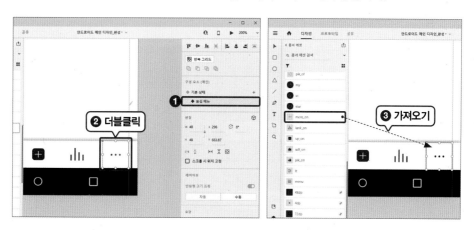

03 ①사각형 도구□로 상단 툴 바와 하단 메뉴 탭 바를 제외한 영역에 사각형을 그립니다. ②다음 표를 참고하여 사각형의 크기와 위치, 색상 등을 지정합니다.

> **[W]** : 360, **[H]** : 584, **[X]** : 0, **[Y]** : 80, **[채우기]** : #000000, **[테두리]** : 해제, **[투명도]** : 50%

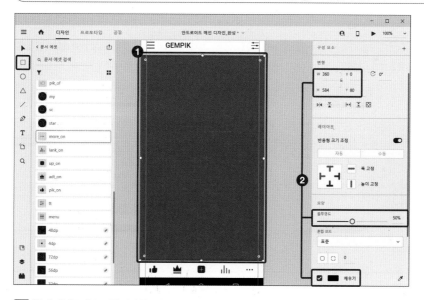

TIP [숨김 메뉴]를 더블클릭한 작업 창에서 진행합니다.

04 ①[문서 에셋]–[구성 요소]에서 [my], [sc], [star]를 아트보드로 가져옵니다. ②순서대로 숨김 메뉴 위에 배치합니다. ③아트보드의 빈 공간(페이스트 보드)을 더블클릭하여 [숨김 메뉴] 구성 요소 밖으로 나옵니다.

10 년차 선배의 멘토링   [more_of] 구성 요소의 기본 상태와 숨김 메뉴 상태

하나의 [more_of] 구성 요소에 내부 인스턴스가 추가되어 두 가지의 디자인을 가지게 됩니다. 프로토타입 모드에서 인터랙션 항목을 [트리거]–[탭]으로 설정하면 서로 이동하는 인터랙션을 구현할 수 있습니다.

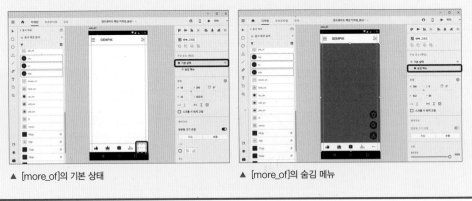

▲ [more_of]의 기본 상태   ▲ [more_of]의 숨김 메뉴

인터랙션 숨김 메뉴의 프로토타입 만들기

05 ①[프로토타입]을 클릭하여 프로토타입 모드로 이동합니다. ②[구성 요소(메인)] 항목의 [기본 상태]를 선택하고 ③다음 표를 참고하여 인터랙션 항목을 설정합니다.

> **[트리거]** : [탭]
> **[유형]** : [자동 애니메이트]
> **[대상]** : [숨김 메뉴], [서서히 끝내기], [0.3초]

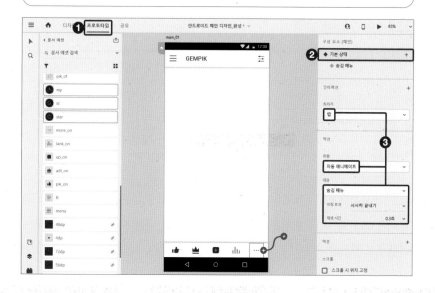

06 ①[구성 요소(메인)] 항목의 [숨김 메뉴]를 선택하고 ②인터랙션 추가 ➕를 클릭합니다. ③다음 표를 참고하여 인터랙션 항목을 설정합니다.

> **[트리거]** : [탭]
> **[유형]** : [자동 애니메이트]
> **[대상]** : [기본 상태], [서서히 끝내기], [0.3초]

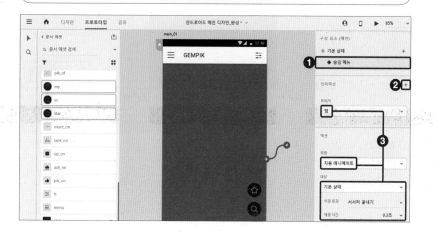

07 ①[more_of] 구성 요소를 [기본 상태]로 선택하고 ②데스크톱 미리 보기 ▶를 클릭하여
프로토타입을 확인해봅니다.

08 ①more_of 아이콘을 클릭(탭)하여 ②[숨김 메뉴] 구성 요소가 나왔다 사라지는 인터랙
션을 확인합니다. ③미리 보기를 마친 후 하단 메뉴 탭 바를 모두 선택하고 Ctrl + G 를
눌러 그룹으로 지정합니다.

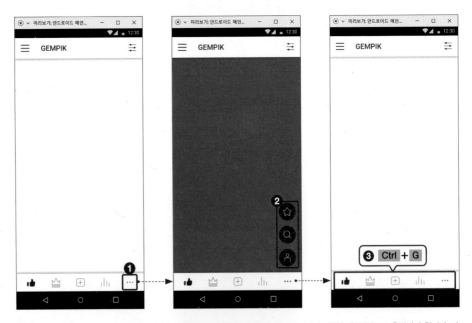

TIP 상단 툴 바, 하단 메뉴 탭 바, 하단 홈 메뉴 등은 스크롤 기능이 작동할 때 고정되거나 가장 높은 영역으로 올라가야 합니다. 따
라서 세부 디자인 제작이 마무리되면 반드시 그룹으로 지정해야 합니다.

TIP [숨김 메뉴] 구성 요소를 확인하려면 [more_of] 구성 요소가 [기본 상태]인 화면에서 인터랙션을 시작해야 합니다.

STEP 04

뉴스 피드형 콘텐츠 디자인하기

SNS에서는 뉴스 피드(News Feed)형 콘텐츠 디자인을 많이 볼 수 있습니다. 이 디자인 방식은 사용자들의 다양한 게시물이 스크롤 형식으로 표현됩니다. 사용자가 화면을 계속 스크롤하여 서비스를 지속적으로 볼 수 있습니다.

섬네일을 이용한 사용자 리스트 제작하기

01 인기 사용자들의 섬네일을 보여주는 메인 페이지로, 배경에 흐림 효과를 적용해 스크롤 시 겹치는 효과를 만들어봅니다. ①사각형 도구□로 툴 바 바로 아래에 섬네일 배경을 만듭니다. ②다음 표를 참고하여 크기와 위치, 색상을 지정하고, 배경 흐림 효과를 적용합니다.

> **[W]** : 360, **[H]** : 72, **[X]** : 0, **[Y]** : 80, **[채우기]** : #FFFFFF, **[테두리]** : 해제
> **[배경 흐림 효과]**–**[정도]** : 30, **[밝기]** : 15, **[불투명도]** : 0

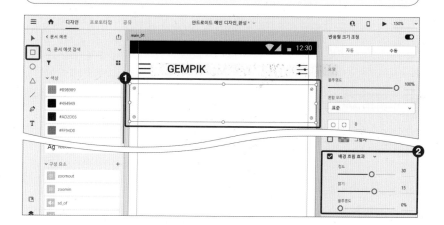

02 ①타원 도구 ⬭ 로 섬네일 배경이 될 정원을 만듭니다. ②다음 표를 참고하여 크기와 위치, 색상 등을 지정하고 테두리 스타일을 적용합니다.

> **[W]** : 48, **[H]** : 48, **[X]** : 16, **[Y]** : 92, **[채우기]** : #FFFFFF, **[테두리]** : #FFFFFF,
> **[테두리]─[크기]** :1, **[바깥쪽 선]**, **[그림자]─[X]** : 0, **[Y]** : 3, **[B]** : 6

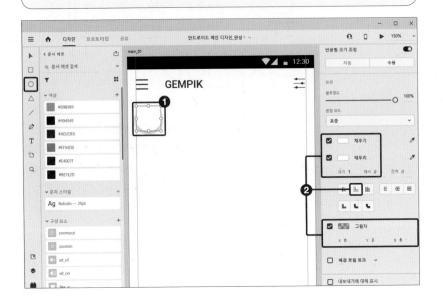

03 ①선택 도구 ▶ 로 Alt 를 누른 채 원을 다섯 개 복사합니다. ②이때 섬네일의 간격은 16px로 설정합니다. ③ Shift 를 누른 채 복사한 섬네일을 모두 선택하고 ④[플러그인]의 [UI Face]를 선택합니다.

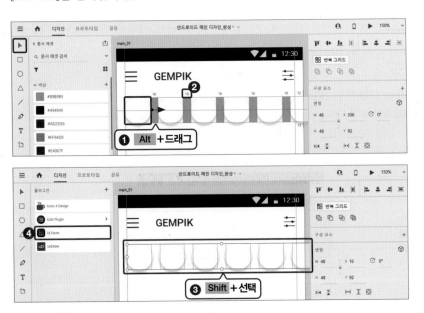

TIP 플러그인 설치에 대한 자세한 내용은 이 책의 167쪽(플러그인 및 UI-Kit 활용)을 참고합니다.

04 ①UI Face 플러그인을 적용하여 섬네일을 완성합니다. ②완성한 섬네일과 배경을 동시에 선택하고 Ctrl + G 를 눌러 그룹으로 지정합니다. ③툴 바의 그림자가 보이도록 Shift + Ctrl + [를 눌러 오브젝트를 맨 뒤로 보냅니다.

10 년차 선배의 멘토링　섬네일에 배경 흐림 효과 적용하기

섬네일, 리스트, 뉴스 피드와 같이 연속적인 콘텐츠가 있을 경우에는 사용자에게 더 많은 정보가 있다는 것을 알려줘야 합니다. ⓐ처럼 배치하면 사용자는 연속되어 콘텐츠가 있는 것을 모를 수 있습니다. 따라서 연속 콘텐츠가 있다는 것을 알리기 위해 의도적으로 ⓑ처럼 배치합니다. 뉴스 피드를 스크롤할 때 섬네일 배경에 배경 흐림 효과를 적용하였으므로 ⓒ처럼 뒤에 있는 콘텐츠가 흐림 효과로 투과하여 연출됩니다.

▲ 화면에 정렬된 섬네일

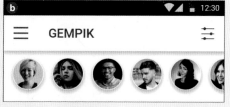

▲ 화면에 벗어난 섬네일

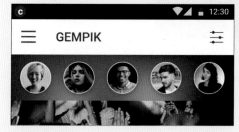

▲ 배경 흐림 적용

사진 크기 조절하고 뉴스 피드 콘텐츠 디자인하기

05 ① 디자인에 사용할 이미지 여섯 장을 아트보드 바깥쪽에 불러옵니다. ② [W]는 360으로 변경합니다.

> **TIP** 콘텐츠 디자인에 사용할 이미지는 저작권에 문제가 없는 것으로 사용합니다. 인터넷에서 이미지를 찾으려면 크롬 브라우저에서 https://unsplash.com 등과 같은 이미지 사이트에 접속합니다. 원하는 이미지를 찾으면 마우스 오른쪽 버튼을 클릭해 [이미지 복사]를 선택합니다. XD 작업 창에서 **Ctrl** + **V** 를 누르면 이미지를 아트보드 바깥쪽에 붙여 넣을 수 있습니다.

06 ① 사각형 도구 □ 로 첫 번째 이미지 바로 아래에 뉴스 피드의 콘텐츠가 들어갈 영역을 만듭니다. ② 다음 표를 참고하여 사각형의 크기와 위치, 색상 등을 지정합니다.

> **[W]** : 360, **[H]** : 72, **위치** : 사진 바로 아래에 붙임, **[채우기]** : #FFFFFF,
> **[테두리]** : 해제, **[그림자]** ─ **[X]** : 0, **[Y]** : -3, **[B]** : 6

> **TIP** 이 콘텐츠 영역은 SNS의 뉴스 피드 형식처럼 높이가 서로 다른 콘텐츠가 세로로 스크롤됩니다.

07 ①타원 도구 ◯로 섬네일로 사용할 정원을 만듭니다. ②다음 표를 참고하여 크기와 위치, 색상, 테두리와 정렬 방식을 지정합니다.

> **[W]** : 48, **[H]** : 48, **위치** : 왼쪽에서 16px 간격 주고 배치, 배경과 가운데 정렬(세로)
> **[채우기]** : #FFFFFF, **[테두리]** : #FFFFFF, **[테두리]―[크기]** : 1, **[바깥쪽 선]**,
> **[그림자]―[X]** : 0, **[Y]** : 3, **[B]** : 6

08 ①선택 도구 ▶로 원을 선택하여 ②섬네일 이미지를 적용합니다. **03** 과정처럼 [플러그인]의 [UI Face]를 활용합니다.

09 ①텍스트 도구 $\boxed{T}$ 로 임의의 사용자 이름을 입력하고 ②다음 표를 참고하여 문자 스타일을 지정합니다. ③[문서 에셋]–[구성 요소]에서 [16dp]를 가져와 섬네일과 텍스트 사이의 간격을 16dp로 맞춥니다.

문자 스타일 : Roboto,16, Medium, #494949

> **TIP** 텍스트 위치는 섬네일의 절반 위쪽에 배치하는 것이 안정적입니다.

10 ①본문 내용을 입력하고 ②다음 표를 참고하여 문자 스타일을 지정합니다. ③**09** 과정에서 가져온 [16dp] 구성 요소를 본문의 끝 영역으로 옮겨 맞춥니다.

문자 스타일 : Roboto,14, Regular, #494949

> **TIP** 콘텐츠 내부의 오브젝트 간격과 위치 등은 미리 만들어둔 Android UI-Kit의 크기별 사각형 구성 요소를 이용합니다. 모든 배치가 끝나면 크기별 사각형 구성 요소는 삭제합니다. 참고로 본문을 입력할 때는 텍스트 도구 $\boxed{T}$ 를 클릭하고 아트보드를 드래그하여 텍스트 상자가 만들어지면 입력합니다. 이 방식으로 텍스트를 입력하면 가로 크기가 다른 화면이나 반응형으로 작동될 때 보이지 않는 나머지 텍스트가 보입니다. 반응형 크기에 대한 자세한 내용은 이 책의 179쪽을 참고합니다.

11 ① Alt 를 누른 채 **06–10** 과정에서 완성한 콘텐츠 영역을 복사해 다음 이미지에 붙여 넣습니다. ② 섬네일 이미지와 이름, 본문 내용을 변경합니다.

12 이와 같은 방법으로 나머지 콘텐츠를 모두 수정합니다.

이미지 컨트롤 아이콘 디자인하기

13 갤러리형 페이지 UI 구조에서는 이미지 부분이 동영상으로 구현될 예정입니다. 따라서 동영상을 컨트롤할 수 있는 아이콘을 적용해야 합니다. ①[문서 에셋]–[구성 요소]에서 [zoomin]과 [like_on]을 가져옵니다. ②사진 양쪽 끝에 배치합니다.

14 ①[문서 에셋]–[구성 요소]에서 [sd_on]을 이미지 영역으로 가져옵니다. ②[16dp]와 [24dp] 구성 요소를 사용하여 이미지 오른쪽에서 16dp, 아래쪽에서 24dp의 간격을 적용해 배치합니다.

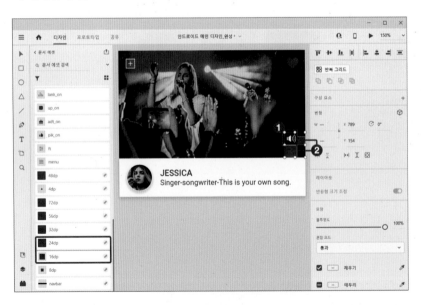

15 ①like_on 아이콘과 sd_on 아이콘을 각각 선택하고 [구성 요소(인스턴스)] 항목에서 [마우스 오버 상태]로 추가합니다. ②[like_of]와 [sd_of] 구성 요소를 내부 인스턴스로 추가합니다. ③STEP 03의 **05-06** 과정을 참고하여 프로토타입 모드에서 [like_of]와 [sd_of]에 [트리거]-[탭] 인터랙션을 추가하여 서로 이동하는 인터랙션을 구현합니다.

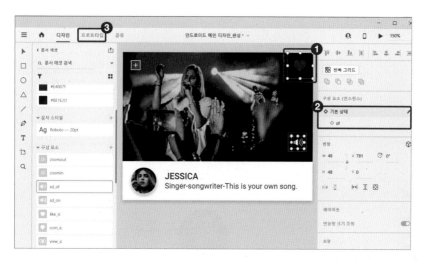

251

TIP 구성 요소에 내부 인스턴스를 추가하는 방법은 다음 과정을 참고하세요. ①like_on 아이콘을 선택하고 ②속성 관리자의 [구성 요소(인스턴스)] 항목의 편집✎을 클릭한 후 [마우스 오버 상태]를 선택합니다. ③[마우스 오버 상태]를 더블클릭하여 이름을 **like_of**로 변경합니다. ④[프로토타입]을 클릭해 프로토타입 모드로 이동하고 [기본 상태]를 선택한 후 인터랙션 항목을 [트리거]-[탭], [유형]-[자동 애니메이트], [대상]-[like_of], [서서히 끝내기], [0.3초]로 설정합니다. ⑤[구성 요소(메인)] 항목의 [like_of]를 선택하고 인터랙션 추가⊞를 클릭합니다. ⑥[트리거]-[탭], [유형]-[자동 애니메이트], [대상]-[OFF], [서서히 끝내기], [0.3초]로 설정합니다. ⑦[디자인]을 클릭해 디자인 모드로 이동하고 [구성 요소(메인)] 항목의 [like_of]를 선택합니다. ⑧하트를 여러 번 더블클릭해 구성 요소 편집 모드로 들어간 후 [채우기]를 #FFFFFF로 설정합니다. 아트보드 바깥쪽을 더블클릭하여 구성 요소 밖으로 나옵니다. 이 과정 그대로 sd_on 아이콘에도 적용합니다. 구성 요소 인스턴스 만들기에 대한 자세한 내용은 이 책의 175쪽을 참고하세요.

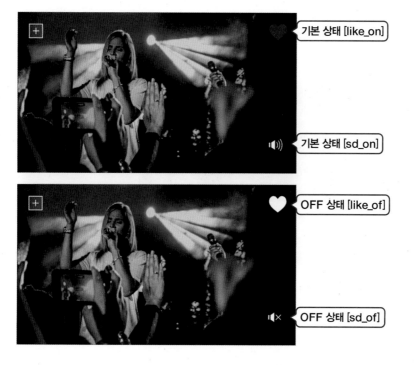

기본 상태 [like_on]

기본 상태 [sd_on]

OFF 상태 [like_of]

OFF 상태 [sd_of]

16 ①[문서 에셋]–[구성 요소]에서 [view_ic]를 가져와 이미지의 왼쪽 아래에 배치합니다. ②텍스트 도구 T 로 세 자리 숫자를 입력합니다. ③다음 표를 참고하여 view_ic 아이콘의 위치와 문자 스타일을 지정합니다.

> **[view_ic]**–이미지 왼쪽에서 16dp, 아래에서 24dp의 간격(16dp와 24dp 구성 요소 사용)
> **문자 스타일** : Roboto, 12, Regular, #FFFFFF

17 ①16 과정처럼 [com_ic], [like_ic] 구성 요소를 가져오고 ②임의의 숫자를 입력합니다. ③다음 표를 참고하여 아이콘의 위치와 문자 스타일을 지정합니다.

> **[com_ic]**, **[like_ic]**–왼쪽에 위치한 아이콘 기준으로 왼쪽에서 16dp, 아래에서 24dp의 간격
> **문자 스타일** : Roboto, 12, Regular, #FFFFFF

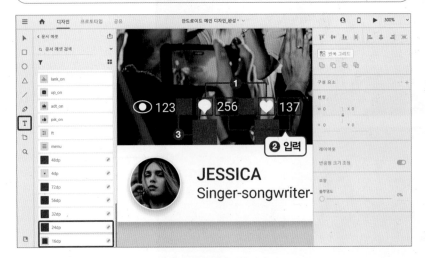

TIP 콘텐츠 내부에 이미지와 텍스트를 배치할 때는 미리 만들어둔 Android UI-Kit의 크기별 사각형 구성 요소를 이용합니다. 모든 배치가 끝나면 크기별 사각형 구성 요소는 삭제합니다.

18 ①사각형 도구□로 동영상의 진행 바를 만듭니다. ②다음 표를 참고하여 크기와 위치, 색상, 투명도 등을 지정합니다.

> **[W]** : 328, **[H]** : 8 , **좌/우** : 16dp, 이미지 아래 8dp, **[채우기]** : #FFFFFF,
> **[테두리]** : 해제, **[불투명도]** : 50%

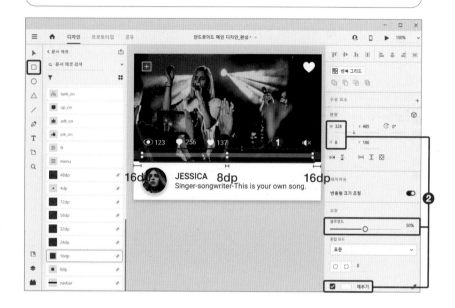

19 ①사각형 도구□로 진행 바의 상태 사각형을 만들고 ②다음 표를 참고하여 색상과 테두리를 지정합니다.

> **[채우기]** : #FF0000, **[테두리]** : 해제

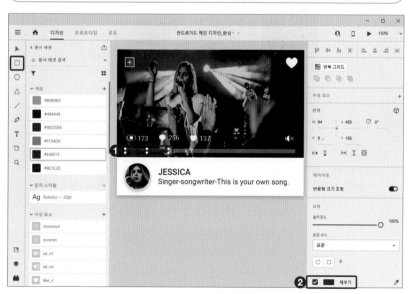

20 ①선택 도구 ▶로 zoomin 아이콘과 like_on 아이콘을 선택하고 Ctrl + G 를 눌러 그룹으로 지정합니다. ②진행 바와 남은 아이콘들을 선택하고 Ctrl + G 를 눌러 그룹으로 지정합니다. 이렇게 완성한 아이콘 그룹을 다른 이미지에 동일하게 배치합니다. [like_on] 구성 요소로 들어가 내부 인스턴스를 다양하게 변경합니다. 각 완성 콘텐츠마다 전체를 선택해 그룹으로 지정합니다.

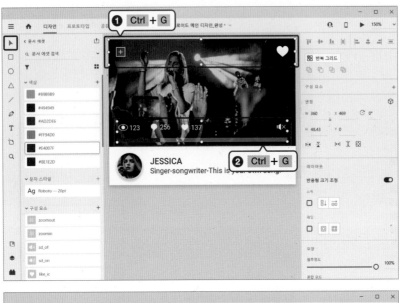

TIP 메인 페이지 디자인에 사용할 모든 뉴스 피드 콘텐츠를 완성하였습니다. 새로운 디자인과 내용의 콘텐츠를 계속해서 추가하려면 가로 크기(W)를 360px로 조절합니다. 내부 인스턴스를 활용하는 방법은 이 책의 175쪽을 참고합니다.

스크롤 기능의 메인 페이지 디자인하기

21 ①main_01 아트보드 이름을 클릭하고 ②아트보드 조절점을 아래로 드래그해 세로로 길게 늘입니다. ③20 과정에서 완성한 첫 번째 콘텐츠를 섬네일 바로 아래에 배치합니다. ④[X]는 0, [Y]는 152로 설정합니다.

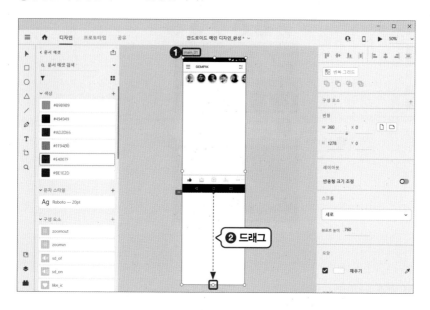

> **TIP** 뉴스 피드 콘텐츠를 메인 페이지 디자인에 배치하여 실제 스크롤할 수 있는 작업을 완성합니다. 최초 아트보드 크기까지 뷰포트로 설정되어 있어 뷰포트를 넘어가는 콘텐츠는 자연스럽게 스크롤 처리됩니다. 아트보드의 내부 영역과 외부 영역을 구분하는 뷰포트에 대한 자세한 내용은 이 책의 151쪽을 참고합니다.

22 ①20 과정에서 완성한 두 번째 콘텐츠를 첫 번째 콘텐츠 아래에 배치합니다. ②이때 콘텐츠 간의 간격은 16dp로 설정합니다.

23 나머지 콘텐츠도 계속 아래로 배치합니다. 아트보드 세로 높이는 콘텐츠가 다 들어갈 수 있도록 계속 늘이면서 작업합니다.

24 ① Shift 를 누른 채 모든 콘텐츠를 선택합니다. ② Shift + Ctrl + [를 눌러 뉴스 피드 콘
텐츠를 레이어 맨 뒤로 보냅니다.

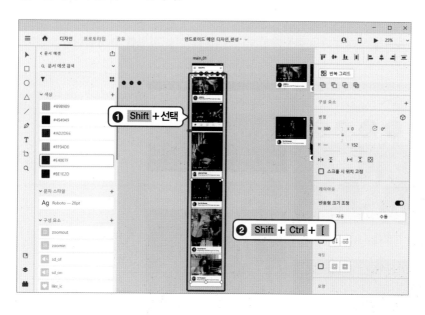

25 ① Shift 를 누른 채 상태 바, 툴 바, 하단 메뉴 탭 바, 홈 메뉴 바를 선택하고 ②속성 관리자
의 [스크롤 시 위치 고정]에 체크 표시합니다.

26 데스크톱 미리 보기▶를 클릭하여 프로토타입을 확인합니다. 화면 스크롤 시 상태 바, 툴 바, 하단 메뉴 탭 바, 홈 메뉴 바는 고정되고 섬네일의 배경은 흐림 효과가 적용되어 아래에 있는 뉴스 피드 콘텐츠가 투과되어 보입니다. 숨김 메뉴와 [like_on], [sd_on] 메뉴는 구성 요소 인터랙션을 적용해 클릭(탭) 인터랙션을 확인할 수 있습니다.

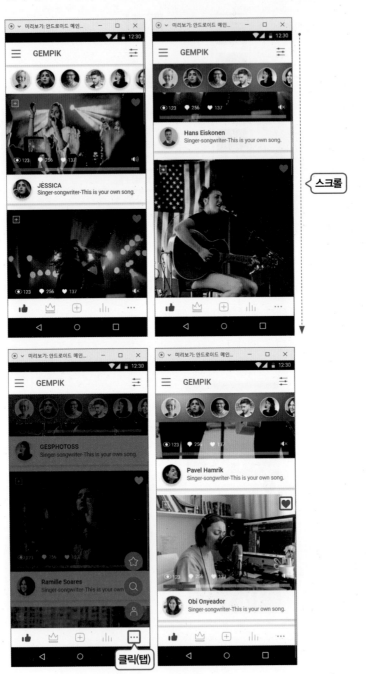

STEP

05

오버레이 팝업 페이지의 프로토타입 제작하기

오버레이 효과의 팝업 페이지는 이미지나 영상을 클릭(탭)했을 때 현재 화면에 팝업 창을 띄우는 기능입니다. 실제 모바일 앱 제작 시 많이 사용하는 효과이므로 반드시 익혀둡니다.

팝업 페이지 제작하기

01 콘텐츠 동영상 및 사진을 클릭(탭)했을 때 오버레이할 팝업 창을 제작합니다. ①아트보드 도구 🖵를 클릭하고 ②속성 관리자에서 [Samsung Galaxy S10]을 선택합니다. 새로운 아트보드가 추가됩니다. ③추가된 새 아트보드 이름을 play_popup으로 변경합니다.

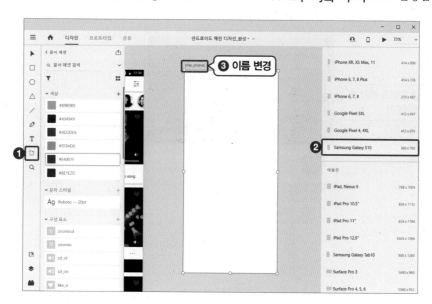

02 ①사각형 도구□로 아트보드와 같은 크기의 사각형을 만듭니다. ②다음 표를 참고하여 사각형의 크기와 위치, 색상, 투명도 등을 지정합니다.

> **[W]** : 360, **[H]** : 760, **[X]** : 0, **[Y]** : 0, **[채우기]** : #000000, **[테두리]** : 해제,
> **[불투명도]** : 75%

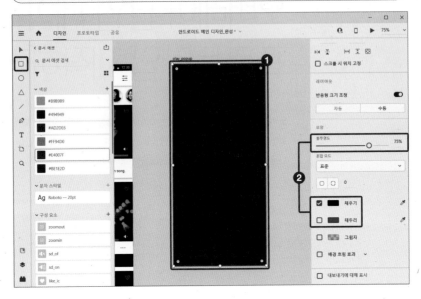

TIP 인터랙션으로 오버레이를 적용하면 오버레이되는 아트보드의 배경은 투명이 됩니다. 따라서 오브젝트 전체에 반투명한 배경을 미리 깔아두어야 합니다.

03 ①대표 팝업으로 사용할 콘텐츠를 복사해 붙여 넣습니다. ② Shift + Ctrl + G 를 눌러 콘텐츠의 그룹을 해제합니다.

04 ①콘텐츠를 구성한 이미지, 아이콘, 진행 바, 텍스트 등을 전체 화면에 맞게 배치합니다.
②[zoomin] 구성 요소를 [zoomout]으로 변경합니다. ③zoomout 아이콘과 like_on
아이콘은 위에서 24dp만큼 간격을 적용합니다.

오버레이 효과의 프로토타입 제작하기

05 ①[프로토타입]을 클릭하여 프로토타입 모드로 이동합니다. ②첫 번째 콘텐츠를 클릭하
고 인터랙션 연결 위젯 ▶을 play_popup 아트보드에 연결합니다. ③다음 표를 참고하여
인터랙션 항목을 설정합니다.

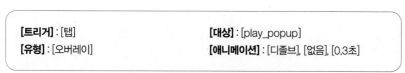

[트리거] : [탭]   **[대상]** : [play_popup]
[유형] : [오버레이]   **[애니메이션]** : [디졸브], [없음], [0.3초]

06 데스크톱 미리 보기 ▶를 클릭하여 프로토타입을 확인합니다. 첫 번째 콘텐츠를 클릭(탭) 하면 현재 아트보드 위에 play_popup 아트보드가 오버레이되어 나타납니다. play_popup 아트보드를 클릭(탭)하면 사라지는 인터랙션을 확인할 수 있습니다.

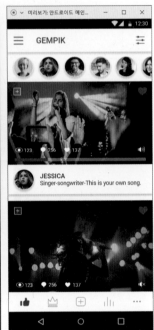

슬라이드 효과의 메인 페이지 디자인 `iOS`

슬라이드 메인 디자인은 게시물이 슬라이드 형태로 바뀌는 디자인입니다. 이미지가 중심인 서비스를 제작할 때 자주 사용합니다. 이번 프로젝트에서는 이미지 슬라이드와 서브 페이지 구성의 디자인을 제작해봅니다.

PREVIEW

서비스명	북 리뷰
제작 운영체제	iOS
제작 해상도	iPhone 8(375×667px)
제작 언어	한글

슬라이드 메뉴

자동 애니메이트

더 보기 기능

자동 스크롤

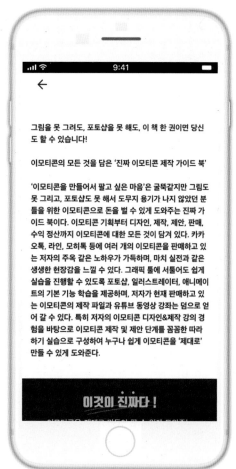

그림을 못 그려도, 포토샵을 못 해도, 이 책 한 권이면 당신도 할 수 있습니다!

이모티콘의 모든 것을 담은 '진짜 이모티콘 제작 가이드 북'

'이모티콘을 만들어서 팔고 싶은 마음'은 굴뚝같지만 그림도 못 그리고, 포토샵도 못 해서 도무지 용기가 나지 않았던 분들을 위한 이모티콘으로 돈을 벌 수 있게 도와주는 진짜 가이드 북이다. 이모티콘 기획부터 디자인, 제작, 제안, 판매, 수익 정산까지 이모티콘에 대한 모든 것이 담겨 있다. 카카오톡, 라인, 모히톡 등에 여러 개의 이모티콘을 판매하고 있는 저자의 주옥 같은 노하우가 가득하며, 마치 실전과 같은 생생한 현장감을 느낄 수 있다. 그래픽 툴에 서툴어도 쉽게 실습을 진행할 수 있도록 포토샵, 일러스트레이터, 애니메이트의 기본 기능 학습을 제공하며, 저자가 현재 판매하고 있는 이모티콘의 제작 파일과 유튜브 동영상 강좌는 덤으로 얻어 갈 수 있다. 특히 저자의 이모티콘 디자인&제작 강의 경험을 바탕으로 이모티콘 제작 및 제안 단계를 꼼꼼한 따라하기 실습으로 구성하여 누구나 쉽게 이모티콘을 '제대로' 만들 수 있게 도와준다.

이것이 진짜다!

DESIGN GUIDE

슬라이드 메인 페이지 UI

슬라이드 구조의 UI는 사진이나 책, 음반과 같은 콘텐츠를 보여주기에 적합합니다. 콘텐츠 전체를 한번에 보여주고 슬라이드 기능을 통해 다른 콘텐츠로 쉽게 이동할 수 있는 구조입니다. 이번 프로토타입은 content_01 – content_02 – content_03까지만 바뀌는 프로토타입으로 제작해봅니다.

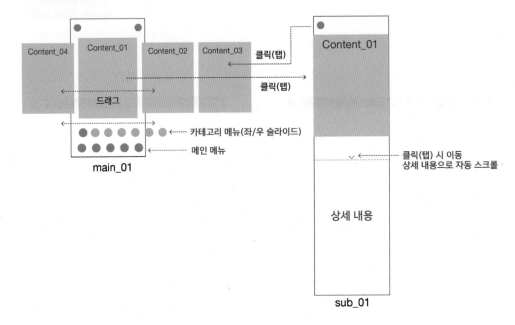

- **main_01** : 콘텐츠를 좌/우로 드래그하여 슬라이드할 수 있으며 해당 콘텐츠를 클릭(탭)하면 상세 페이지로 이동합니다. 동시에 카테고리 메뉴를 클릭(탭)해도 콘텐츠는 좌/우로 슬라이드됩니다.
- **sub_01** : 해당 콘텐츠를 클릭(탭)하면 콘텐츠 상세 내용을 보여주는 상세 페이지로 이동합니다. 상/하 스크롤이 적용되지만 더 보기 아이콘을 클릭하면 상세 내용으로 바로 이동하는 자동 스크롤 구조입니다.

STEP

01

메인 페이지
디자인하기

슬라이드 메인 페이지는 iOS의 iPhone 8 크기(375×667px)로
제작합니다. 제작 전에 필요한 레이아웃 및 기본 UI-Kit를
준비해봅니다.

새 아트보드 만들어 기본 레이아웃 안내선 적용하기

01 ①XD 시작 화면에서 [iPhone 6, 7, 8(375×667)]을 선택합니다. ②작업 화면이 나타나
면 아트보드 이름을 더블클릭하고 ③아트보드 이름을 main_01로 변경합니다.

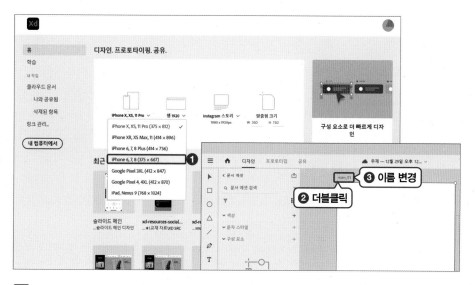

TIP 북 리뷰 서비스는 플랫폼 서비스로, iPhone 8 크기에 최적화된 크기로 제작합니다.

02 ①준비 파일 중 iOS_UI-Kit.xd 파일을 엽니다. ②[구성 요소]의 [iOS_UI-Kit]에서 [상태바], [navi_bar], [title_bar], [tab_bar]를 복사하여 작업 중인 아트보드에 붙여 넣습니다. ③각 구성 요소를 화면에 정확히 배치합니다.

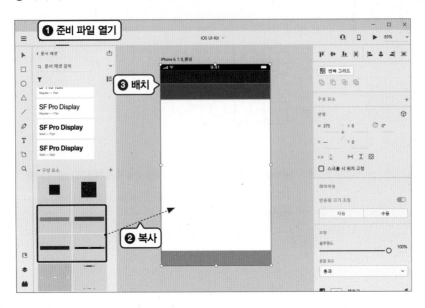

03 ①그림을 참고하여 아트보드 안내선을 표시합니다. **02** 과정에서 배치한 [navi_bar], [title_bar], [tab_bar]는 삭제합니다. ②좌/우 마진은 16pt씩 적용합니다. ③ Ctrl + L 을 눌러 안내선과 아트보드를 잠급니다.

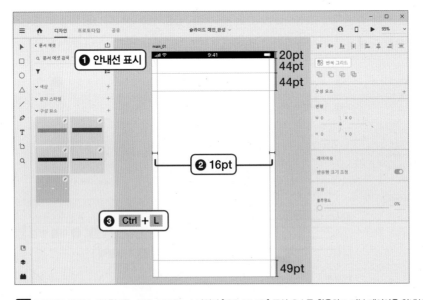

> **TIP** 프로젝트 예제를 실습할 때는 iOS_UI-Kit.xd 파일의 [iOS_UI-Kit] 구성 요소를 활용하고 기본 레이아웃 안내선을 미리 적용해둡니다. iOS_UI-Kit.xd 파일의 문서 에셋으로 등록한 [iOS_UI-Kit]는 라이브러리🗔를 클릭한 후 [문서 에셋]-[구성 요소]에서 확인합니다. iOS 앱 주요 가이드라인은 이 책의 132쪽을 참고하세요.

> **TIP** 안내선을 표시하려면 아트보드 왼쪽과 상단의 외곽선을 드래그합니다. 안내선을 이용해 아트보드의 마진을 설정하는 방법은 이 책의 183쪽을 참고하세요.

아이콘, 색상을 문서 에셋에 등록하기

04 ①준비 파일 중 **아이콘 디자인.ai** 파일을 일러스트레이터에서 엽니다. ②각 아이콘을 복사하여 ③작업 중인 아트보드에 붙여 넣습니다. ④아이콘을 선택하고 Ctrl + K 를 눌러 구성 요소로 등록합니다. 구성 요소 이름은 작업 화면을 참고하세요.

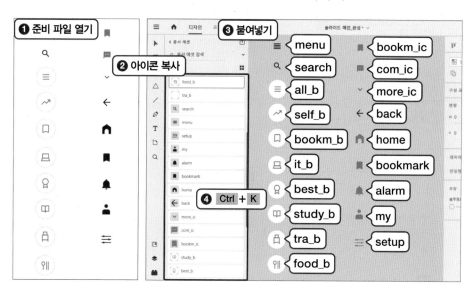

05 ①사각형 도구□로 여섯 개의 색상 바를 만듭니다. ②다음 표를 참고하여 각 사각형의 채우기 색상을 적용합니다.

#02565E : 제목 타이틀 및 상단 아이콘 색상   **#9AA6AC** : 카테고리 아이콘 및 비활성 아이콘 색상
#E040FB : 카테고리 활성화 색상 1   **#404040** : 본문 내용 텍스트 색상
#4F76F3 : 카테고리 활성화 색상 2   **#808080** : 비활성 텍스트 색상

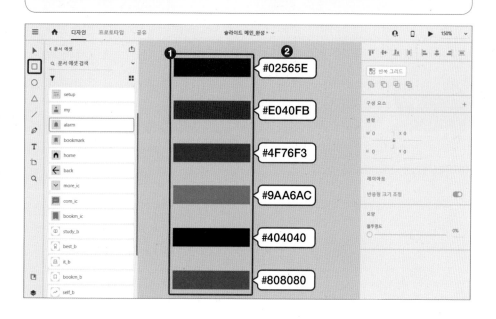

06 ①선택 도구 ▶ 로 각 색상 바를 선택하고 Shift + Ctrl + C 를 눌러 [문서 에셋]-[색상]에 등록합니다. ②여섯 개의 색상을 차례대로 등록합니다.

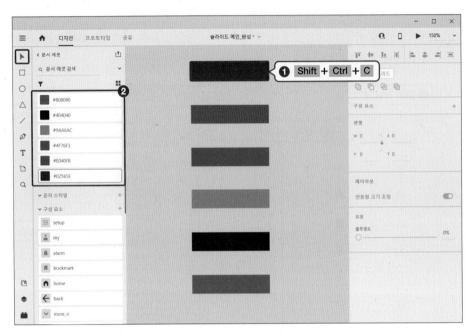

TIP [문자 스타일]은 실제 앱 디자인을 하면서 폰트와 색상, 크기를 적용한 후 등록합니다. 현재 단계에서는 등록하지 않습니다.

STEP
02

상단 툴 바와 하단 메뉴 탭 바 디자인하기

메인 디자인은 상단 툴 바와 앱 서비스의 주요 메뉴인 하단 메뉴 탭 바가 구성된 페이지입니다. 구성 요소를 활용해 디자인해봅니다.

main_01 페이지의 상단 내비게이션 영역 디자인하기

01 상단 내비게이션 영역은 메뉴, 검색 버튼으로 구성되어 있습니다. ① 사각형 도구□로 상태 바 바로 아래에 내비게이션 영역을 만듭니다. ② 다음 표를 참고하여 사각형의 크기와 그림자 등을 지정합니다.

> **[W]** : 375, **[H]** : 44, **[X]** : 0, **[Y]** : 20, **[채우기]** : #FFFFFF, **[테두리]** : 해제,
> **[그림자]**―**[X]** : 0, **[Y]** : 3, **[B]** : 6

02 ①[문서 에셋]–[구성 요소]에서 [menu]와 [search]를 아트보드로 가져옵니다. ②다음 표를 참고하여 툴 바 양옆에 배치합니다. ③선택 도구 ▶ 로 모든 내비게이션 바 디자인을 선택하고 Ctrl + G 를 눌러 그룹으로 지정합니다.

> **[menu]─[X]** : 16, **[Y]** : 20
> **[search]─[X]** : 315, **[Y]** : 20

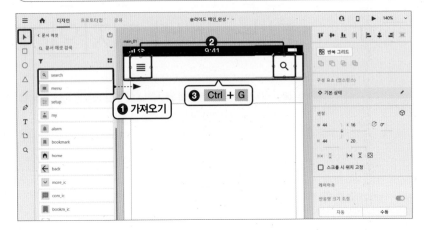

내부 인스턴스를 활용해 하단 메뉴 탭 바 디자인하기

03 ①사각형 도구 □ 로 하단 메뉴 탭 바를 만듭니다. ②다음 표를 참고하여 사각형의 크기 와 위치, 색상, 그림자를 적용합니다.

> **[W]** : 375, **[H]** : 49, **[X]** : 0, **[Y]** : 618, **[채우기]** : #FFFFFF, **[테두리]** : 해제,
> **[그림자]─[X]** : 0, **[Y]** : −3, **[B]** : 6

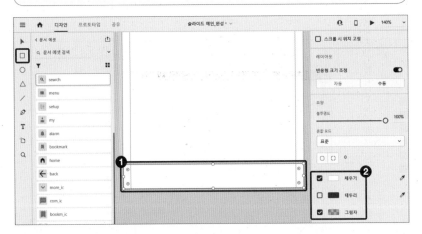

> **TIP** 하단 메뉴 탭 바와 같이 On/Off로 구성된 메뉴는 [구성 요소]의 내부 인스턴스를 활용하여 쉽게 변경할 수 있습니다. 먼저 각 메뉴들의 위치를 지정하고 내부 인스턴스를 하나씩 추가합니다.

04 ①[문서 에셋]-[구성 요소]에서 [home], [bookmark], [alarm], [my], [setup]을 아트 보드로 가져와 탭 바 위에 배치합니다. ②다음 표를 참고하여 세부 위치를 지정합니다.

> **[home]-[X]** : 16, **[Y]** : 620
> **[bookmark]-[X]** : 91, **[Y]** : 620
> **[alarm]-[X]** : 166, **[Y]** : 620
> **[my]-[X]** : 240, **[Y]** : 620
> **[setup]-[X]** : 315, **[Y]** : 620

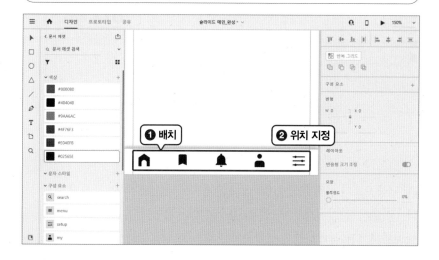

메인 버튼 구성 요소로 내부 인스턴스 추가하기

05 ①선택 도구 ▶로 첫 번째 메뉴인 home 아이콘을 선택하고 ②속성 관리자의 [구성 요소 (인스턴스)] 항목의 편집 ✎을 클릭합니다.

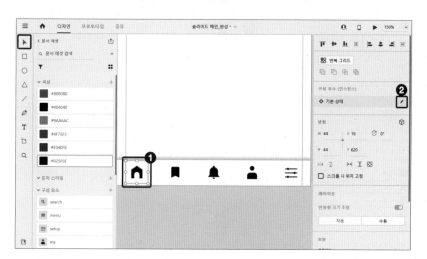

> **TIP** 내부 인스턴스 추가 기능을 사용하면 하나의 구성 요소에 여러 개의 디자인을 동시에 사용할 수 있습니다. 단, 내부 인스턴스 추가 기능은 메인 구성 요소(마스터 구성 요소)에만 적용할 수 있습니다. 구성 요소의 내부 인스턴스에 대한 자세한 내용은 175쪽을 참고하세요.

06 ① 새 작업 창이 열리고 메인 구성 요소(마스터 구성 요소)만 표시됩니다. ② 속성 관리자의 [구성 요소(메인)]의 상태 추가 ➕ 를 클릭하고 ③ [새 상태]를 선택합니다. ④ 추가된 상태의 이름을 **off**로 변경합니다.

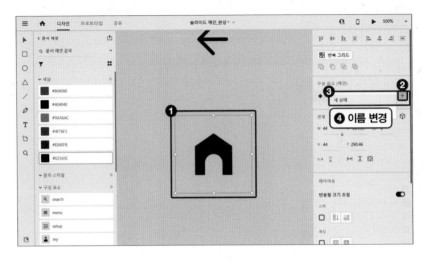

07 ① [off] 구성 요소가 선택된 상태에서 ② 오브젝트를 더블클릭하여 구성 요소 안으로 들어갑니다. ③ [문서 에셋]-[색상]에서 [#9AA6AC]를 적용합니다. ④ 아트보드의 빈 공간(페이스트 보드)을 더블클릭하여 구성 요소 밖으로 나옵니다.

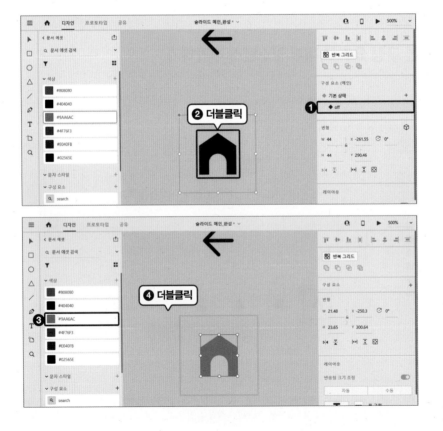

[home] 구성 요소의 기본 상태와 off 상태

하나의 구성 요소에 내부 인스턴스를 추가하면 두 개의 디자인으로 표현할 수 있습니다.

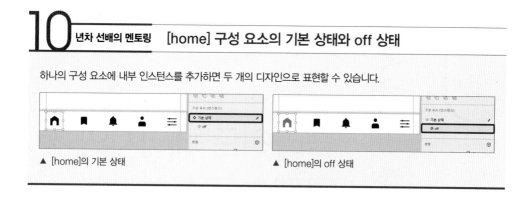

▲ [home]의 기본 상태 　　　　　　　　　　▲ [home]의 off 상태

08 ① 구성 요소 [home]의 두 가지 상태를 만든 것과 같은 방법(**05-07** 과정)으로 [bookmark], [alarm], [my], [setup]도 내부 인스턴스를 추가합니다. ②각 구성 요소의 [기본 상태]와 [off]를 선택해 원하는 메뉴 선택 화면을 만들어봅니다.

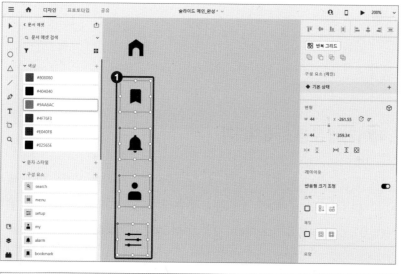

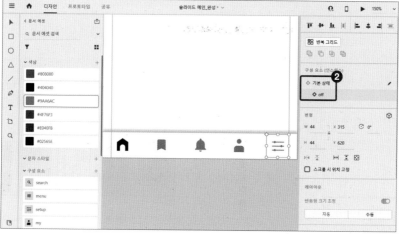

TIP [기본 상태]는 메뉴가 선택된 활성화 상태(On)를 보여주고, [off]는 메뉴가 선택되지 않은 비활성화 상태(Off)를 보여줍니다.

슬라이드 페이지의 콘텐츠 구성하기

슬라이드 효과를 적용할 콘텐츠 이미지를 XD로 불러와 배치합니다.
슬라이드 효과는 프로토타입의 [자동 애니메이트] 기능을 사용하며
슬라이드별 아트보드가 추가되어 표현됩니다.

슬라이드 페이지에 콘텐츠 배치하기

01 화면 중앙에 슬라이드 효과를 적용할 콘텐츠 이미지를 불러와 규격에 맞게 배치합니다. ①[파일]–[가져오기] 메뉴를 선택하고 ②준비 파일의 iOS_슬라이드 메인 폴더에서 content_01, content_02, content_03, content_04, content_05 이미지를 가져옵니다.

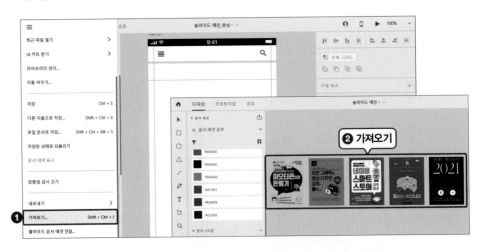

TIP XD로 불러온 외부 이미지는 XD 파일에 포함되므로 향후 공유 모드를 통해 다운로드할 수 있습니다.

02 ①각 이미지 크기를 [W]는 240, [H]는 318로 수정하고 ②아트보드 바깥쪽으로 옮겨 간격을 51px로 설정해 정렬합니다. ③이미지를 모두 선택하고 Ctrl + G 를 눌러 그룹으로 지정합니다.

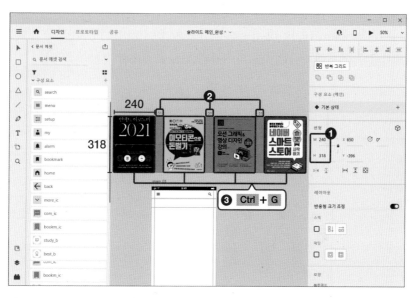

TIP 이미지는 content_05 – content_01 – content_02 – content_03 – content_04순으로 배치합니다.

03 ①선택 도구▶로 그룹 지정한 이미지를 아트보드로 옮깁니다. ②다음 표를 참고하여 content_01 이미지가 화면 중앙에 오도록 배치합니다.

[X] : −223, [Y] : 175

카테고리 버튼 아이콘 배치하기

04 콘텐츠 이미지를 컨트롤할 수 있는 카테고리 아이콘을 배치합니다. 카테고리 아이콘도 콘텐츠 이미지와 같이 슬라이드 효과가 적용됩니다. ①[문서 에셋]−[구성 요소]에서 [all_b], [self_b], [bookm_b], [it_b], [best_b], [study_b], [tra_b], [food_b]를 가져와 가로로 정렬합니다. ②이때 각 구성 요소의 간격은 26px로 설정합니다.

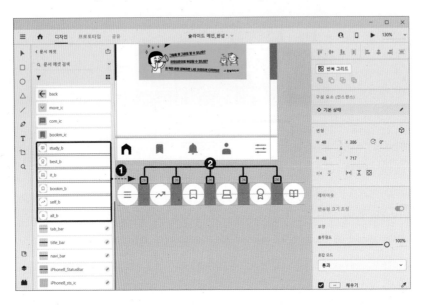

05 ①선택 도구 ▶로 카테고리 아이콘 전체를 선택하고 ② Ctrl + G 를 눌러 그룹으로 지정합니다. ③그룹의 위치는 [X]는 **16**, [Y]는 **558**로 설정합니다

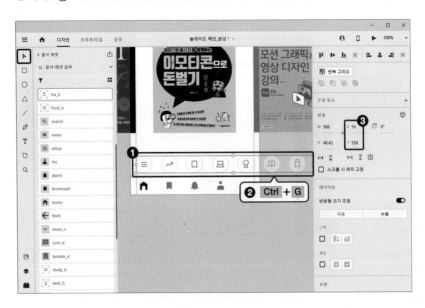

카테고리 버튼 구성 요소로 내부 인스턴스 추가하기

06 ①선택 도구 ▶로 bookm_b 아이콘을 더블클릭하고 ②속성 관리자의 [구성 요소(인스턴스)] 항목의 편집 ✏을 클릭합니다.

> **TIP** 이번 과정은 카테고리 버튼이 콘텐츠와 함께 슬라이드될 때 활성화 버튼으로 바뀌기 위한 내부 인스턴스를 추가하는 과정입니다. 프로토타입은 content_01→content_02→content_03까지만 바뀌는 프로토타입으로 제작합니다.

07 ①새 작업 창이 열리고 메인 구성 요소(마스터 구성 요소)만 표시됩니다. ②속성 관리자의 [구성 요소(메인)]의 상태 추가 ➕를 클릭하고 ③[새 상태]를 선택합니다. ④추가된 상태의 이름을 on으로 변경합니다.

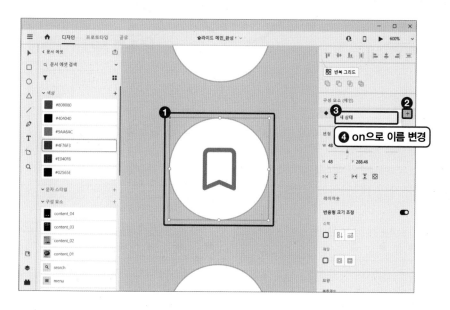

08 ①[on] 상태에서 오브젝트를 더블클릭하여 구성 요소 안으로 이동합니다. ②다음 표를 참고하여 아이콘과 배경 원의 테두리 색을 수정합니다. ③아트보드 빈 공간(페이스트 보드)을 더블클릭하여 구성 요소 밖으로 나옵니다.

> **[bookm_b]–[테두리]** : #4F76F3
> **배경 원–[테두리]** : #4F76F3, **[크기]** : 2

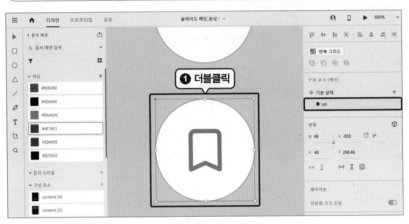

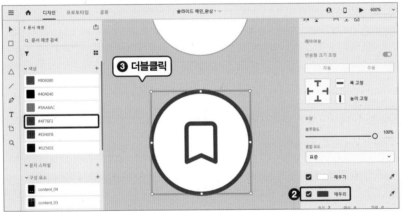

10 년차 선배의 멘토링　　[bookm_b] 구성 요소의 기본 상태와 on 상태

하나의 구성 요소에 내부 인스턴스를 추가하면 두 개의 디자인으로 표현할 수 있습니다.

▲ [bookm_b]의 기본 상태　　　　　　　　　▲ [bookm_b]의 on 상태

09 ①07-08 과정과 같은 방법으로 [it_b], [best_b] 구성 요소에도 내부 인스턴스를 추가합니다. ②각 구성 요소의 [기본 상태]와 [on]을 선택해 원하는 메뉴 선택 화면을 만듭니다.

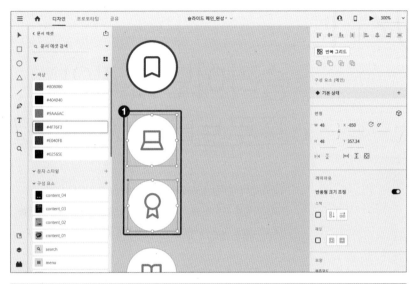

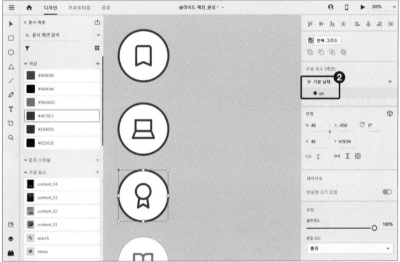

> **TIP** 이번 프로젝트 실습에서는 [bookm_b], [it_b], [best_b] 구성 요소의 세 가지 슬라이드만 적용하므로 이 세 가지 아이콘에만 내부 인스턴스를 추가합니다. 최초 메인 화면 실행 시 bookm_b 아이콘을 먼저 보여주기 위해서 [bookm_b] 구성 요소만 [on] 상태로 설정하고 나머지는 [기본 상태]로 돌려놓습니다.

> **TIP** [기본 상태]는 메뉴가 선택되지 않은 비활성화 상태(Off)를 보여줍니다. [on]은 메뉴가 선택된 활성화 상태(On)를 보여줍니다.

STEP 04

슬라이드 효과의
프로토타입 제작하기

카테고리 아이콘을 클릭(탭)하면 콘텐츠가 슬라이드(스냅)되는
프로토타입을 제작해봅니다. 각 콘텐츠가 활성화되어 있는 화면을
아트보드별로 따로 제작하여 자동 애니메이트를 적용합니다.

아트보드 복사하여 각 화면 구성하기

01 ① `Alt` 를 누른 채 main_01 아트보드의 이름을 클릭해 아트보드를 복사한 후 ②아래에
배치합니다.

main_01 : 시작 화면으로 content_01을 보여줍니다.

main_01-1 : content_02를 보여줍니다.

main_01-2 : content_03을 보여줍니다.

02 ①텍스트 도구 T 로 main_01 아트보드의 타이틀 바 위치에 **북마크**를 입력합니다. ②다음 표를 참고하여 문자 스타일과 위치를 지정합니다.

> **문자 스타일** : AppleSDGothicNeoM00, 24, Regular, #404040, **[X]** : 157, **[Y]** : 76

03 ①선택 도구 ▶ 로 main_01 아트보드의 이미지(content_01)를 더블클릭해 그룹 편집 모드로 들어갑니다. ②다음 표를 참고하여 content_01의 크기와 위치를 지정합니다. ③아트보드 빈 공간(페이스트 보드)을 더블클릭하여 그룹 밖으로 나옵니다.

> **[W]** : 330, **[H]** : 436, **[X]** : 23, **[Y]** : 116

04 ① 이번에는 main_01-1 아트보드를 선택하고 ② 텍스트 도구 T 로 타이틀 바 위치에
IT/PC를 입력합니다. ③ 선택 도구 ▶ 로 이미지(content_02)를 화면 중앙에 배치합니
다. ④ 다음 표를 참고하여 문자 스타일과 이미지 위치를 지정합니다.

> **문자 스타일** : AppleSDGothicNeoM00, 24, Regular, #404040, **[X]** : 157, **[Y]** : 76
> **이미지(content_02)–[X]** : –514, **[Y]** : 175

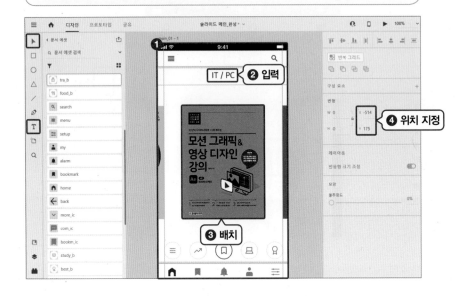

05 ① 선택 도구 ▶ 로 main_01-1 아트보드의 이미지(content_02)를 더블클릭해 그룹 편집
모드로 들어갑니다. ② 다음 표를 참고하여 content_02의 크기와 위치를 지정합니다. ③
아트보드 빈 공간(페이스트 보드)을 더블클릭하여 그룹 밖으로 나옵니다.

> **이미지(content_02)–[W]** : 330, **[H]** : 436, **[X]** : 23, **[Y]** : 116

06 ①main_01-1 아트보드의 it_b 아이콘을 화면 가운데에 오도록 배치합니다. ②카테고리 아이콘 그룹을 더블클릭해 그룹 편집 모드로 들어갑니다. ③다음 표를 참고하여 it_b 아이콘과 bookm_b 아이콘의 상태를 바꿉니다. ④아트보드 빈 공간(페이스트 보드)을 더블클릭하여 그룹 밖으로 나옵니다.

> **[it_b]-[X]** : -57, **[Y]** : 558, [on]으로 변경
> **[bookm_b]** : [기본 상태]로 변경

07 ①이번에는 main_01-2 아트보드를 선택하고 ②텍스트 도구 T 로 타이틀 바 위치에 **베스트**를 입력합니다. ③선택 도구 ▶ 로 이미지(content_03)를 화면 중앙에 배치합니다. ④다음 표를 참고하여 문자 스타일과 이미지 위치를 지정합니다.

> **문자 스타일** : AppleSDGothicNeoM00, 24, Regular, #404040, **[X]** : 157, **[Y]** : 76
> **이미지(content_03)-[X]** : -805, **[Y]** : 175

08 ① 선택 도구 ▶ 로 main_01-2 아트보드의 이미지(content_03)를 더블클릭해 그룹 편집 모드로 들어갑니다. ② 다음 표를 참고하여 content_03의 크기와 위치를 지정합니다. ③ 아트보드 빈 공간(페이스트 보드)을 더블클릭하여 그룹 밖으로 나옵니다.

> **이미지(content_03)–[W]** : 330, **[H]** : 436, **[X]** : 23, **[Y]** : 116

09 main_01-2 아트보드의 best_b 아이콘을 화면 가운데에 오도록 배치합니다.

> **[best_b]–[X]** : –132, **[Y]** : 558

10 ①카테고리 아이콘 그룹을 더블클릭해 그룹 편집 모드로 들어갑니다. ②다음 표를 참고하여 best_b 아이콘과 bookm_b 아이콘의 상태를 바꿉니다. ③아트보드 빈 공간(페이스트 보드)을 더블클릭하여 그룹 밖으로 나옵니다.

[best_b] : [on]으로 변경
[bookm_b] : [기본 상태]로 변경

11 main_01 아트보드는 content_01, main_01-1 아트보드는 content_02, main_01-2 아트보드는 content_03이 보입니다. 앞서 설정한 카테고리 아이콘 수정에 따라 버튼도 각각 달라집니다. 자동 애니메이트를 적용할 아트보드가 모두 완성되었습니다.

슬라이드(스냅) 효과의 인터랙션 적용하기

12 ①[프로토타입]을 클릭하여 프로토타입 모드로 이동합니다. ②main_01 아트보드의 카테고리 버튼 영역을 더블클릭합니다. ③[기본 상태]인 it_b 아이콘을 선택하고 ④인터랙션 연결 위젯▣을 main_01-1 아트보드에 연결합니다. ⑤다음 표를 참고하여 인터랙션 항목을 설정합니다.

> **[트리거]** : [탭]
> **[유형]** : [자동 애니메이트]
> **[대상]** : [main_01-1], [스냅], [0.6초]

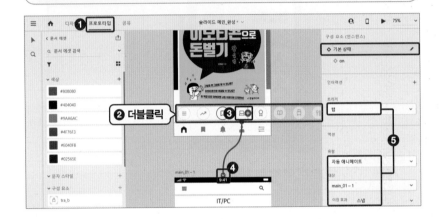

13 12 과정과 같은 방식으로 슬라이드(스냅) 효과를 적용합니다. ①[기본 상태]인 best_b 아이콘을 선택하고 ②인터랙션 연결 위젯▣을 main_01-2 아트보드에 연결합니다. ③다음 표를 참고하여 인터랙션 항목을 설정합니다.

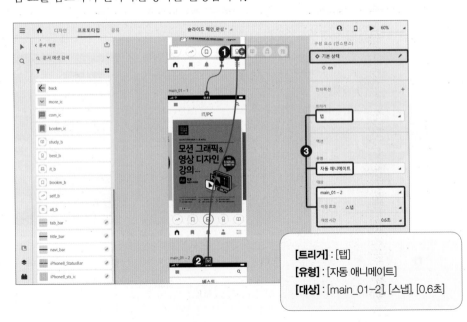

> **[트리거]** : [탭]
> **[유형]** : [자동 애니메이트]
> **[대상]** : [main_01-2], [스냅], [0.6초]

14 ①main_01-1 아트보드의 카테고리 버튼 영역을 더블클릭합니다. ②[기본 상태]인 bookm_b 아이콘을 선택하고 ③인터랙션 연결 위젯 ◙을 main_01 아트보드에 연결합니다. ④다음 표를 참고하여 인터랙션 항목을 설정합니다.

> **[트리거]** : [탭]
> **[유형]** : [자동 애니메이트]
> **[대상]** : [main_01], [스냅], [0.6초]

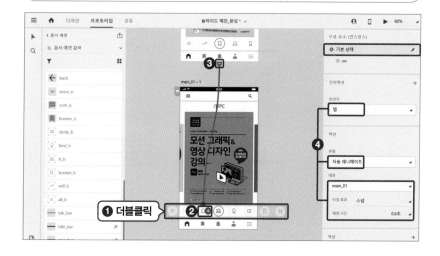

15 ①[기본 상태]인 best_b 아이콘을 선택하고 ②인터랙션 연결 위젯 ◙을 main_01-2 아트보드에 연결합니다. ③다음 표를 참고하여 인터랙션 항목을 설정합니다.

> **[트리거]** : [탭]
> **[유형]** : [자동 애니메이트]
> **[대상]** : [main_01-2], [스냅], [0.6초]

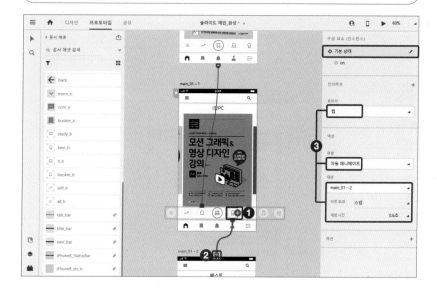

16 ①main_01-2 아트보드의 카테고리 버튼 영역을 더블클릭합니다. ②[기본 상태]인 bookm_b 아이콘을 선택하고 ③인터랙션 연결 위젯▣을 main_01 아트보드에 연결합니다. ④다음 표를 참고하여 인터랙션 항목을 설정합니다.

> **[트리거]** : [탭]
> **[유형]** : [자동 애니메이트]
> **[대상]** : [main_01], [스냅], [0.6초]

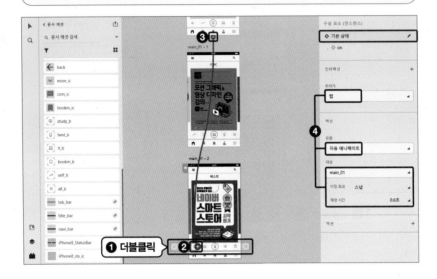

17 ①[기본 상태]인 it_b 아이콘을 선택하고 ②인터랙션 연결 위젯▣을 main_01-1 아트보드에 연결합니다. ③다음 표를 참고하여 인터랙션 항목을 설정합니다.

> **[트리거]** : [탭]
> **[유형]** : [자동 애니메이트]
> **[대상]** : [main_01-1], [스냅], [0.6초]

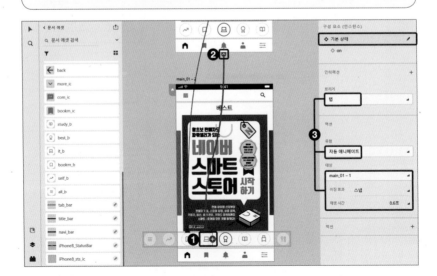

18 모든 아트보드의 카테고리 버튼 아이콘을 연결하여 프로토타입을 완성합니다. 데스크톱 미리 보기 ▶를 클릭하여 프로토타입을 확인합니다.

자동 스크롤 효과의 프로토타입 제작하기

이번에는 main_01 아트보드의 첫 번째 content_01 이미지를 클릭(탭)하면 보이는 상세 페이지를 제작해봅니다. 상세 페이지는 sub_01 페이지로 표시하며 더 보기를 클릭(탭)해 상세 내용으로 자동 스크롤되는 인터랙션을 포함합니다.

sub_01 상세 페이지 제작하기

01 ①아트보드 도구 ▣를 클릭하고 ②속성 관리자에서 [iPhone 6, 7, 8]을 선택해 새로운 아트보드를 추가합니다. ③추가된 새 아트보드 이름을 **sub_01**로 변경합니다. ④[문서 에셋]-[구성 요소]에서 [iPhone8_StatusBar]를 가져와 배치합니다.

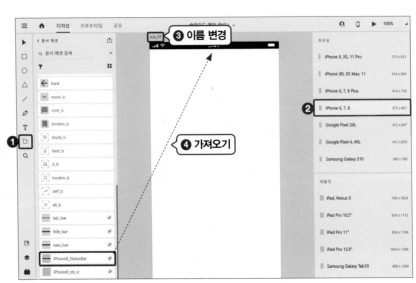

02 ①상단은 64pt, 좌/우는 16pt 간격의 레이아웃 안내선을 그립니다. ②사각형 도구□로 내비게이션 바 배경을 만듭니다. ③다음 표를 참고하여 사각형의 크기와 위치 및 채우기를 지정합니다. ④[문서 에셋]–[구성 요소]에서 [back]을 가져와 [X]는 **16**, [Y]는 **20** 으로 설정합니다.

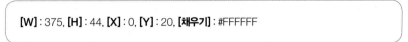

[W] : 375, [H] : 44, [X] : 0, [Y] : 20, [채우기] : #FFFFFF

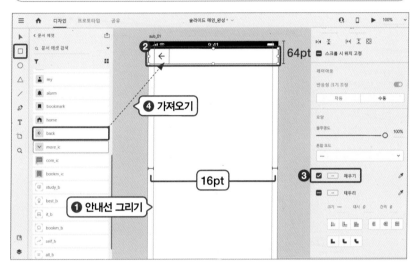

03 ①준비 파일의 iOS_슬라이드 메인 폴더에서 **content_01.jpg** 이미지를 가져옵니다. ② 다음 표를 참고하여 이미지의 크기와 위치를 지정합니다.

[W] : 375, [H] : 497, [X] : 0, [Y] : 64

04 ①텍스트 도구 **T**로 임의의 카피, 제목, 지은이를 입력합니다. ②다음 표를 참고하여 문자 스타일과 위치를 지정합니다.

> **카피 문자 스타일** : AppleSDGothicNeoEB00, 15, #404040, **[X]** : 16, **[Y]** : 577
> **제목 문자 스타일** : AppleSDGothicNeoH00, 20, #404040, **[X]** : 16, **[Y]** : 612
> **지은이 문자 스타일** : AppleSDGothicNeoEB00, 15, #404040, **[X]** : 267, **[Y]** : 612

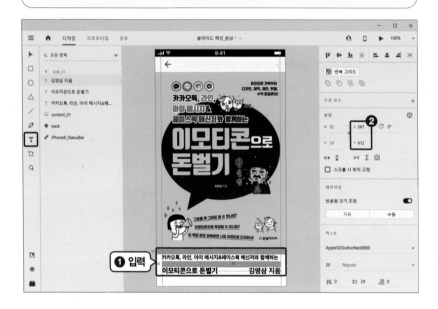

05 ①[문서 에셋]-[구성 요소]에서 [more_ic]를 가져오고 ②[X]는 176, [Y]는 643으로 설정합니다.

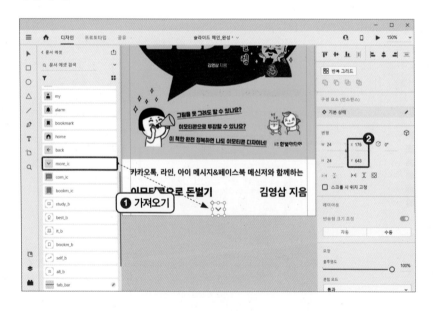

06 ①아트보드 이름을 클릭하고 ②속성 관리자에서 [H]에 **4400**을 입력합니다. 아트보드 길이가 세로로 늘어납니다.

07 ①텍스트 도구 **T**로 뷰포트 아래에 텍스트 상자를 만듭니다. ②준비 파일 중 **상세 내 용.txt** 파일을 열어 문단을 복사해 붙여 넣습니다. ③다음 표를 참고하여 문자 스타일과 텍스트 상자의 위치를 지정합니다.

> **문자 스타일** : AppleSDGothicNeoEB00, 15, #404040
> **텍스트 상자**─**[X]** : 16, **[Y]** : 726

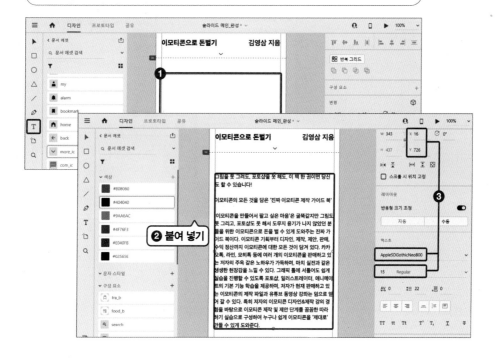

08 ①준비 파일 중 **상세 이미지.png** 이미지를 가져와 상세 내용 아래에 배치합니다. ②다음 표를 참고하여 이미지의 크기와 위치를 지정합니다.

[W] : 375, [H] : 3172, [X] : 0, [Y] : 1193

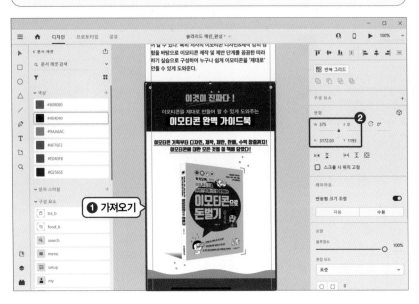

09 ①선택 도구 ▶로 more_ic 아이콘과 상세 내용, 상세 이미지를 모두 선택하고, ② Ctrl + G 를 눌러 그룹으로 지정합니다.

10 ①레이어 ◈를 클릭해 레이어를 표시합니다. ②앞에서 그룹으로 설정한 그룹 1(more_ic, 상세 내용, 상세 이미지) 이름을 **상세 내용**으로 변경합니다.

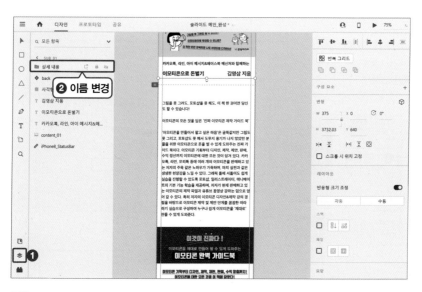

> **TIP** 상세 페이지는 그룹으로 이동하는 프로토타입을 제작하기 위해 만들었습니다. 자동 스크롤로 보여줄 내용을 한번에 그룹화해 보여줍니다.

자동 스크롤 효과의 프로토타입 제작하기

11 main_01 아트보드의 content_01 아이콘을 클릭(탭)하면 sub_01 아트보드로 이동합니다. 다시 sub_01 아트보드에서 more_ic 아이콘을 클릭(탭)하면 상세 내용으로 자동 스크롤되는 프로토타입을 제작해봅니다. [프로토타입]을 클릭하여 프로토타입 모드로 이동합니다.

12 ①main_01 아트보드의 콘텐츠 이미지 그룹을 더블클릭합니다. ②content_01 이미지를 선택하고 ③인터랙션 연결 위젯 █을 sub_01 아트보드에 연결합니다. ④다음 표를 참고하여 인터랙션 항목을 설정합니다.

> **[트리거]** : [탭]　　　　　　　　　　　**[대상]** : [sub_01]
> **[유형]** : [전환]　　　　　　　　　　　**[애니메이션]** : [디졸브], [서서히 끝내기], [0.3초]

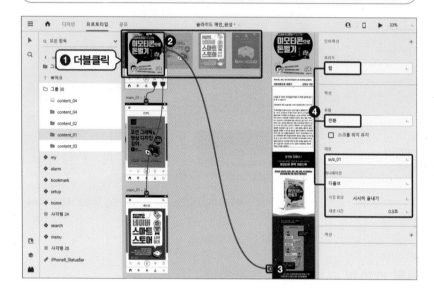

13 ①sub_01 아트보드의 상세 내용 그룹을 더블클릭하여 ②more_ic 아이콘을 선택합니다. ③인터랙션 연결 위젯 █을 같은 그룹인 상세 내용에 연결합니다. ④다음 표를 참고하여 인터랙션 항목을 설정합니다.

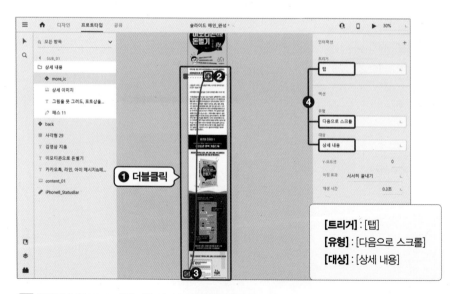

> **[트리거]** : [탭]
> **[유형]** : [다음으로 스크롤]
> **[대상]** : [상세 내용]

TIP [유형]의 [다음으로 스크롤]은 같은 아트보드의 그룹을 선택할 때 사용합니다. 같은 아트보드 안에서 해당 그룹의 위치로 자동 스크롤이 구현됩니다.

14 ①sub_01 아트보드의 back 아이콘을 선택하고 ②인터랙션 연결 위젯 ▶ 을 main_01 아트보드에 연결합니다. ③다음 표를 참고하여 인터랙션 항목을 설정합니다.

[트리거] : [탭]　　　　　　　　　　　**[대상]** : [main_01]
[유형] : [전환]　　　　　　　　　　　**[애니메이션]** : [디졸브], [서서히 끝내기], [0.3초]

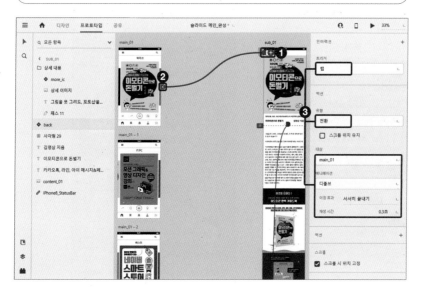

15 ①[디자인]을 클릭하여 디자인 모드로 이동합니다. ②상단에 있는 상태 바, 내비게이션 배경, back 아이콘을 모두 선택하고 ③ Shift + Ctrl +] 를 눌러 오브젝트를 레이어 맨 위에 배치합니다. ④속성 관리자의 [스크롤 시 위치 고정]에 체크 표시합니다.

16 데스크톱 미리 보기 ▶를 클릭하여 프로토타입을 확인합니다. main_01 아트보드의 content_01 아이콘을 클릭(탭)하면 sub_01 아트보드로 이동합니다. 다시 sub_01 아트보드에서 more_ic 아이콘을 클릭(탭)하면 상세 내용으로 자동 스크롤되는 인터랙션을 확인할 수 있습니다.

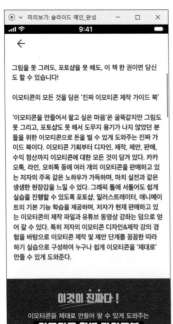

시작 애니메이션 효과의
메인 페이지 디자인 `Android`

메인 페이지 진입 시 그래프와 정보의 변화를 애니메이션
으로 보여주는 디자인을 해봅니다. 사용자의 집중과 사용
성을 극대화하는 메인 페이지를 디자인하고, 사용자 메뉴
화면으로 넘어가는 인터랙션도 제작합니다.

PREVIEW

서비스명	다코타
제작 운영체제	Android
제작 해상도	360×640px
제작 언어	한글

#그래프 애니메이션

#텍스트 애니메이션

#드래그 애니메이션

#햄버거 메뉴

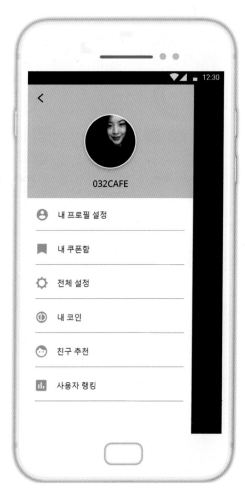

DESIGN GUIDE

시작 애니메이션 메인 및 메뉴 UI

시작 애니메이션 메인 페이지의 UI는 사용자에게 정보를 직관적이고 효과적으로 전달할 때 많이 사용합니다. 사용자에게 시작 애니메이션을 보여줌으로써 흥미와 정보를 전달하고 사용자의 조작을 빠르게 이끌어낼 수 있습니다. 이번에 제작할 UI 구조는 서비스를 시작할 때 와이파이 데이터와 일반 데이터 사용량을 애니메이션으로 보여줍니다.

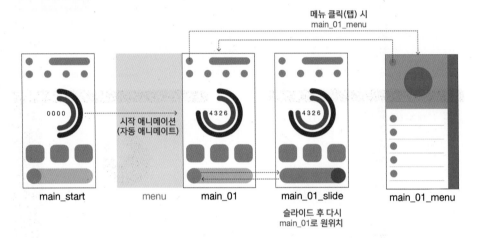

- **main_start** : 시작 애니메이션을 보여주기 위한 최초 기본 상태의 메인 디자인 화면입니다.
- **main_01** : main_start 페이지에서 자동 애니메이트가 실행되어 애니메이션의 결과를 보여주는 실제 메인 페이지입니다. 사용자 현재 상태의 정보를 보여줍니다.
- **main_01_slide** : [슬라이드] 버튼을 드래그하여 '데이터 및 코인'을 적립한 후 다시 main_01 페이지로 돌아가는 애니메이션입니다. iPhone의 '밀어서 잠금 해제'와 같은 애니메이션 구현에 필요한 화면입니다.
- **main_01_menu** : main_01 페이지의 [메뉴 보기]를 클릭(탭)하면 main_01 화면 위로 나오는 화면입니다. 화면 왼쪽에서 슬라이드로 나타납니다.

01

STEP

시작 애니메이션
디자인 준비하기

시작 애니메이션 메인 페이지는 Android의 360×760dp 크기로
제작합니다. 이번 과정에서는 제작 전에 필요한 레이아웃 및
기본 UI-Kit를 꼼꼼히 준비하여 진행합니다.

새 아트보드 만들어 기본 레이아웃 안내선 적용하기

01 ①XD 시작 화면에서 [맞춤형 크기]를 선택하고 **360×640** 크기의 아트보드를 만듭니다.
②작업 화면이 나타나면 아트보드 이름을 더블클릭하고 ③아트보드 이름을 main_start
로 변경합니다.

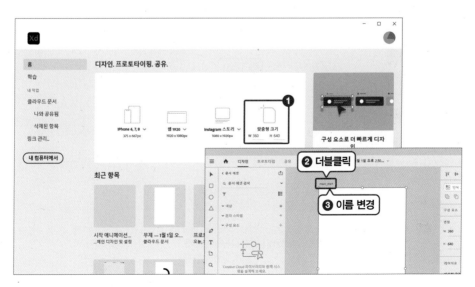

02 ①준비 파일 중 Android_ UI-Kit.xd 파일을 엽니다. ②[문서 에셋]-[구성 요소]의 [Android_ UI-Kit]에서 [navbar]를 복사하여 작업 중인 아트보드에 붙여 넣습니다. ③ [navbar]는 화면 상단에 정확히 배치합니다.

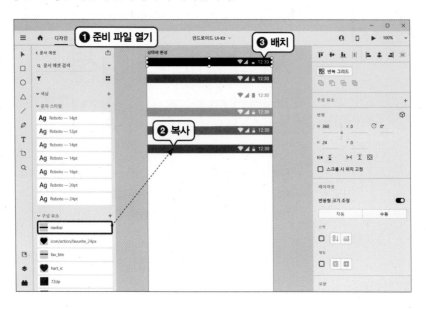

03 ①그림을 참고하여 아트보드 안내선을 표시하고 ②[크기별 구성 요소]를 붙여 넣습니다. ③좌/우 마진은 16pt씩 적용합니다. ④ Ctrl + L 을 눌러 안내선과 아트보드를 잠급니다.

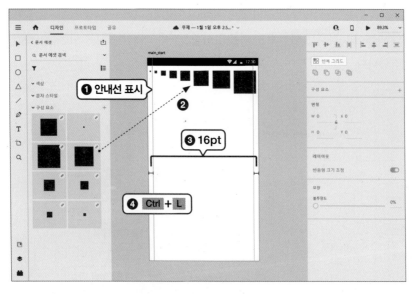

> **TIP** 콘텐츠 내부의 오브젝트 간격과 위치 등을 지정하기 위해 미리 만들어둔 Android UI-Kit의 크기별 사각형 구성 요소를 이용합니다. 모든 배치가 끝나면 크기별 사각형 구성 요소는 삭제합니다.

아이콘, 색상을 문서 에셋에 등록하기

04 ① 준비 파일 중 **아이콘 디자인.ai** 파일을 일러스트레이터에서 엽니다. ② 각 아이콘을 복사하여 ③ 작업 중인 아트보드에 붙여 넣습니다. ④ 아이콘을 선택하고 Ctrl + K 를 눌러 구성 요소로 등록합니다. 구성 요소 이름은 작업 화면을 참고하세요.

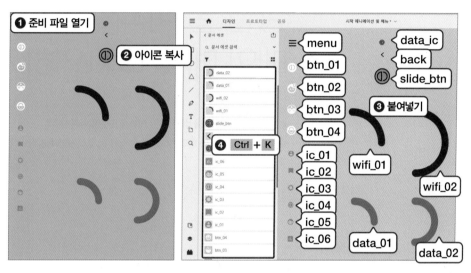

TIP 이렇게 등록한 아이콘은 구성 요소 편집을 위해 아트보드 바깥쪽에 배치해둡니다. 각 아이콘은 최초 구성 요소로 등록해두었으므로 메인 구성 요소(마스터 구성 요소)가 됩니다.

05 ① 사각형 도구 □ 로 일곱 개의 색상 바를 만듭니다. ② 다음 표를 참고하여 각 색상 바의 채우기 색상을 적용합니다. ③ 선택 도구 ▶ 로 각 색상 바를 선택하고 Shift + Ctrl + C 를 눌러 [문서 에셋]-[색상]에 등록합니다. ④ 일곱 개의 색상을 차례대로 등록합니다.

#FBE400 : 전체 아트보드 배경 색상
#FABE00 : 주요 포인트 색상
#E4007F : 와이파이 포인트 색상
#2EA7E0 : 데이터 포인트 색상
#3A180C : 타이틀 및 활성화 색상
#404040 : 본문 텍스트 색상
#B4B4B5 : 비활성화 색상

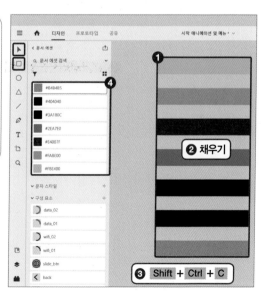

STEP **02**

상단 툴 바와
메인 메뉴 디자인하기

메인 페이지는 상단 툴 바와 메인 메뉴로 구성합니다. 시작
애니메이션이 적용될 페이지이므로 규격에 맞게 디자인해야 합니다.

main_start 페이지의 상단 툴 바 디자인하기

01 상단 툴 바는 메뉴와 데이터 정보로 구성되어 있습니다. ①아트보드 이름을 클릭하고 ②
[채우기]를 #FBE400으로 설정합니다. [문서 에셋]-[색상]에서 [#FBE400]을 선택해도
됩니다.

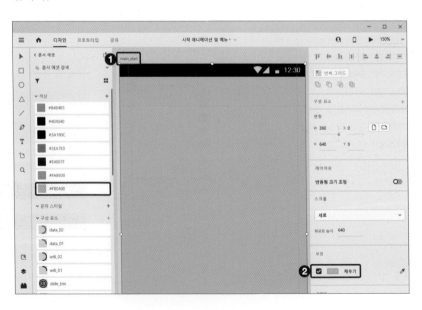

02 ①[문서 에셋]–[구성 요소]에서 [menu]를 가져와 툴 바 왼쪽에 배치합니다. ②사각형 도구□로 툴 바 오른쪽에 코인 수치를 보여주는 코인 영역을 만듭니다. ③다음 표를 참고하여 사각형의 크기와 스타일 등을 지정합니다.

> **[menu]–[X]** : 4, **[Y]** : 28
> **사각형–[W]** : 120, **[H]** : 32, **[X]** : 224, **[Y]** : 36, **[채우기]** : #FFFFFF, **[테두리]** : 해제,
> **[모퉁이 반경]** : 12

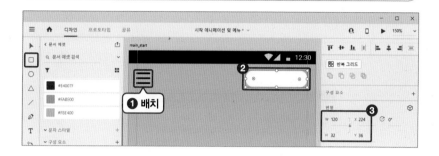

03 ①텍스트 도구**T**로 **데이터/코인**, 123을 입력합니다. ②다음 표를 참고하여 문자 스타일과 위치를 지정합니다. ③[문서 에셋]–[구성 요소]에서 [data_ic]를 가져와 배치합니다. ④선 도구☑로 툴 바 아래에 가로 선을 그리고 선의 위치와 색상 등을 지정합니다.

> **문자 스타일** : Noto Sans, Bold, 16, #3A180C, **[X]** : 72, **[Y]** : 41
> **[data_ic]–[X]** : 232, **[Y]** : 43
> **문자 스타일** : Noto Sans, Medium, 16, #3A180C, **[X]** : 271, **[Y]** : 41
> **가로 선–[W]** : 328, **[H]** : 0, **[크기]** : 1, #3A180C, **[X]** : 16, **[Y]** : 80

내부 인스턴스를 활용한 메인 메뉴 디자인하기

04 [구성 요소]에서 [btn_01], [btn_02], [btn_03], [btn_04]를 가져와 툴 바 아래에 배치합니다.

> **[btn_01]-[X]** : 32, **[Y]** : 80
> **[btn_02]-[X]** : 115, **[Y]** : 80
> **[btn_03]-[X]** : 197, **[Y]** : 80
> **[btn_04]-[X]** : 280, **[Y]** : 80

> **TIP** 메인 메뉴와 같이 On/Off로 구성된 메뉴는 [구성 요소]의 내부 인스턴스를 활용하여 쉽게 변경할 수 있습니다. 먼저 각 메뉴들의 위치를 잡고 하나씩 내부 인스턴스를 추가합니다.

05 ① 선택 도구 ▶로 첫 번째 메뉴인 btn_01 아이콘을 선택합니다. ② 속성 관리자의 [구성 요소(인스턴스)] 항목의 편집 ✎을 클릭합니다.

06 ①새 작업 창이 열리고 메인 구성 요소(마스터 구성 요소)만 표시됩니다. ②속성 관리자의 [구성 요소(메인)]의 상태 추가 ➕를 클릭하고 ③[새 상태]를 선택합니다. ④추가된 상태의 이름을 on으로 변경합니다.

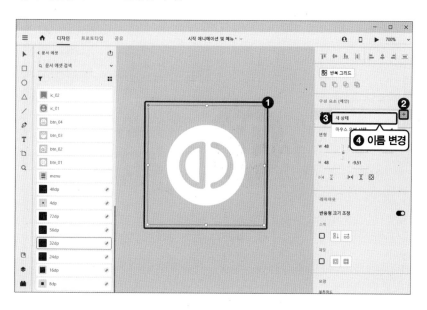

07 ①[on] 구성 요소가 선택된 상태에서 ②아이콘을 더블클릭하여 구성 요소 안으로 들어갑니다.

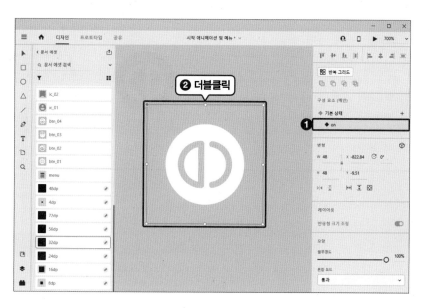

08 ①아이콘을 선택하고 ②[문서 에셋]−[색상]에서 [#3A180C]를 선택합니다. ③아트보드의 빈 공간(페이스트 보드)을 더블클릭하여 구성 요소 밖으로 나옵니다.

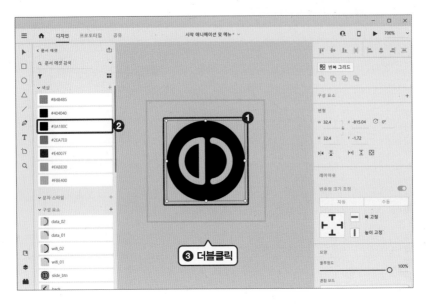

10 년차 선배의 멘토링 [btn_01] 구성 요소의 기본 상태와 on 상태

하나의 구성 요소에 내부 인스턴스를 추가하면 두 개의 디자인으로 표현할 수 있습니다.

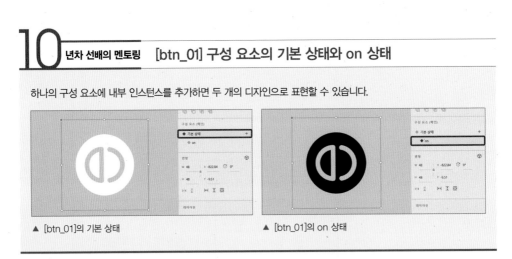

▲ [btn_01]의 기본 상태   ▲ [btn_01]의 on 상태

09 ①구성 요소 [btn_01]의 두 가지 상태를 만든 것과 같은 방법(**05-08** 과정)으로 [btn_02], [btn_03], [btn_04]도 내부 인스턴스를 추가합니다. ②각 구성 요소의 [기본 상태]와 [on]을 선택해 원하는 메뉴 선택 화면을 만들어봅니다.

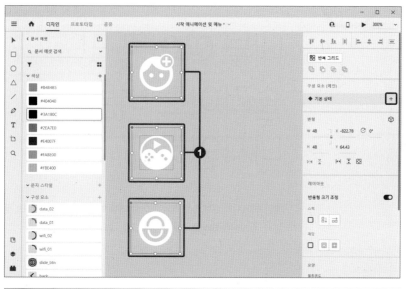

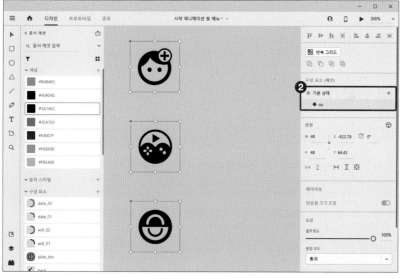

내부 아이콘 및 슬라이드 버튼 디자인하기

메인 페이지의 콘텐츠 영역에 들어갈 내부 아이콘과 원형 그래프, 정보 표시, 슬라이드 버튼을 디자인해봅니다.

내부 아이콘 만들기

01 ① 타원 도구 ◯ 로 와이파이 아이콘을 그리고 ② 텍스트 도구 T 로 Wifi를 입력합니다. ③ 다음 표를 참고하여 아이콘의 크기와 위치, 문자 스타일, 색상 등을 지정합니다.

> **타원-[W]** : 24, **[H]** : 24, **[채우기]** : #E4007F, **[테두리]** : #FFFFFF, **[크기]** : 2, **[X]** : 44, **[Y]** : 144
> **문자 스타일** : Noto Sans, Bold, 16, #3A180C, **[X]** : 41, **[Y]** : 176

02 ①타원 도구 ◯ 로 데이터 아이콘을 그리고 ②텍스트 도구 T 로 **Data**를 입력합니다. ③
다음 표를 참고하여 아이콘의 크기와 위치, 문자 스타일, 색상 등을 지정합니다.

> **타원—[W]** : 24, **[H]** : 24, **[채우기]** : #2EA7E0, **[테두리]** : #FFFFFF, **[크기]** : 2,
> **[X]** : 292, **[Y]** : 144
> **문자 스타일** : Noto Sans, Bold, 16, #3A180C, **[X]** : 285, **[Y]** : 176

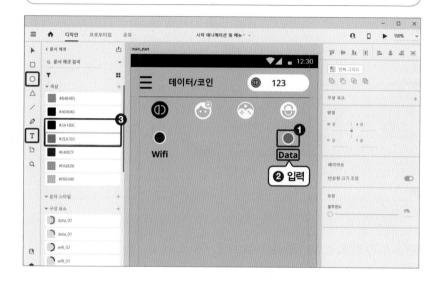

원형 그래프 만들기

03 ①아트보드 바깥쪽에 배치해두었던 wifi_01 아이콘과 wifi_02 아이콘을 Ctrl 을 누른 채
선택합니다. ②가운데 정렬(가로) ✚, 가운데 정렬(세로) ➕ 를 클릭합니다.

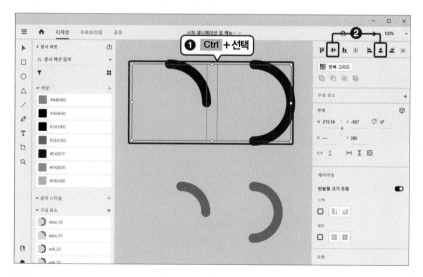

TIP 시작 애니메이션에서 가장 핵심적인 기능인 원형 그래프를 제작하는 과정입니다. 최초 기본 상태에서 현재 데이터 사용량만큼
그래프와 수치가 바뀌는 애니메이션을 구현해봅니다.

04 ① **Ctrl** 을 누른 채 data_01 아이콘과 data_02 아이콘을 선택합니다. ②가운데 정렬(가로) ⯐ , 가운데 정렬(세로) ⯐ 를 클릭합니다.

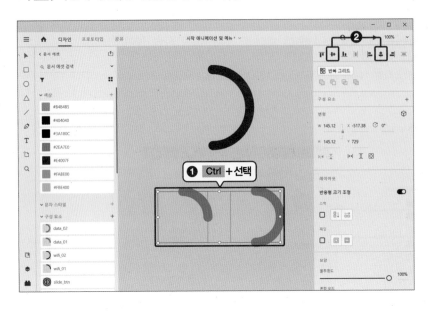

05 ① **Ctrl** 을 누른 채 모든 아이콘(wifi_01, wifi_02, data_01, data_02)을 선택합니다. ② 가운데 정렬(가로) ⯐ , 가운데 정렬(세로) ⯐ 를 클릭합니다. ③아트보드의 빈 공간(페이스트 보드)을 더블클릭하여 구성 요소 밖으로 나옵니다.

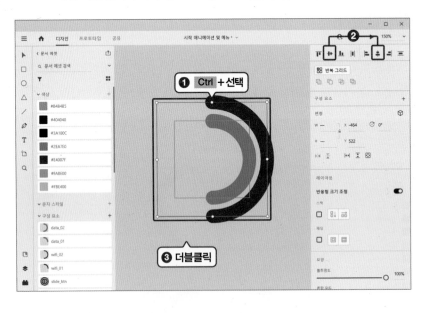

06 다음 표를 참고하여 완성한 원형 그래프 전체를 main_start 아트보드 가운데에 배치합니다.

> **[X]** : 72, **[Y]** : 224

데이터 수치 입력하기

07 ①텍스트 도구 T로 아트보드 바깥쪽에 0부터 9까지의 숫자를 세로로 입력합니다. ②다음 표를 참고하여 문자 스타일을 지정합니다.

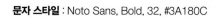

> **문자 스타일** : Noto Sans, Bold, 32, #3A180C

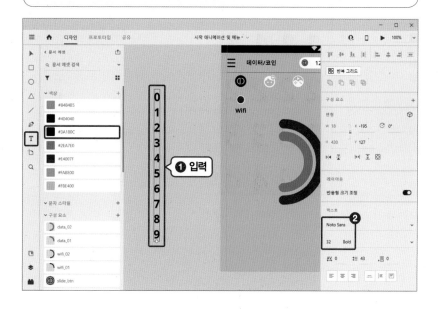

08 ① Alt 를 누른 채 드래그하여 텍스트를 세 번 복사합니다. ②이때 텍스트 간의 간격은 8dp로 설정합니다.

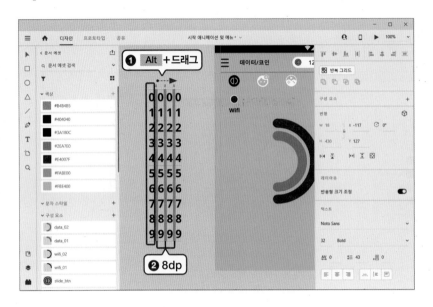

09 ①사각형 도구□로 숫자 '0'만 가리는 크기의 사각형을 만듭니다. ②선택 도구▶로 사각형과 숫자를 모두 선택하고 ③마우스 오른쪽 버튼을 클릭하여 [모양으로 마스크 만들기]를 선택합니다.

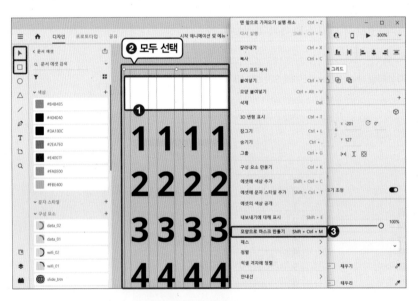

TIP [모양으로 마스크 만들기] 메뉴의 단축키는 Shift + Ctrl + M 입니다.

10 다음 표를 참고하여 마스크가 적용된 숫자 그룹을 원형 그래프 안쪽에 배치합니다.

[X] : 128, **[Y]** : 316

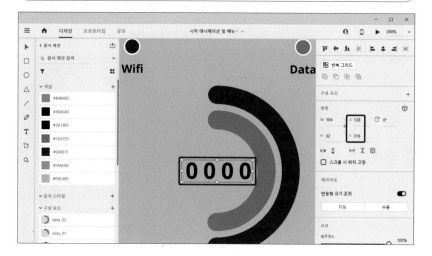

> **TIP** 모양으로 마스크 만들기 기능은 가장 위에 있는 모양을 기준으로 아래에 있는 이미지에 마스크가 적용됩니다. 마스크를 해제하려면 `Shift` + `Ctrl` + `G` 를 누릅니다. 이 과정은 시작 애니메이션 시 숫자가 바뀌는 애니메이션에 사용됩니다.

정보 표시 입력하기

11 ① `Alt` 를 누른 채 드래그하여 숫자 그룹을 세 번 복사합니다. ②다음 표를 참고하여 차례대로 각 숫자 그룹의 크기와 위치를 지정합니다.

ⓐ-**[W]** : 80, **[H]** : 24, **[X]** : 32, **[Y]** : 486
ⓑ-**[W]** : 80, **[H]** : 24, **[X]** : 140, **[Y]** : 486
ⓒ-**[W]** : 80, **[H]** : 24, **[X]** : 248, **[Y]** : 486

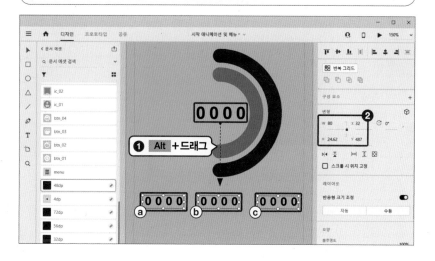

12 ①텍스트 도구 T로 **전체 사용, Wifi, Data**를 입력합니다. ②다음 표를 참고하여 차례대로 문자 스타일, 위치를 지정합니다.

> (a)–**문자 스타일** : Noto Sans, Medium, 16, #3A180C, **[X]** : 39, **[Y]** : 512
> (b)–**문자 스타일** : Noto Sans, Medium, 16, #3A180C, **[X]** : 166, **[Y]** : 512
> (c)–**문자 스타일** : Noto Sans, Medium, 16, #3A180C, **[X]** : 272, **[Y]** : 512

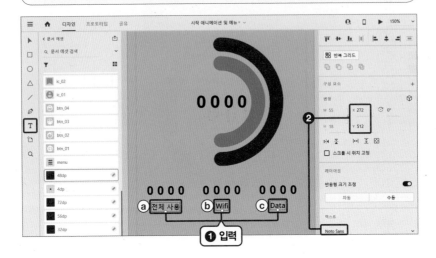

슬라이드 버튼 디자인하기

13 ①사각형 도구 □로 슬라이드 버튼 배경을 만듭니다. ②다음 표를 참고하여 사각형의 크기와 위치, 색상을 지정합니다.

> **[W]** : 328, **[H]** : 56, **[X]** : 16, **[Y]** : 568, **[모퉁이 반경]** : 28, **[채우기]** : #FFFFFF,
> **[테두리]** : #3A180C, **[테두리]–[크기]** : 2

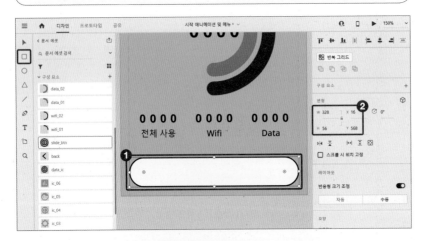

TIP 슬라이드 버튼은 데이터 및 코인을 적립하는 인터랙션입니다. iPhone의 '밀어서 잠금 해제'와 같이 오른쪽으로 슬라이드하면 다시 원위치로 돌아오는 애니메이션에 사용합니다.

14 ① 사각형 도구□로 슬라이드 버튼 배경 위에 동일한 크기의 사각형을 하나 더 만듭니다.

② 다음 표를 참고하여 사각형의 크기와 위치, 색상을 지정합니다.

> **[W]** : 328, **[H]** : 56, **[X]** : 16, **[Y]** : 568, **[모퉁이 반경]** : 28, **[채우기]** : #3A180C,
> **[테두리]** : 해제

15 14 과정에서 만든 사각형의 크기를 줄여 버튼으로 만듭니다.

> **[W]** : 56, **[H]** : 56, **[X]** : 16, **[Y]** : 568

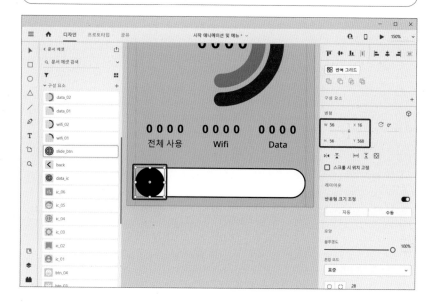

16 ①[문서 에셋]−[구성 요소]에서 [slide_btn]을 가져와 슬라이드 배경 상자 왼쪽에 배치합니다. ②다음 표를 참고하여 아이콘의 정확한 위치를 지정합니다.

[X] : 16, [Y] : 568

TIP 15 과정에서 만든 버튼은 slide_btn 아이콘을 오른쪽으로 슬라이드할 때 나머지 부분을 채워주는 역할을 합니다.

STEP

04

시작 애니메이션과
슬라이드 효과의
프로토타입 제작하기

main_01 아트보드는 main_start 아트보드를 복사하여 사용합니다.
현재 상태의 정보를 보여주는 화면임과 동시에 메뉴를 보여주므로
main_01_menu 아트보드와 슬라이드 버튼 애니메이션을 적용할
main_01_slide 아트보드와도 연결합니다.

PROJECT 04 시작 애니메이션 효과의 메인 페이지 디자인

main_01 아트보드 페이지 디자인하기

01 ① Alt 를 누른 채 main_start 아트보드 이름을 클릭하여 아트보드를 복사합니다. ②복사한 아트보드 이름을 더블클릭하고 ③main_01로 변경합니다.

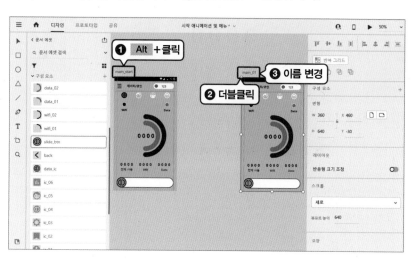

02 ①선택 도구 ▶로 main_01 아트보드의 ②wifi_02 아이콘을 선택하고 [변형] 항목에서 회전값을 90으로 설정합니다. data_02 아이콘을 선택하고 [변형] 항목에서 회전값을 60으로 설정합니다.

> **TIP** main_start 아트보드의 아이콘 회전값과 main_01 아트보드의 회전값 차이만큼 애니메이션이 발생합니다. 회전값은 원하는 만큼 다르게 적용할 수 있습니다.

03 그래프 가운데 있는 숫자 그룹을 더블클릭하여 구성 요소 안으로 들어갑니다.

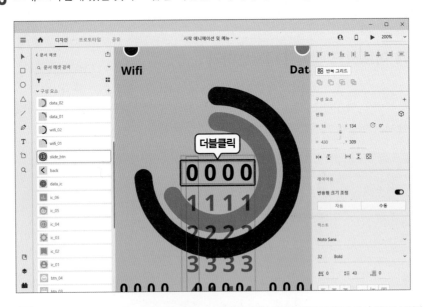

> **TIP** 숫자 그룹은 마스크가 적용된 상태입니다. 마스크가 적용된 이미지를 더블클릭하여 그룹(구성 요소) 안으로 들어가면 마스크가 적용되지 않은 상태가 됩니다. 이때 오브젝트를 수정한 후 아트보드 빈 공간(페이스트 보드)을 더블클릭하여 마스크 그룹 밖으로 나오면 다시 마스크가 적용된 상태가 됩니다.

04 ① 각 숫자를 위아래로 조절하여 마스크 사각형 영역 안에 원하는 수치를 만듭니다. ② 아트보드의 빈 공간(페이스트 보드)을 더블클릭하여 구성 요소 밖으로 나옵니다.

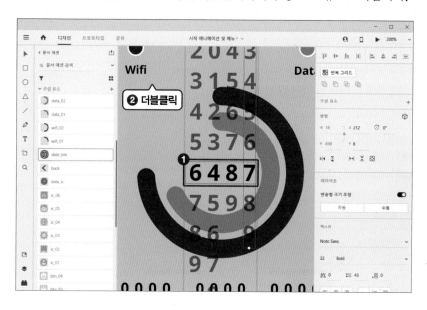

05 03~04 과정처럼 나머지 데이터 수치도 임의로 수정합니다.

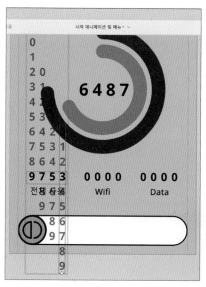

메인 아트보드에 시작 애니메이션 연결하기

06 main_start 아트보드에서 main_01 아트보드로 넘어오는 애니메이션을 제작해봅니다. ①[프로토타입]을 클릭하여 프로토타입 모드로 이동합니다. ②main_start 아트보드의 이름을 클릭하고 ③인터랙션 연결 위젯 ◎을 main_01 아트보드에 연결합니다. ④다음 표를 참고하여 인터랙션 항목을 설정합니다.

> **[트리거]** : [시간], [1초]
> **[유형]** : [자동 애니메이트]
> **[대상]** : [main_01], [스냅], [1초]

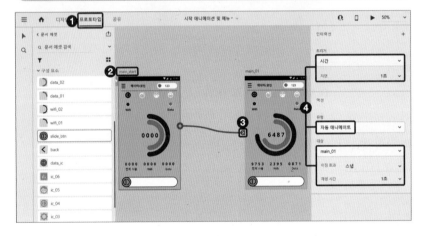

07 데스크톱 미리 보기 ▶ 또는 Ctrl + Enter 를 눌러 완성된 프로토타입을 확인합니다. main_start 아트보드가 실행되고 1초 후 자동으로 main_01 아트보드로 넘어가는 애니메이션이 구현됩니다. 이때 원형 그래프와 각각의 수치 정보가 변하는 애니메이션이 동시에 구현됩니다.

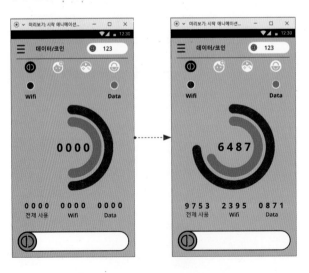

슬라이드 버튼 인터랙션 제작하기

08 ①[디자인]을 클릭하여 디자인 모드로 이동합니다. ② `Alt` 를 누른 채 main_01 아트보드 이름을 클릭해 아트보드를 복사합니다. ③복사한 아트보드 이름을 더블클릭하고 ④ main_01_slide로 변경합니다.

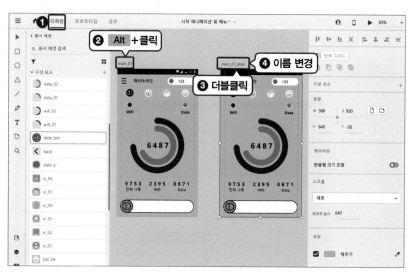

> **TIP** 슬라이드 버튼은 데이터 및 코인을 적립하는 인터랙션으로 iPhone의 '밀어서 잠금 해제'와 같이 오른쪽으로 슬라이드하면 다시 원위치로 돌아오는 애니메이션에 사용합니다. main_01_slide 아트보드에 자동 애니메이트를 적용합니다.

09 다음 표를 참고하여 main_01_slide 아트보드의 slide_btn 아이콘의 위치와 내부 사각형의 크기를 변경합니다.

> **[slide_btn]—[X]** : 288, **[Y]** : 568
> **사각형—[W]** : 328, **[H]** : 56, **[X]** : 16, **[Y]** : 568

10 ①[프로토타입]을 클릭하여 프로토타입 모드로 이동합니다. ②main_01 아트보드의 slide_btn 아이콘을 클릭하고 ③인터랙션 연결 위젯 을 main_01_slide 아트보드에 연결합니다. ④다음 표를 참고하여 인터랙션 항목을 설정합니다.

> **[트리거]** : [드래그]
> **[유형]** : [자동 애니메이트]
> **[대상]** : [main_01_slide], [없음]

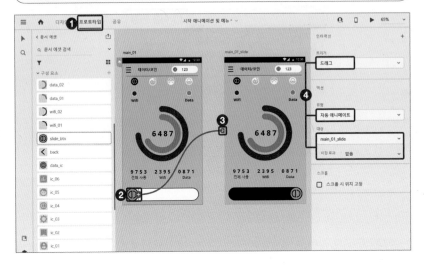

11 ①main_01_slide 아트보드 이름을 클릭하고 ②인터랙션 연결 위젯 을 main_01 아트보드에 연결합니다. ③다음 표를 참고하여 인터랙션 항목을 설정합니다.

> **[트리거]** : [시간], [0초]
> **[유형]** : [자동 애니메이트]
> **[대상]** : [main_01], [없음], [0.4초]

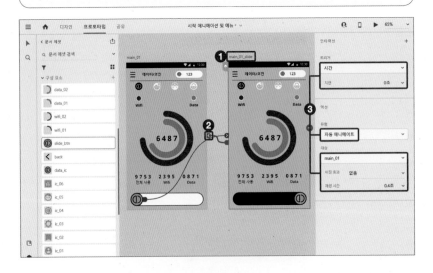

12 데스크톱 미리 보기 ▶ 또는 Ctrl + Enter 를 눌러 완성된 프로토타입을 확인합니다. slide_btn 아이콘을 오른쪽으로 슬라이드(드래그)하면 main_01_slide 아트보드로 자동 애니메이트되어 보여주고, slide_btn 아이콘을 놓으면 다시 main_01 아트보드로 넘어갑니다.

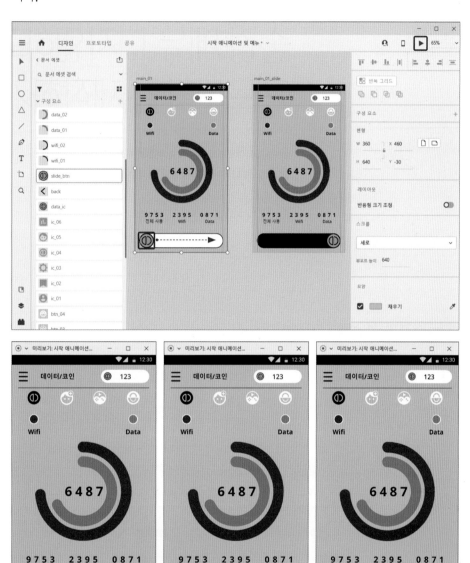

슬라이드(드래그)

STEP 05

숨김 메뉴 디자인하고
프로토타입 제작하기

main_01 아트보드에서 메뉴 버튼을 클릭(탭)하면 왼쪽에서
슬라이드로 나타나는 숨김(햄버거) 메뉴를 디자인해봅니다.

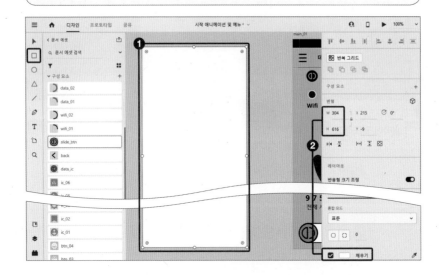

메뉴 배경과 섬네일 디자인하기

01 메뉴 디자인은 main_01 아트보드 바깥쪽에 미리 디자인하여 배치합니다. ①사각형 도구
□로 main_01 아트보드의 왼쪽 바깥쪽에 메뉴 전체 배경을 만듭니다. ②다음 표를 참
고하여 사각형의 크기와 속성을 지정합니다.

[W] : 304, [H] : 616, [채우기] : #FFFFFF, [테두리] : 해제

02 ①사각형 도구□로 메뉴 배경 오른쪽에 사각형을 만들어 붙입니다. ②다음 표를 참고하여 사각형의 크기와 속성을 지정합니다.

> **[W]** : 56, **[H]** : 616, **[채우기]** : #000000, **[테두리]** : 해제, **[불투명도]** : 75%

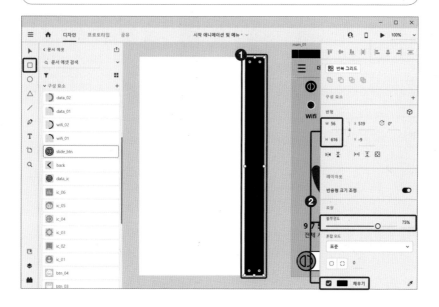

03 ①사각형 도구□로 메뉴 배경 위에 섬네일 배경 영역을 만듭니다. ②다음 표를 참고하여 사각형의 크기와 속성을 지정합니다.

> **[W]** : 304, **[H]** : 200, **[채우기]** : #FBE400, **[테두리]** : 해제

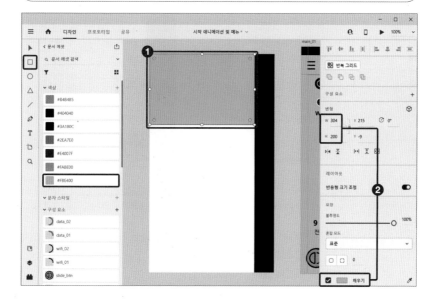

04 ①[문서 에셋]–[구성 요소]에서 [back]을 아트보드로 가져오고 ② 왼쪽 상단에 배치합니다.

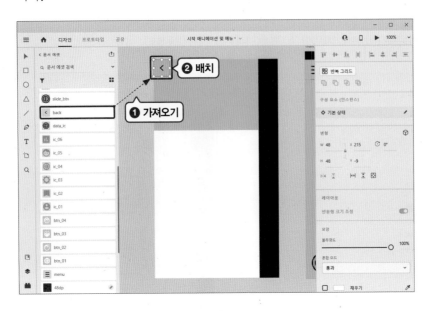

05 ①타원 도구⬭로 섬네일이 들어갈 정원을 만듭니다. ②다음 표를 참고하여 크기와 위치, 색상 등을 지정하고 테두리 스타일을 적용합니다.

> **[W]** : 96, **[H]** : 96, **[채우기]** : #FFFFFF, **[테두리]** : #FFFFFF,
> **[테두리]–[크기]** : 2, **[바깥쪽 선]**, **[그림자]–[X]** : 0, **[Y]** : 3, **[B]** : 6

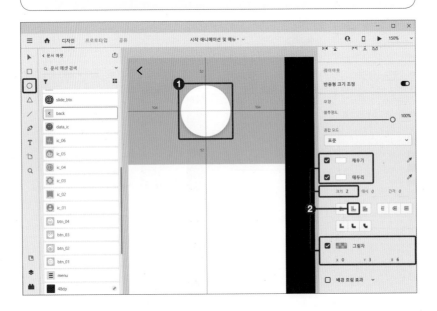

06 ①UI Face 플러그인을 적용하여 섬네일 배경 가운데에 배치합니다. ②텍스트 도구 T 로 임의의 닉네임을 입력하고 ③다음 표를 참고하여 문자 스타일과 위치를 지정합니다.

> **문자 스타일** : Noto Sans, Medium, 16, #3A180C, 섬네일 배경과 섬네일 중간에 배치

> TIP 플러그인 설치에 대한 자세한 내용은 이 책의 167쪽(플러그인 및 UI-Kit 활용)을 참고합니다.

메뉴 아이콘과 리스트 디자인하기

07 ①Android UI-Kit의 [56dp] 구성 요소를 가져와 섬네일 배경 아래에 배치합니다. ②선 도구 / 로 56dp 간격에 맞추어 가로 선을 만듭니다. ③다음 표를 참고하여 선의 크기와 테두리를 지정합니다.

> **[W]** : 272, **[H]** : 0, **[테두리]** : #B4B4B5, **[크기]** : 1

> TIP 콘텐츠 내부의 아이콘 간격과 위치 등은 미리 만들어둔 Android UI-Kit의 크기별 사각형 구성 요소를 이용해 배치합니다. 모든 배치가 끝나면 크기별 사각형 구성 요소는 삭제합니다.

08 ①[문서 에셋]-[구성 요소]에서 [ic_01]을 가져와 배치하고 ②텍스트 도구 **T** 로 **내 프로필 설정**을 입력합니다. ③다음 표를 참고하여 아이콘의 위치와 문자 스타일, 문자 위치를 지 정합니다.

> **[Ic_01]** : 왼쪽에서 16dp만큼 간격
> **문자 스타일** : Noto Sans, Medium, 14, #404040, ic_01 아이콘에서 16dp만큼 간격

> **TIP** 아트보드 바깥쪽은 위치 좌표가 상대적으로 적용되므로 [X], [Y]로 위치를 지정하지 않고 Android UI-Kit의 크기별 사각형 구성 요소를 이용해 간격을 배치합니다.

09 ① **Shift** 를 누른 채 ic_01 아이콘, 텍스트, 선을 모두 선택합니다. ②[반복 그리드]를 클릭 하고 ③그리드 위젯을 아래로 드래그하여 여섯 개의 리스트를 만듭니다. ④[그리드 그룹 해제]를 클릭해 반복 그리드를 해제합니다.

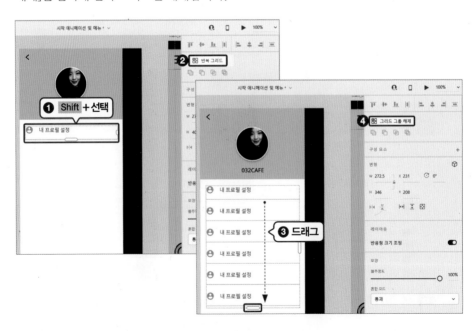

10 ①[문서 에셋]-[구성 요소]에서 [ic_02]를 드래그해 두 번째 아이콘에 가져갑니다. ②아이콘 색이 파랗게 바뀌면서 구성 요소가 변경됩니다.

11 **10** 과정과 같은 방법으로 나머지 아이콘도 순서대로 변경합니다.

12 텍스트 도구 T로 텍스트를 수정합니다.

13 ①완성된 메뉴를 main_01 아트보드 왼쪽에 정확히 붙입니다. ②메뉴 전체와 main_01 아트보드의 menu 아이콘을 함께 선택하고 Ctrl + G 를 눌러 그룹으로 지정합니다. ③ Shift + Ctrl +] 를 눌러 그룹 오브젝트 위치를 레이어 맨 위로 옮깁니다.

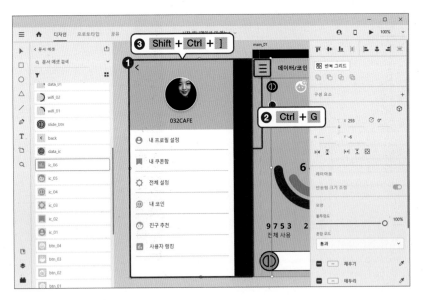

TIP 메뉴가 나오는 자동 애니메이트를 적용하려면 main_01 아트보드 바깥쪽에 있는 메뉴 디자인도 main_01 아트보드에 포함해야 합니다. 따라서 내부에 있는 menu 아이콘과 함께 그룹으로 지정합니다.

메뉴 슬라이드 효과의 프로토타입 제작하기

14 ① Alt 를 누른 채 main_01 아트보드 이름을 클릭해 아트보드를 복사합니다. ②복사한
아트보드 이름을 더블클릭하고 ③main_01_menu로 변경합니다.

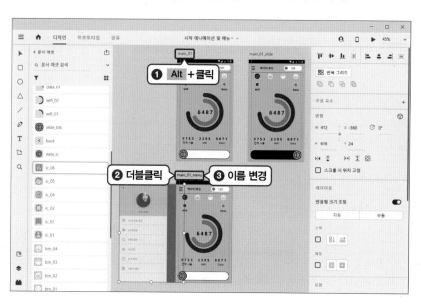

15 main_01_menu 아트보드의 메뉴 그룹을 화면 가운데로 옮겨 메인 디자인 전체를 덮습
니다.

16 ①[프로토타입]을 클릭하여 프로토타입 모드로 이동합니다. ②main_01 아트보드의 메뉴 그룹을 더블클릭하고 menu 아이콘을 선택합니다. ③인터랙션 연결 위젯◙을 main_01_menu 아트보드에 연결합니다. ④다음 표를 참고하여 인터랙션 항목을 설정합니다.

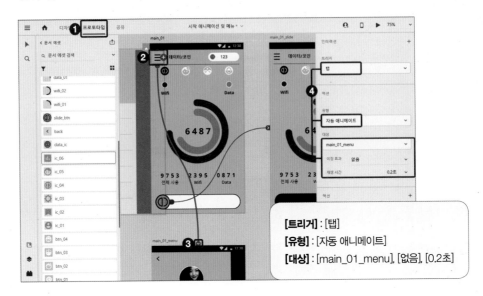

[트리거] : [탭]
[유형] : [자동 애니메이트]
[대상] : [main_01_menu], [없음], [0.2초]

17 ①main_01_menu 아트보드의 그룹을 더블클릭하여 back 아이콘을 선택합니다. ②인터랙션 연결 위젯◙을 main_01 아트보드에 연결합니다. ③다음 표를 참고하여 인터랙션 항목을 설정합니다.

[트리거] : [탭]
[유형] : [자동 애니메이트]
[대상] : [main_01], [없음], [0.2초]

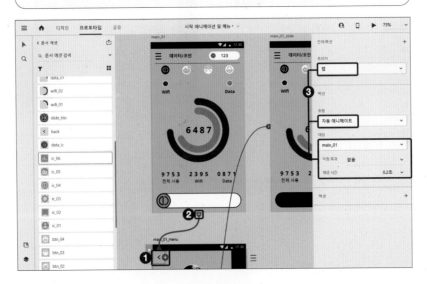

18 데스크톱 미리 보기 ▶ 또는 Ctrl + Enter 를 눌러 완성된 프로토타입을 확인합니다. main_01 아트보드의 menu 아이콘을 클릭(탭)하면 main_01_menu 아트보드로 자동 애니메이트되어 메뉴가 나타나고, 다시 main_01_menu 아트보드의 back 아이콘을 클릭(탭)하면 메뉴가 들어가고 main_01 아트보드가 나옵니다.

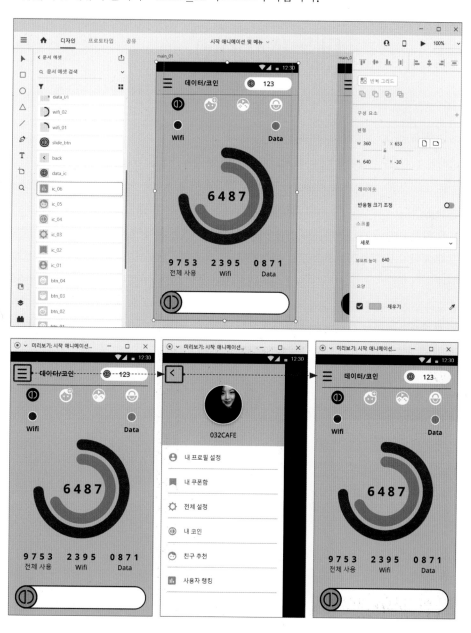

앱 UI 디자인의
메뉴(Menu)

숨김 메뉴에 오버레이 효과 적용하기

모바일 앱 UI를 디자인할 때 왼쪽 상단에 배치하는 메뉴가 있습니다. 선 세 개가 겹쳐져 있는 메뉴로, 그 모양이 햄버거와 비슷하다고 하여 햄버거 메뉴라고 부르지만, 정식 명칭은 Menu 또는 bars입니다.

보통 왼쪽 상단에 배치하며 서비스를 사용하는 주요 기능 외에 서비스 운영에 필요한 설정, 사용자 페이지 등 부수적인 기능으로 구성합니다. 최근 UX 트렌드인 '태스크 기반 UI 설계'의 포인트는 사용자가 주요 기능과 주요 태스크를 보여주는 메인 화면을 벗어나지 않고 집중하도록 유도하는 것입니다. 특히 숨김 메뉴가 나타날 때 메인 화면 전체를 덮지 않고 메인 화면으로 다시 복귀하고 집중할 수 있게 설계합니다.

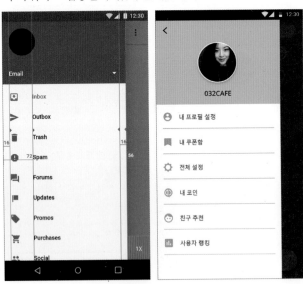

▲ stickersheet–components(Android 테마 이전 버전)

Android에서는 이런 숨김 메뉴가 메인 화면을 다 덮지 않는 최적의 수치를 56dp로 설정합니다. 56dp 만큼의 여백을 오버레이하여 메인 화면을 보여줌으로써 사용자는 주요 기능을 담고 있는 메인 화면으로 복귀하고 집중할 수 있습니다.

그리드 시스템을 이용한 반응형 UI 디자인 web

반응형 UI는 대부분 모바일 웹 또는 반응형(RWD), 적응형 (AWD)으로 구성되어 있어 네이티브 앱처럼 특정 단말기 를 정하지 않고 모바일 대표 해상도로 제작합니다. 반응형 UI 제작에 필요한 모바일 해상도 기준과 특징을 살펴본 후 그리드 시스템을 이용해 반응형 UI를 설계, 디자인해봅 니다.

PREVIEW

서비스명	모히톡&스티커 팜
제작 운영체제	웹 기반의 모바일 웹&웹
제작 해상도	모바일 360×640px, 태블릿 1024×768px, 웹 1280×800px
제작 언어	한글

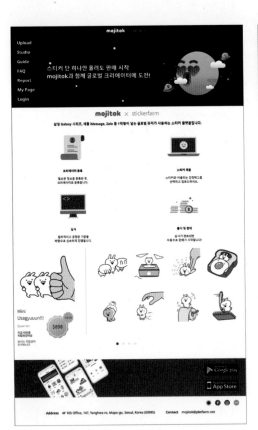

▲ 태블릿 UI(tablet_UI)

▲ 웹 UI(web_UI)

#반응형 UI 디자인

#태블릿 반응형 메뉴

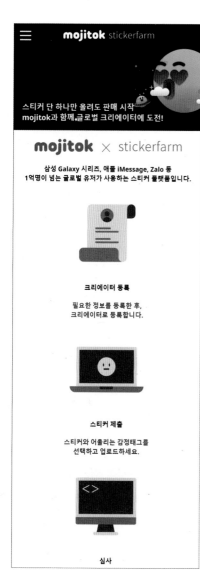

#모바일 UI

#모바일 메뉴

▲ 모바일 UI(mobile_UI)

DESIGN GUIDE

반응형 UI 제작을 위한 모바일(스마트폰), 태블릿, 웹 해상도

반응형 UI는 대부분 모바일 웹 또는 웹앱을 기준으로 제작합니다. 운영체제와 상관없이 어느 단말기에서도 볼 수 있도록 제작 전에 최적화된 해상도를 설정하여 제작해야 합니다. 단, 반응형 UI를 제작하려면 단말기 해상도와 더불어 태블릿과 웹의 해상도까지 함께 고려해야 합니다.

주요 태블릿	해상도(DP/Point)
iPad, Nexus 9	1024×768
iPad Pro 10.5″	1112×834
iPad Pro 11″	834×1194
iPad Pro 12.9″	1366×1024
Samsung Galaxy Tab 10	1280×800
Surface Pro 3	1440×1280
Surface Pro 4, 5, 6	1368×912

▲ 주요 태블릿 해상도

크기별 웹	해상도(Pixel)
기본	1024×768
저해상도	1280×800
중간 해상도	1336×768
고해상도	1920×1080

▲ 주요 웹 해상도

TIP 이 책의 88~100쪽(모바일 해상도)을 참고하여 Android 주요 단말기 해상도와 iOS 주요 단말기 해상도를 확인합니다.

모바일, 태블릿, 웹의 해상도는 서로 다릅니다. 가장 많이 사용하는 반응형 크기는 사용자가 직접 정합니다. 스마트폰과 태블릿은 표현 해상도(Dp/Point)를 기준으로 하고, 웹은 픽셀(Pixel)을 기준으로 합니다. 그리고 최근 큰 화면으로 출시된 iPad Pro와 Galaxy Tab 같은 경우에는 태블릿이지만 소형 PC 형태를 따르므로 웹 UI로 구현합니다.

스마트폰과 태블릿은 고해상도 LCD를 사용하므로 실제 픽셀 해상도가 아닌 제작 또는 표현 해상도인 Dp/Point를 기준으로 하고, 웹은 모바일과 1:1 비율로 보이므로 픽셀(Pixel)을 기준으로 합니다. 또한 스마트폰은 세로 기준, 태블릿과 웹은 가로 기준으로 해상도 표를 만들어 사용합니다.

반응형 UI 제작을 위한 해상도 표

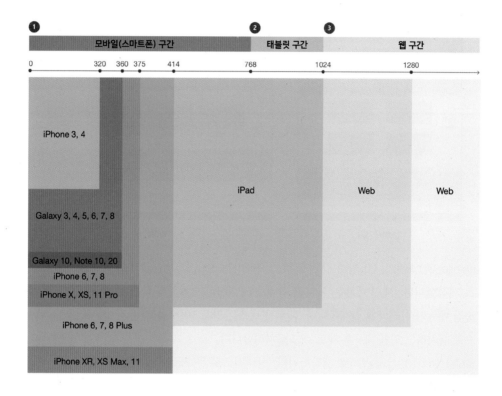

- **모바일(스마트폰) 구간 :** 스마트폰 세로 크기를 기준으로 설정합니다. 스마트폰의 가로는 태블 릿과 UI가 겹치기도 합니다. 일반적으로 360~414px 사이를 모바일 구간으로 설정하여 UI 를 제작합니다.

- **태블릿 구간 :** iPad 가로 크기를 기준으로 설정합니다. 기본 크기는 1024×768px이며 이후 출시된 큰 화면의 태블릿은 소형 PC 형식을 많이 따르므로 보통 웹 UI로 구분합니다.

- **웹 구간 :** 웹은 사용자의 모니터를 기준으로 많이 정하는데, 사용자의 모니터 기준은 각기 다 르므로 보통 1024px보다 큰 화면을 웹으로 설정합니다. 주의할 점은, 웹도 1024px과 같 은 저해상도 모니터를 사용하는 경우가 있으므로 1024px 크기에도 적합한 UI를 설계해 야 합니다.

반응형 UI의 크기 기준은 각 서비스와 디자이너가 정하는 사용자 정의 수치이지 절대적 수치는 아닙니다. 제시된 해상도표는 가장 일반적인 기준을 나타내며, 서비스와 디자이너의 설정에 따 라 반응형 UI 크기를 정하는 수치는 조금씩 달라질 수 있습니다.

DESIGN GUIDE

메인 페이지 디자인 UI

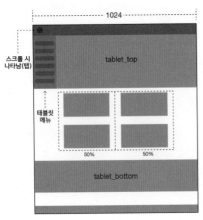

tablet_UI

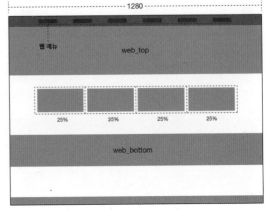

web_UI

- **mobile_UI** : 모바일 UI 설계 시 가장 많이 사용하는 360(375)px 크기로 제작합니다. 메인 메뉴는 아이콘 형태로 표현하고, 클릭(탭)하면 숨김 메뉴가 나타나게 설계합니다. 내부 콘텐츠는 가로 100%를 기준으로 배치하고 전체 내용은 세로 스크롤 처리합니다.
- **tablet_UI** : 1024px 크기로 제작합니다. 상대적으로 큰 가로 화면에 메인 메뉴를 노출하고, 스크롤 시 화면의 효율성을 위해 메인 메뉴는 모바일 UI처럼 클릭(탭) 형태로 바꿉니다. 내부 콘텐츠는 가로 50%를 기준으로 배치합니다.
- **web_UI** : 모니터 해상도(1280×1080px)에 맞추어 1280px 크기로 제작합니다. 가로가 넓은 화면으로 메인 메뉴는 처음부터 노출되게 설계하고 내부 콘텐츠는 가로 25%를 기준으로 배치합니다.

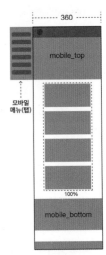

mobile_UI

TIP 가로 1024px과 같은 노트북이나 저해상도 모니터를 사용하는 경우도 많습니다. 그러므로 가로 1280px 또는 1920px과 같은 큰 화면에 UI 설계를 하더라도 1024px까지 사용할 수 있는 UI를 설계해야 합니다.

STEP 01

메인 페이지
UI 디자인 준비하기

반응형 UI는 총 세 가지의 아트보드를 준비합니다. 모바일은
360×640px, 태블릿은 1024×768px, 웹은 1280×800px 크기로
제작합니다. 디자인에 사용할 이미지와 콘텐츠도 각 UI 크기에 맞게
준비합니다.

새 아트보드 만들기

01 ①XD 시작 화면에서 [맞춤형 크기]를 선택하고 **360×640** 크기의 아트보드를 만듭니
다. ②작업 화면이 나타나면 아트보드 이름을 더블클릭하고 ③아트보드 이름을 mobile_
UI로 변경합니다.

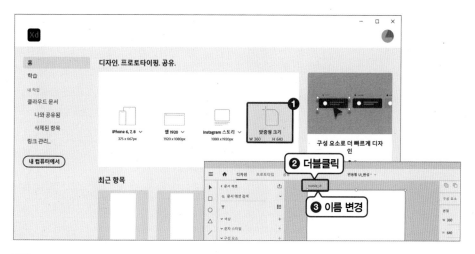

TIP mobile UI는 가로를 360px 크기 기준으로 제작합니다. 세로는 스크롤 처리되므로 콘텐츠의 크기에 따라 아트보드 세로를
늘이며 제작합니다.

02 ①아트보드 도구 🗖를 클릭하고 ②속성 관리자의 [태블릿]에서 [iPad, Nexus 9]을 선택합니다. 새로운 아트보드가 추가됩니다. ③추가된 새 아트보드 이름을 tablet_UI로 변경합니다.

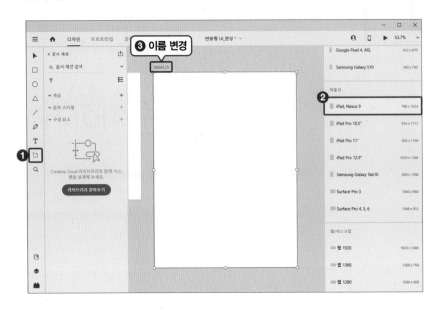

03 속성 관리자의 [변형]에서 가로 🗖를 클릭해 아트보드를 가로 형태로 변경합니다.

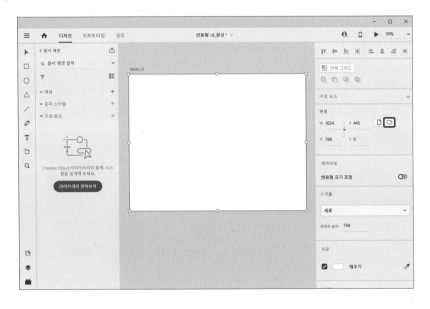

04 ①아트보드 도구 🖼를 클릭하고 ②속성 관리자의 [웹/데스크탑]에서 [웹 1280]을 선택합니다. 새로운 아트보드가 추가됩니다. ③추가된 새 아트보드 이름을 web_UI로 변경합니다.

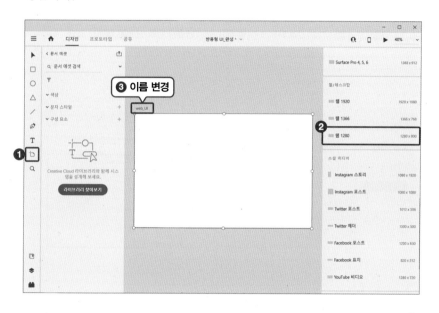

그리드 시스템 적용하기

05 ①mobile_UI 아트보드를 선택하고 ②속성 관리자의 [그리드]-[레이아웃]에 체크합니다. ③다음 표를 참고하여 그리드 시스템을 적용합니다.

> **[열]** : 4, **[간격 폭]** : 16, **[열 폭]** : 70, **[연결된 왼쪽/오른쪽 여백]** : 16

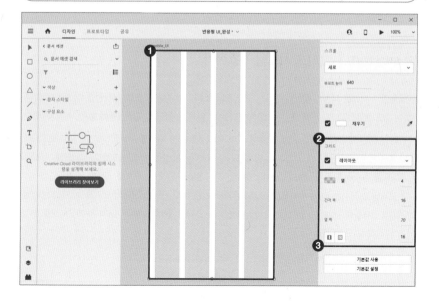

06 **05** 과정처럼 tablet_UI 아트보드와 web_UI 아트보드에도 그리드 시스템을 적용합니다. 다시 그리드 시스템을 해제합니다.

> **tablet_UI 아트보드**—**[열]** : 8, **[간격 폭]** : 32, **[열 폭]** : 92, **[연결된 왼쪽/오른쪽 여백]** : 32
> **web_UI 아트보드**—**[열]** : 16, **[간격 폭]** : 32, **[열 폭]** : 34, **[연결된 왼쪽/오른쪽 여백]** : 128

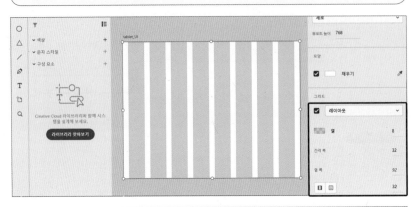

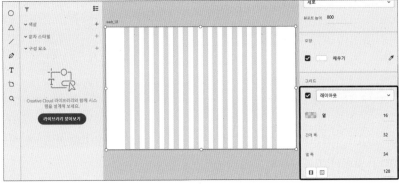

TIP web_UI 아트보드의 가로 크기는 1280px이지만 좌/우에 128만큼 여백을 줬습니다. 저해상도 모니터에서도 정확히 1024px 크기 안에 모든 콘텐츠가 구현될 수 있도록 그리드 시스템을 적용한 것입니다.

10 년차 선배의 멘토링   그리드 시스템 적용하기

반응형 UI는 동일한 서비스를 다른 UI로 설계하고 디자인합니다. 따라서 같은 구조를 디자인할 때 동시에 다른 UI를 모두 디자인하는 것이 효율적입니다. 이때 통일된 레이아웃과 UI를 위해 XD의 그리드 시스템을 활용하는 것이 좋습니다.

실습 예제의 반응형 UI는 모바일 100% 배치, 태블릿 50% 배치, 웹 25% 배치를 사용합니다. 각 아트보드마다 원하는 그리드 시스템을 만들어 적용할 수 있습니다. 반응형 UI는 대부분 모바일 웹 기반으로 제작되므로 Android 및 iOS의 고유 가이드를 정확히 따르지 않아도 됩니다. 하지만 가장 많이 사용하는 수치를 기준으로 그리드를 설정하는 것이 좋습니다. 모바일 UI에서는 좌/우 여백을 16으로 설정하고, 100%의 콘텐츠 하나의 크기를 네 개의 칼럼(열)으로 구분한 그리드입니다. 태블릿 UI는 상대적으로 모바일 화면보다 크므로 좌/우 여백을 16의 두 배인 32로 설정하고, 총 여덟 개의 칼럼(열)으로 구분했습니다.

TIP 아트보드 안내선과 그리드 시스템에 대한 자세한 내용은 이 책의 181쪽을 참고하세요.

반응형 UI 툴 바와 메뉴 디자인하기

반응형 UI는 모바일, 태블릿, 웹에서 메뉴를 보여주는 방식이 다릅니다. 상대적으로 작은 화면의 모바일에서는 네이티브 앱과 같이 클릭(탭) 형태의 메뉴를 제작하고, 태블릿과 웹은 메뉴를 노출시키는 경우가 많습니다.

숨김 메뉴 구성 요소로 내부 인스턴스 추가하기(mobile_UI)

01 모바일 UI에 맞춰 숨김 메뉴가 있는 툴 바를 디자인해봅니다. ①mobile_UI 아트보드에서 사각형 도구□로 툴 바를 만듭니다. ②다음 표를 참고하여 툴 바의 크기와 색상, 위치를 지정하고 ③ Shift + Ctrl + C 를 눌러 [문서 에셋]-[색상]에 등록합니다.

> **[W]** : 360, **[H]** : 44, **[X]** : 0, **[Y]** : 0, **[채우기]** : #130F31, **[테두리]** : 해제

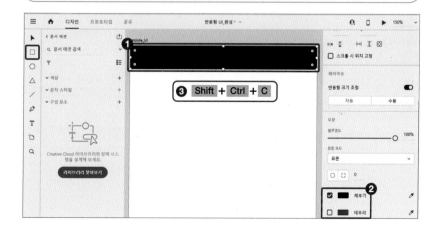

02 ①준비 파일의 반응형 UI 폴더에서 **logo.svg** 이미지를 가져옵니다. ②[X]는 94, [Y]는 11로 설정합니다.

TIP SVG 파일은 벡터 형식의 이미지 파일로, 확대/축소 시에도 이미지가 깨지지 않습니다. 반응형 UI 제작 시 크기 변화가 수시로 이루어지므로 활용하기에 좋습니다. 단, 비트맵 파일에 비해 용량이 커서 단순한 아이콘 표현에 많이 사용합니다.

03 ①준비 파일의 반응형 UI 폴더에서 **menu.svg** 이미지를 가져옵니다. ②메뉴 위치는 [X]는 0, [Y]는 0으로 설정해 툴 바 왼쪽에 배치합니다. ③ Ctrl + K 를 눌러 [문서 에셋]–[구성 요소]에 등록합니다.

TIP [파일]–[가져오기] 메뉴로 가져온 파일을 [구성 요소]로 등록하면 자동으로 구성 요소 이름이 적용됩니다.

주요 메뉴에 마우스 오버 상태 추가하기

04 ① 텍스트 도구 T 로 mobile_UI 아트보드 바깥쪽에 Upload, Studio, Guide, FAQ, Report, My Page, Login을 입력합니다. ② 다음 표를 참고하여 문자 스타일과 간격을 지정합니다.

> **문자 스타일**: Noto Sans, 18, Bold, #FFFFFF
> **간격**: 16

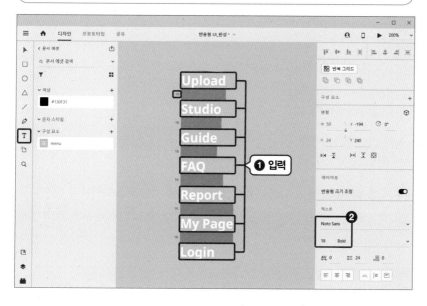

05 ① 선택 도구 ▶ 로 텍스트를 선택하고 ② Ctrl + K 를 눌러 [구성 요소]로 등록합니다. ③ 각 텍스트를 모두 등록하고 [구성 요소] 이름을 각 메뉴명으로 변경합니다.

06 ①선택 도구 ▶로 첫 번째 메뉴 텍스트를 선택합니다. ②속성 관리자의 [구성 요소(메인)] 항목의 상태 추가 ➕를 클릭하고 ③[마우스 오버 상태]를 선택합니다.

07 ①[채우기]를 #FA08E2로 설정하고 ② Shift + Ctrl + C 를 눌러 [문서 에셋]-[색상]에 등록합니다. ③**06** 과정과 같은 방법으로 나머지 메뉴 텍스트도 [마우스 오버 상태]를 추가하고 색상을 바꿉니다.

TIP 각 메뉴에 [기본 상태]와 [마우스 오버 상태]를 추가하면 데스크톱 미리 보기 시 마우스 오버 효과를 확인할 수 있습니다.

구성 요소 인터랙션을 이용해 모바일 메뉴 디자인하기

08 모바일에서 메뉴를 클릭(탭)하면 숨김 메뉴가 나타나는 구성 요소 인터랙션을 제작해봅니다. ①선택 도구▶로 menu 아이콘을 선택합니다. ②속성 관리자의 [구성 요소(메인)] 항목의 상태 추가➕를 클릭하고 ③[마우스 오버 상태]를 선택합니다.

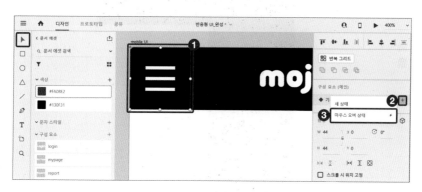

09 ①[마우스 오버 상태]의 이름을 on으로 변경하고 ②[on]을 선택한 상태에서 menu 아이콘을 더블클릭하여 구성 요소 안으로 들어갑니다. ③다음 표를 참고하여 메뉴 바로 아래에 메뉴 배경으로 사용할 사각형을 만듭니다.

[W] : 120, [H] : 300, [X] : 0, [Y] : 44, [채우기] : #130F31, [테두리] : 해제

10 07 과정에서 [마우스 오버 상태]가 추가된 모든 메뉴를 복사하여 메뉴 배경 위에 배치합니다. 이때 모든 메뉴는 [기본 상태]가 되게 합니다.

10 년차 선배의 멘토링   [menu] 구성 요소의 기본 상태와 on 상태

mobile_UI 아트보드의 menu 아이콘은 [기본 상태]와 [on] 상태로 구분되며, 프로토타입 모드에서 [트리거]-[탭]으로 서로 이동하는 인터랙션을 구현할 수 있습니다.

▲ [menu]의 기본 상태   ▲ [menu]의 on 상태

인터랙션 숨김 메뉴의 프로토타입 만들기

11 ①[프로토타입]을 클릭하여 프로토타입 모드로 이동합니다. ②[구성 요소(메인)] 항목의
[기본 상태]를 선택하고 ③다음 표를 참고하여 인터랙션 항목을 설정합니다.

> **[트리거]** : [탭]
> **[유형]** : [자동 애니메이트]
> **[대상]** : [on], [서서히 끝내기], [0.3초]

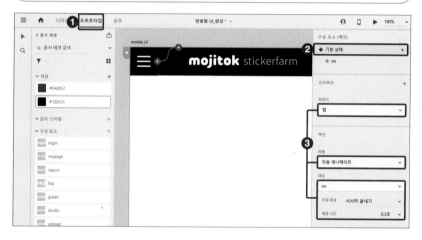

12 ①[구성 요소(메인)] 항목의 [on]을 선택하고 ②인터랙션 추가 ➕ 를 클릭합니다. ③다음
표를 참고하여 인터랙션 항목을 설정합니다.

> **[트리거]** : [탭]
> **[유형]** : [자동 애니메이트]
> **[대상]** : [기본 상태], [서서히 끝내기], [0.3초]

13 [디자인]을 클릭하여 디자인 모드로 이동합니다. 데스크톱 미리 보기 ▶를 클릭하여 프로토타입을 확인합니다. menu 아이콘을 클릭(탭)하면 숨김 메뉴가 나오고 숨김 메뉴 안에 있는 메뉴는 마우스 오버 효과가 적용됩니다. 다시 메뉴를 클릭(탭)하면 숨김 메뉴가 닫힙니다.

TIP 모바일 UI는 기존의 네이티브 앱과 같은 형식의 메인 메뉴를 사용합니다. 단, 태블릿과 웹의 메인 메뉴는 다른 형식으로 구현됩니다.

메뉴 구성 요소로 펼침 메뉴 만들기(tablet_UI)

14 ①tablet_UI 아트보드에서 사각형 도구□로 툴 바를 만듭니다. ②다음 표를 참고하여 툴 바의 크기와 색상, 위치 등을 지정합니다.

> **[W]** : 1024, **[H]** : 44, **[X]** : 0, **[Y]** : 0, **[채우기]** : #130F31, **[테두리]** : 해제

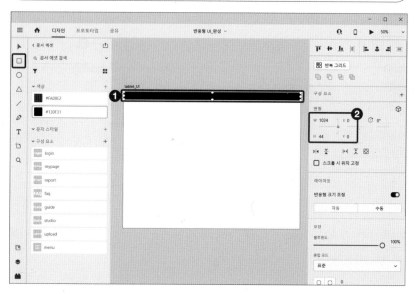

> **TIP** 모바일 UI에서 제작한 menu 구성 요소를 이용해 태블릿 UI 메뉴를 제작합니다. 태블릿 메뉴는 처음에 메뉴 전체가 노출되어 있다가 사용자가 스크롤하면 다시 숨김 메뉴로 바뀌는 인터랙션이 구현됩니다.

15 ①[문서 에셋]–[구성 요소]에서 [logo]를 가져옵니다. ②[X]는 426, [Y]는 11로 설정해 툴 바 중앙에 배치합니다.

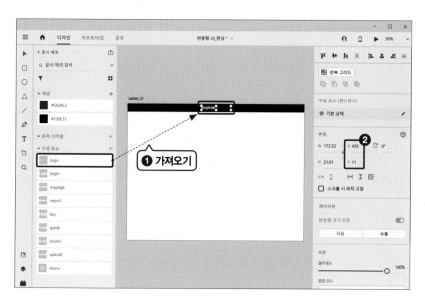

16 ①[문서 에셋]-[구성 요소]에서 [menu]를 가져옵니다. ②[X]는 0, [Y]는 0으로 설정해 툴 바 왼쪽에 배치합니다.

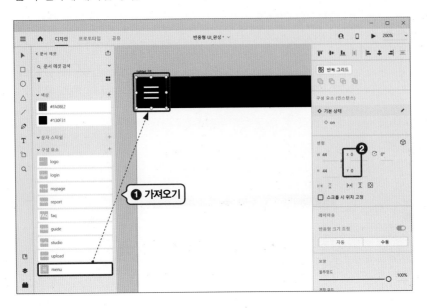

17 ① Ctrl 을 누른 채 툴 바, logo 아이콘, menu 아이콘을 모두 선택하고 ② Ctrl + G 를 눌러 그룹으로 지정합니다.

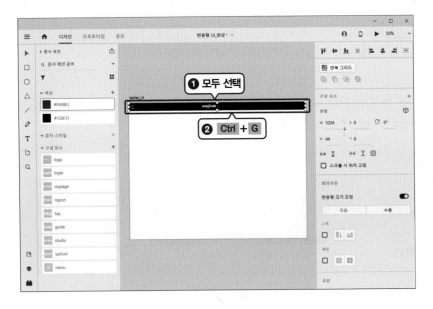

18 ①[문서 에셋]-[구성 요소]에서 [menu]를 가져와 tablet_UI 아트보드 바깥쪽에 배치합니다. ②가져온 [menu]의 상태를 [on]으로 선택하고 ③[Y]는 0으로 설정합니다.

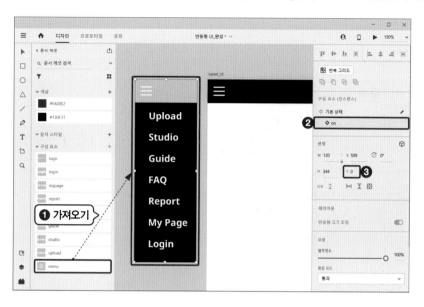

19 ①아트보드 바깥쪽에 있는 [menu] 구성 요소가 선택된 상태에서 Shift + Ctrl + G 를 눌러 그룹을 해제합니다. ②맨 위에 있는 메뉴 버튼을 삭제합니다.

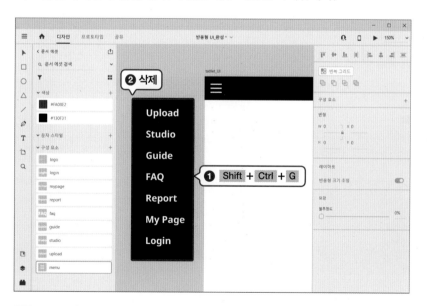

TIP [구성 요소]를 선택하고 Shift + Ctrl + G 를 눌러 그룹을 해제하면 구성 요소 기능이 사라지고 일반 오브젝트로 변경됩니다.

20 ①선택 도구 ▶로 메뉴 배경을 아트보드 높이만큼 정확히 늘입니다. ②메뉴 배경과 텍스트를 모두 선택하고 Ctrl + G 를 눌러 그룹으로 지정합니다. 펼침 메뉴가 되었습니다.

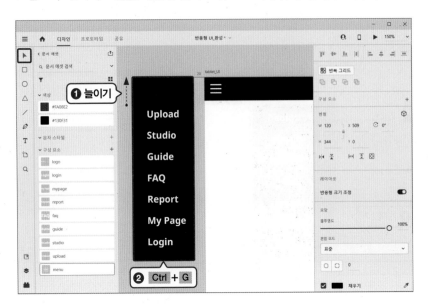

21 ①20 과정에서 완성한 펼침 메뉴를 tablet_UI 아트보드 위에 올립니다. ②[X]는 0, [Y]는 0으로 설정하여 툴 바와 menu 아이콘을 의도적으로 덮어줍니다.

TIP 태블릿 UI는 두 개의 메뉴를 준비합니다. 처음에 펼침 메뉴가 보이다가 사용자가 스크롤하면 펼침 메뉴는 위로 사라지고 기존의 메뉴가 나타나는 인터랙션이 구현됩니다.

메뉴 구성 요소로 메인 툴 바 만들기(web_UI)

22 ①web_UI 아트보드에서 사각형 도구□로 툴 바를 만듭니다. ②다음 표를 참고하여 툴 바의 크기와 색상, 위치 등을 지정하고 그리드 시스템을 적용합니다.

> **[W]** : 1280, **[H]** : 44, **[X]** : 0, **[Y]** : 0, **[채우기]** : #130F31, **[테두리]** : 해제

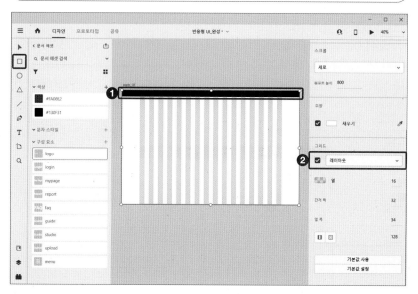

> **TIP** 웹 UI 메뉴는 모바일이나 태블릿과 달리 처음부터 상단 툴 바에 노출되게 디자인합니다. 일반 웹 디자인의 메뉴와 같습니다. 단, 웹 UI에서는 모든 콘텐츠가 최대한 1024px 크기 안에 표현되도록 디자인해야 합니다.

23 ①[문서 에셋]-[구성 요소]에서 [logo]를 가져옵니다. ②[X]는 **128**, [Y]는 **11**로 설정하여 1024px 크기 안에 배치합니다.

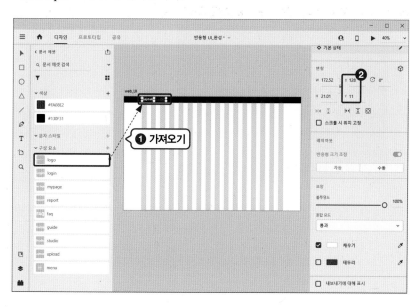

24 ① [문서 에셋]–[구성 요소]에서 [Upload], [Studio], [Guide], [FAQ], [Report], [My Page], [Login]의 메인 아이콘(버튼)을 가져옵니다. ② 다음 표를 참고하여 각 아이콘을 툴 바에 배치합니다.

> **[Upload]–[X]** : 460, **[Y]** : 10
> **[Studio]–[X]** : 573, **[Y]** : 10
> **[Guide]–[X]** : 680, **[Y]** : 10
> **[FAQ]–[X]** : 782, **[Y]** : 10
> **[Report]–[X]** : 867, **[Y]** : 10
> **[My Page]–[X]** : 977, **[Y]** : 10
> **[Login]–[X]** : 1102, **[Y]** : 10

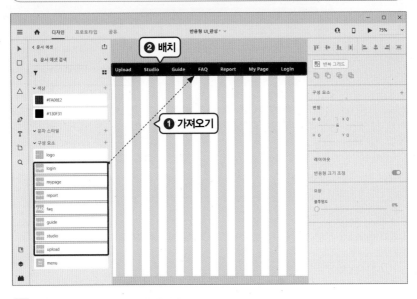

TIP 아이콘은 모두 1024 크기 안에 배치합니다.

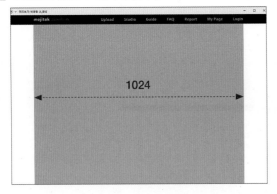

STEP 03

반응형 UI 내부 콘텐츠 디자인하기

반응형 UI의 내부 콘텐츠는 각 크기에 맞게 미리 이미지를 준비합니다.
모바일은 100%, 태블릿은 50%, 웹은 25% 비율로 배치합니다. 특히
모바일과 태블릿 내부에 사용되는 이미지나 사진은 실제 적용되는
크기의 두 배로 준비해 고해상도로 보이게 합니다.

내부 콘텐츠 디자인하기(mobile_UI)

01 ①mobile_UI 아트보드를 선택하고 ②[H]를 1865로 설정합니다. 세로 길이가 길어
집니다.

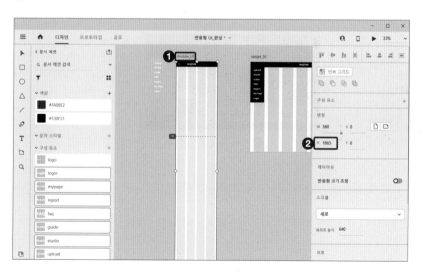

TIP 모바일 웹의 뷰포트(Viewport) 해상도에 대한 자세한 내용은 103쪽을 참고합니다. 테스트 페이지(http://cafe0103.
dothome.co.kr/img3.html)에 접속하여 실제 화면을 확인해보세요.

02 내부 콘텐츠 중 상단 영역을 디자인합니다. ①준비 파일의 반응형 UI 폴더에서 **mobile_top.png** 이미지를 가져옵니다. ②[W]는 360, [H]는 150, [X]는 0, [Y]는 44로 설정해 툴 바 아래에 배치합니다.

> **TIP** 반응형 UI 폴더에는 비트맵 이미지(PNG 또는 JPG)가 실제 적용되는 크기의 두 배 크기로 준비되어 있습니다. 따라서 아트 보드에 가져온 뒤 반드시 크기를 조절하여 사용해야 합니다.

03 ①텍스트 도구 **T**로 임의의 타이틀을 입력합니다. ②다음 표를 참고하여 문자 스타일과 색상, 위치를 지정합니다.

> **문자 스타일** : Noto Sans, 14, Bold, #FFFFFF, **[X]** : 16, **[Y]** : 142

> **TIP** 임의의 문구를 입력하는 부분은 준비 파일 폴더 중 내용.txt 파일을 활용합니다.

04 ① 02-03 과정처럼 logo2.svg 이미지를 가져와 배치하고 ② 임의의 텍스트를 입력합니다. ③ 다음 표를 참고하여 이미지의 위치와 문자 스타일 등을 지정합니다.

> **logo2 이미지-[X]** : 40, **[Y]** : 210
> **문자 스타일** : Noto Sans, 12, Bold, #130F31, 중앙 정렬, **[X]** : 21, **[Y]** : 256

05 ① img_01.svg 이미지를 가져와 배치하고 ② 임의의 텍스트를 입력합니다. ③ 다음 표를 참고하여 이미지의 위치와 문자 스타일, 색상 등을 지정합니다. ④ 완성된 콘텐츠(이미지와 텍스트)는 Ctrl + K 를 눌러 [구성 요소]에 등록합니다. 이름을 img_01로 변경합니다.

> **img_01 이미지-[X]** : 105, **[Y]** : 360
> **문자 스타일** : Noto Sans, 12, Bold, #130F31, 중앙 정렬, **[X]** : 136, **[Y]** : 472
> **문자 스타일** : Noto Sans, 12, Bold, #5C5C5C, 중앙 정렬, **[X]** : 111, **[Y]** : 505

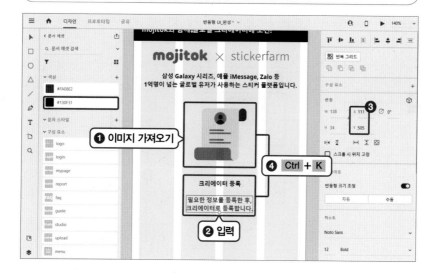

06 ①img_02.svg 이미지를 가져와 배치하고 ②임의의 텍스트를 입력합니다. ③다음 표를 참고하여 이미지의 위치와 문자 스타일, 색상 등을 지정합니다. ④완성된 콘텐츠(이미지와 텍스트)는 Ctrl + K 를 눌러 [구성 요소]에 등록합니다.

> **img_02 이미지-[X]** : 105, **[Y]** : 555
> **문자 스타일** : Noto Sans, 12, Bold, #130F31, 중앙 정렬, **[X]** : 148, **[Y]** : 721
> **문자 스타일** : Noto Sans, 12, Bold, #5C5C5C, 중앙 정렬, **[X]** : 99, **[Y]** : 754

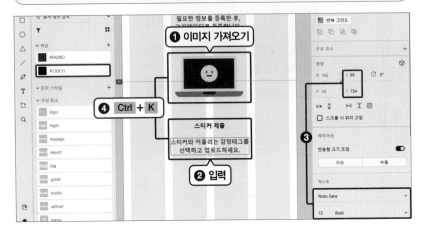

> **TIP** 05 과정에서 콘텐츠를 [구성 요소]에 등록한 것처럼 06–08 과정에서도 각각의 콘텐츠를 [구성 요소]에 등록해야 합니다. img_01부터 img_04까지 [구성 요소]에 등록되어 있어야 합니다.

07 ①img_03.svg 이미지를 가져와 배치하고 ②임의의 텍스트를 입력합니다. ③다음 표를 참고하여 이미지의 위치와 문자 스타일, 색상 등을 지정합니다. ④완성된 콘텐츠(이미지와 텍스트)는 Ctrl + K 를 눌러 [구성 요소]에 등록합니다.

> **img_03 이미지-[X]** : 105, **[Y]** : 804
> **문자 스타일** : Noto Sans, 12, Bold, #130F31, 중앙 정렬, **[X]** : 168, **[Y]** : 970
> **문자 스타일** : Noto Sans, 12, Bold, #5C5C5C, 중앙 정렬, **[X]** : 97, **[Y]** : 1003

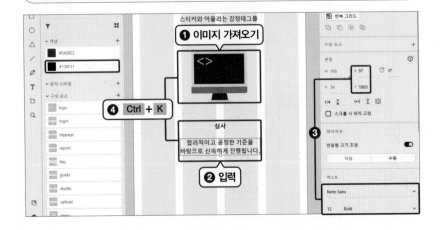

08 ①img_04.svg 이미지를 가져와 배치하고 ②임의의 텍스트를 입력합니다. ③다음 표를 참고하여 이미지의 위치와 문자 스타일, 색상 등을 지정합니다. ④완성된 콘텐츠(이미지와 텍스트)는 Ctrl + K 를 눌러 [구성 요소]에 등록합니다.

> **img_04 이미지-[X]** : 105, **[Y]** : 1052
> **문자 스타일** : Noto Sans, 12, Bold, #130F31, 중앙 정렬, **[X]** : 147, **[Y]** : 1218
> **문자 스타일** : Noto Sans, 12, Bold, #5C5C5C, 중앙 정렬, **[X]** : 103, **[Y]** : 1250

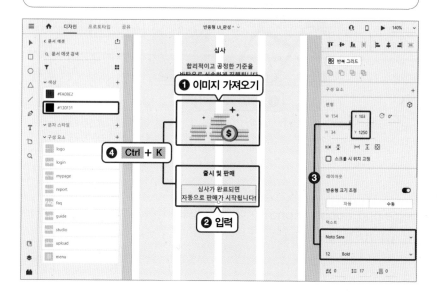

09 내부 콘텐츠 중 하단 영역을 디자인합니다. ①준비 파일의 반응형 UI 폴더에서 mobile_emtc.png 이미지를 가져옵니다. ②[W]는 360, [H]는 190, [X]는 0, [Y]는 1301로 설정해 콘텐츠 하단 영역에 배치합니다.

10 ①mobile_bottom.png 이미지를 가져와 배치하고 ②[W]는 360, [H]는 150, [X]는 0, [Y]는 1507로 설정합니다.

11 ①google.png, appstore.png 이미지를 가져와 배치하고 ②다음 표를 참고하여 이미지의 크기와 위치를 지정합니다.

google 이미지–[W] : 100, [H] : 33, [X] : 244, [Y] : 1571
appstore 이미지–[W] : 100, [H] : 33, [X] : 244, [Y] : 1612

12 ①kakao.png, fb.png, insta.png, blog.png 이미지를 가져와 배치하고 ②다음 표를 참고하여 이미지의 크기와 위치를 지정합니다.

> **kakao 이미지–[W]** : 24, **[H]** : 24, **[X]** : 200, **[Y]** : 1673
> **fb 이미지–[W]** : 24, **[H]** : 24, **[X]** : 240, **[Y]** : 1673
> **insta 이미지–[W]** : 24, **[H]** : 24, **[X]** : 280, **[Y]** : 1673
> **blog 이미지–[W]** : 24, **[H]** : 24, **[X]** : 320, **[Y]** : 1673

13 ①텍스트 도구 T 로 주소 및 정보 문구를 입력합니다. ②다음 표를 참고하여 문자 스타일과 색상, 위치 등을 지정합니다.

> **문자 스타일** : Noto Sans, 11, Bold & Medium, #5C5C5C, **[X]** : 16, **[Y]** : 1713

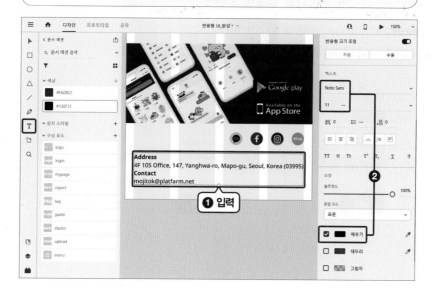

14 ①상단 툴 바, 메뉴, 로고를 모두 선택하고, ② Shift + Ctrl +] 를 눌러 오브젝트를 레이어의 맨 위로 올립니다. ③속성 관리자의 [스크롤 시 위치 고정]에 체크해 위치를 고정합니다.

15 세로 형태의 모바일 UI(mobile_UI)를 완성하였습니다. 데스크톱 미리 보기 ▶를 클릭하여 프로토타입을 확인합니다. 메뉴가 스크롤 처리되고 메뉴를 클릭(탭)하면 숨김 메뉴가 나타납니다. 내부 메뉴는 마우스 오버 효과가 적용되는 것을 확인할 수 있습니다.

내부 콘텐츠 디자인하기(tablet_UI)

16 태블릿 UI의 내부 콘텐츠를 디자인합니다. ①tablet_UI 아트보드를 선택하고 ②[H]를 1700으로 설정합니다. ③준비 파일의 반응형 UI 폴더에서 **tablet_top.png** 이미지를 가져옵니다. ④[W]는 **1024**, [H]는 **300**, [X]는 **0**, [Y]는 **44**로 설정해 툴 바 아래에 배치합니다. ⑤ Shift + Ctrl + [를 눌러 이미지를 레이어의 맨 뒤로 보냅니다.

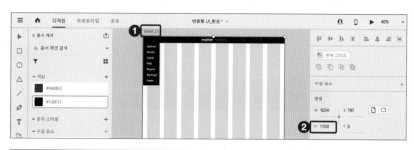

> **TIP** 반응형 UI 폴더에는 비트맵 이미지(PNG 또는 JPG)가 실제 적용되는 크기의 두 배 크기로 준비되어 있습니다. 따라서 아트보드에 가져온 뒤 반드시 크기를 조절하여 사용합니다.

17 ①텍스트 도구 **T**로 타이틀을 입력하고 다음 표를 참고하여 문자 스타일과 색상, 위치를 지정합니다. ②logo2.svg 이미지를 가져와 배치하고 ③그 아래에 임의의 텍스트를 입력합니다. ④다음 표를 참고하여 이미지의 위치와 문자 스타일, 색상 등을 지정합니다.

> **타이틀 문자 스타일** : Noto Sans, 20, Bold, #FFFFFF, **[X]** : 156, **[Y]** : 160
> **logo2 이미지**–**[X]** : 372, **[Y]** : 360
> **문자 스타일** : Noto Sans, 14, Bold, #130F31, 중앙 정렬, **[X]** : 183, **[Y]** : 404

18 [문서 에셋]–[구성 요소]에서 [img_01], [img_02], [img_03], [img_04]를 가져와 배치합니다.

> **[img_01]**–**[X]** : 191, **[Y]** : 441
> **[img_02]**–**[X]** : 696, **[Y]** : 441
> **[img_03]**–**[X]** : 183, **[Y]** : 441
> **[img_04]**–**[X]** : 683, **[Y]** : 441

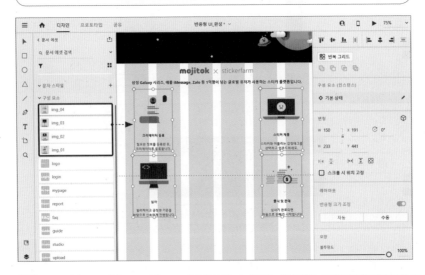

TIP [img_01], [img_02], [img_03], [img_04] 구성 요소는 모바일 UI 내부 콘텐츠 디자인 작업(STEP 03의 **05–08** 과정) 시 등록해둔 구성 요소입니다.

19 ①tablet&web_emtc.png 이미지를 가져와 ②[W]는 1024, [H]는 430, [X]는 0, [Y] 는 940으로 설정합니다.

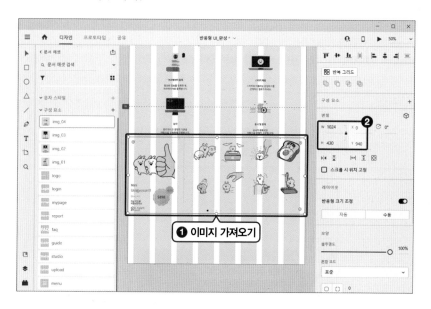

20 ①tablet_bottom.png 이미지를 가져와 ②[W]는 1024, [H]는 160, [X]는 0, [Y]는 1420으로 설정합니다.

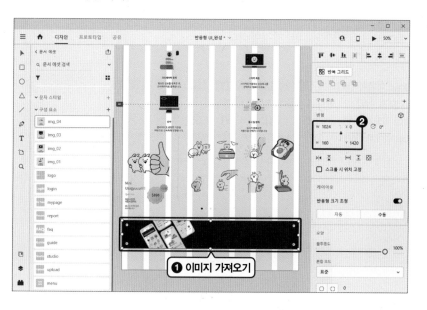

21 ①google.png, appstore.png 이미지를 가져오고 ②다음 표를 참고하여 이미지의 크기와 위치를 지정합니다.

> **google 이미지―[W]** : 150, **[H]** : 50, **[X]** : 842, **[Y]** : 1442
> **appstore 이미지―[W]** : 150, **[H]** : 50, **[X]** : 842, **[Y]** : 1508

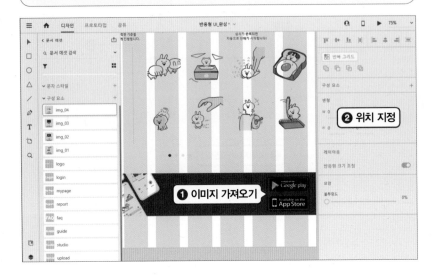

22 ①kakao.png, fb.png, insta.png, blog.png 이미지를 가져오고 ②다음 표를 참고하여 이미지의 크기와 위치를 지정합니다.

> **kakao 이미지―[W]** : 24, **[H]** : 24, **[X]** : 848, **[Y]** : 1596
> **fb 이미지―[W]** : 24, **[H]** : 24, **[X]** : 888, **[Y]** : 1596
> **insta 이미지―[W]** : 24, **[H]** : 24, **[X]** : 928, **[Y]** : 1596
> **blog 이미지―[W]** : 24, **[H]** : 24, **[X]** : 968, **[Y]** : 1596

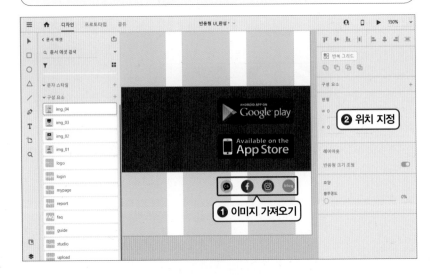

23 ①텍스트 도구 **T** 로 주소 및 정보 문구를 입력합니다. ②다음 표를 참고하여 문자 스타일과 색상, 위치 등을 지정합니다.

> **문자 스타일** : Noto Sans, 14, Bold & Medium, #5C5C5C, 중앙 정렬

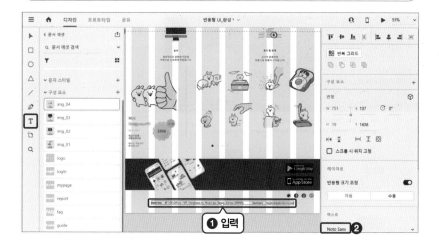

24 ①상단 툴 바와 펼침 메뉴를 모두 선택하고, ② Shift + Ctrl +] 를 눌러 오브젝트를 레이어의 맨 위로 올립니다. ③상단 툴 바만 선택하고 ④속성 관리자의 [스크롤 시 위치 고정]에 체크해 위치를 고정합니다.

> **TIP** tablet_UI 아트보드의 상단 툴 바를 살펴보면 menu 아이콘, 툴 바 배경, 로고는 반드시 그룹으로 처리되어 있어야 합니다. 또한 상단 툴 바 위(레이어 순서 중 맨 위)에 펼침 메뉴가 있어야 합니다.

25 가로 형태의 태블릿 UI(tablet_UI)를 완성하였습니다. 데스크톱 미리 보기 ▶를 클릭하여 프로토타입을 확인합니다. 메뉴가 스크롤 처리되고 그 자리에 기존 메뉴인 menu 아이콘이 보입니다. 메뉴를 클릭(탭)하면 숨김 메뉴 인터랙션이 구현됩니다. 스크롤이 다시 올라가면 펼침 메뉴가 보입니다.

내부 콘텐츠 디자인하기(web_UI)

26 웹 UI의 내부 콘텐츠를 디자인합니다. ①web_UI 아트보드를 선택하고 ②[H]를 1510으로 설정합니다. ③준비 파일의 반응형 UI 폴더에서 web_top.png 이미지를 가져옵니다. ④[W]는 1280, [H]는 360, [X]는 0, [Y]는 44로 설정해 툴 바 아래에 배치합니다.

27 ①텍스트 도구 T로 타이틀을 입력하고 ②다음 표를 참고하여 문자 스타일과 색상, 위치를 지정합니다.

> **문자 스타일** : Noto Sans, 24, Bold, #FFFFFF, **[X]** : 128, **[Y]** : 191

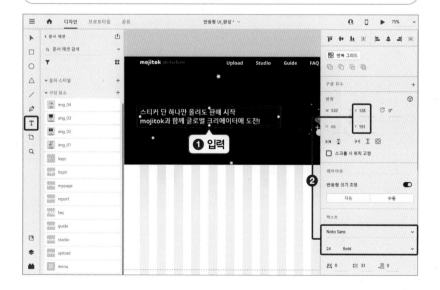

28 ①logo2.svg 이미지를 가져오고 ②그 아래에 임의의 텍스트를 입력합니다. ③다음 표를 참고하여 이미지의 위치와 문자 스타일, 색상 등을 지정합니다.

> **logo2 이미지**─**[X]** : 500, **[Y]** : 420
> **문자 스타일** : Noto Sans, 14, Bold, #130F31, 중앙 정렬, **[X]** : 311, **[Y]** : 466

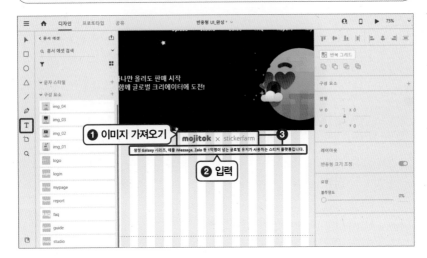

29 [문서 에셋]─[구성 요소]에서 [img_01], [img_02], [img_03], [img_04]를 가져와 배치합니다.

> **[img_01]**─**[X]** : 176, **[Y]** : 501
> **[img_02]**─**[X]** : 430, **[Y]** : 501
> **[img_03]**─**[X]** : 696, **[Y]** : 501
> **[img_04]**─**[X]** : 954, **[Y]** : 501

TIP [img_01], [img_02], [img_03], [img_04] 구성 요소는 모바일 UI 내부 콘텐츠 디자인 작업(STEP 03의 **05-08** 과정) 시 등록해둔 구성 요소입니다.

30 ①tablet&web_emtc.png 이미지를 가져오고 ②[W]는 1024, [H]는 430, [X]는 128, [Y]는 750으로 설정합니다.

31 ①web_bottom.png 이미지를 가져오고 ②[W]는 1280, [H]는 240, [X]는 0, [Y]는 1195로 설정합니다.

32 ①google.png, appstore.png 이미지를 가져오고 ②다음 표를 참고하여 이미지의 크기와 위치를 지정합니다.

> **google 이미지–[W]** : 150, **[H]** : 50, **[X]** : 1002, **[Y]** : 1305
> **appstore 이미지–[W]** : 150, **[H]** : 50, **[X]** : 1002, **[Y]** : 1370

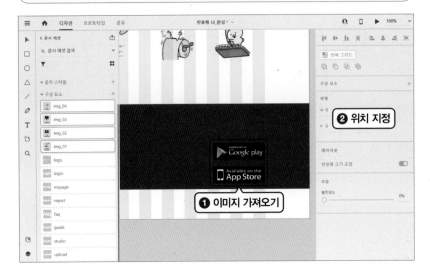

33 ①kakao.png, fb.png, insta.png, blog.png 이미지를 가져오고 ②다음 표를 참고하여 이미지의 크기와 위치를 지정합니다.

> **kakao 이미지–[W]** : 24, **[H]** : 24, **[X]** : 1008, **[Y]** : 1463
> **fb 이미지–[W]** : 24, **[H]** : 24, **[X]** : 1048, **[Y]** : 1463
> **insta 이미지–[W]** : 24, **[H]** : 24, **[X]** : 1088, **[Y]** : 1463
> **blog 이미지–[W]** : 24, **[H]** : 24, **[X]** : 1128, **[Y]** : 1463

34 ①텍스트 도구 T로 주소 및 정보 문구를 입력합니다. ②다음 표를 참고하여 문자 스타일과 색상, 위치 등을 지정합니다.

> **문자 스타일** : Noto Sans, 14, Bold & Medium, #5C5C5C, **[X]** : 128, **[Y]** : 1466

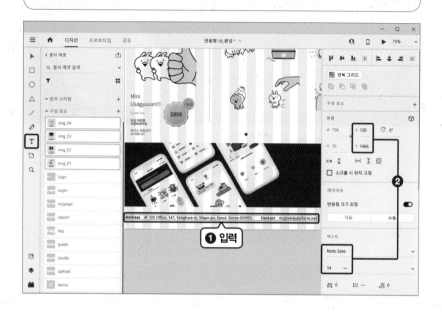

35 ①상단 툴 바를 선택하고 Shift + Ctrl +] 를 눌러 오브젝트를 레이어의 맨 위로 올립니다. ②속성 관리자의 [스크롤 시 위치 고정]에 체크해 위치를 고정합니다.

36 웹 UI(web_UI)를 완성하였습니다. 데스크톱 미리 보기 ▶를 클릭하여 프로토타입을 확인합니다.

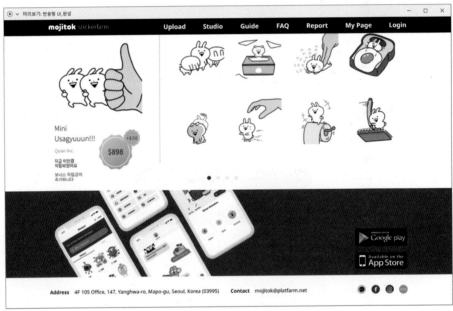

공유 기능을 이용한 개발자 협업

완성된 프로젝트를 개발자나 기획자, 다른 디자이너 등과
서로 공유하고 협업하는 방법에 대해 알아봅니다.

XD 공유 기능 활용하기

완성된 프로젝트는 각 운영체제에 맞춰 이미지를 내보내고 공유해야 합니다. 개발에 필요한 형식의 이미지 내보내기 기능과 디자인 가이드 및 인터랙션을 포함한 개발자 공유 기능에 대해 알아봅니다.

준비 파일 프로젝트 06\프로젝트 공유.xd

공유 링크 만들기

공유 기능을 활용하려면 작업한 프로젝트가 '클라우드'에 저장되어 있어야 합니다. 프로젝트 공유 기능은 [디자인 검토], [개발], [프레젠테이션], [사용자 테스트], [사용자 정의]로 나눌 수 있으며, 대부분 링크(URL 생성)를 통해 다른 작업자와 프로젝트를 공유합니다. 다섯 가지 프로젝트 공유 기능은 비슷한 과정으로 진행하며, 실무에서는 [개발] 공유를 가장 많이 사용합니다.

공유 링크로 공유하기

공유 기능을 최대한 활용하려면 프로토타입 모드에서 프로토타입을 제작한 후 공유 모드로 이동합니다. 그런 다음 속성 관리자의 [보기 설정]에서 원하는 공유 기능을 선택합니다.

①**디자인 검토** | XD에서 제작한 디자인을 공유하고 댓글을 통한 피드백을 주고받을 수 있습니다.

②**개발** | 디자인 검토 기능 외에 디자인 가이드, 인터랙션, 에셋, CSS 코드 등 실제 개발에 필요한 기능을 제공합니다. 실무에서 가장 많이 사용하는 공유 기능입니다.

③**프레젠테이션** | 디자인을 프레젠테이션 형식과 프로토타입 형식으로 확인할 수 있습니다.

④**사용자 테스트** | 사용자가 프로토타입 기능만 사용할 수 있도록 공유합니다.

⑤**사용자 정의** | 댓글, 전체 화면, 핫스팟(탭 및 기능), 디자인 사양 등 원하는 항목만 선택하여 공유합니다.

▲ [보기 설정] 항목

[보기 설정]에서 원하는 공유 기능을 선택했다면 [내보내기 대상]에서 원하는 운영체제를 선택합니다.

①**웹** | 웹 사이트 제작에 필요한 이미지 형태로 내보냅니다. 최근 고해상도 모니터를 대비해 1:1과 2:1(@2×) 크기로 내보냅니다.

②**iOS** | iOS 운영체제에 맞게 1:1, 2:1(@2×), 3:1(@3×) 크기로 내보냅니다.

③**Android** | Android 운영체제에 맞게 XXXHDPI, XXHDPI, XHDPI, HDPI, MDPI, LDPI의 총 여섯 세트의 크기로 내보냅니다.

▲ [내보내기 대상] 항목

TIP [보기 설정]에서는 총 다섯 가지의 공유 형식을 제공하지만 실무에서는 [개발]을 선택하여 공유 작업을 진행합니다. [개발]은 나머지 네 가지 공유 형식을 모두 포함하고 있는 기능입니다.

[링크 액세스]에서 공유할 대상을 선택하고 [링크 만들기]를 클릭하면 XD 프로젝트를 공유할 수 있는 공유 링크가 생성됩니다. 해당 링크를 공유하여 디자인 및 개발 과정을 진행할 수 있습니다.

①링크를 보유한 누구나 | 생성된 링크를 공유한 누구나 프로젝트를 확인할 수 있습니다.

②초대된 사용자만 | 이메일을 등록한 사용자만 프로젝트를 확인할 수 있습니다.

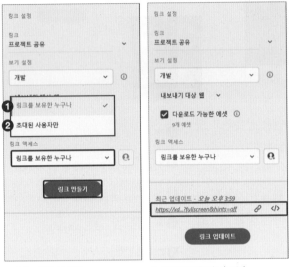

▲ [링크 액세스] 항목　　　　　　▲ 생성된 공유 링크(URL)

공유 링크 업데이트하고 관리하기

링크 업데이트

공유 링크를 최초로 생성한 후 수정된 디자인을 재공유할 때 사용합니다. 디자인을 수정할 때마다 [링크 업데이트]가 파랗게 활성화됩니다. 버튼을 클릭하면 수정된 디자인이 업데이트되어 링크를 보유한 다른 작업자가 기존 링크에서 업데이트된 사항을 바로 확인할 수 있습니다.

▲ [링크 업데이트]를 클릭하면 수정된 디자인이 업데이트됨

링크 관리하기

XD 시작 화면에서 [링크 관리]를 클릭하면 공유 링크가 생성된 다양한 프로젝트를 확인할 수 있습니다.

①**프로젝트 목록** | 프로젝트를 클릭하면 프로젝트 공유 페이지로 이동합니다.

②**링크 복사** | 선택한 프로젝트의 링크를 자동 복사합니다. 복사한 링크는 다른 작업자에게 전달하여 공유할 수 있습니다.

③**영구적으로 삭제** | 선택한 프로젝트 링크를 삭제합니다.

공유 페이지 관리하기

공유 페이지는 공유 링크를 클릭했을 때 이동하는 페이지로, 실제 다른 작업자와 공동으로 볼 수 있는 협업 페이지입니다. 공유 페이지로 이동하면 최초에는 댓글 모드가 나타납니다. 댓글 모드에서는 프로젝트가 공유된 작업자끼리 서로 댓글을 주고받을 수 있고 서로의 피드백을 확인할 수 있습니다. 그 외에도 전체 화면 보기, 개발 사양 보기, 전체 프로젝트 관리 등을 할 수 있습니다.

공유 페이지 관리하기

공유 링크를 클릭하면 공유 페이지로 이동합니다. 위에 있는 프로젝트 이름을 클릭하면 프로젝트를 전체 화면으로 볼 수 있습니다.

①**내 작업** | XD 시작 화면에서 [링크 관리]를 클릭했을 때 이동하는 페이지와 같습니다. 전체 프로젝트를 관리할 수 있습니다.

②**프로젝트 이름** | 프로젝트 전체 화면 보기(격자 보기) 페이지로 이동합니다. 또는 스토리보드 형식(플로우 보기)으로도 볼 수 있습니다.

③ **작업 화면** | 프로젝트 시작 화면을 확인할 수 있습니다.

④ **사양 보기** | 실제 개발 협업을 하는 사양 보기 페이지로 이동합니다.

10 년차 선배의 멘토링　프로젝트 보기 설정

공유 페이지에서 프로젝트 이름(파일 이름)을 클릭하면 각각의 프로젝트를 전체 화면으로 볼 수 있습니다. 스토리보드 형식의 플로우 보기로도 확인할 수 있습니다. 각 화면을 클릭하면 다시 화면 상세 보기 페이지로 이동합니다.

▲ 프로젝트 전체 화면 보기(격자 보기)　　▲ 프로젝트 스토리보드 보기(플로우 보기)

댓글을 이용해 의견 나누기

XD에서 제작한 프로젝트는 공유 기능을 통해 개발자 및 기획자와 협업할 수 있습니다. 협업 시 최초 댓글 페이지에서 디자인 및 프로젝트에 대한 의견을 나눌 수 있습니다. 댓글을 입력한 후에 [제출]을 클릭하여 의견을 등록합니다. 등록한 댓글을 확인하고 댓글에 대한 답글을 입력할 수도 있습니다. 댓글을 입력할 때 핀을 이용해 원하는 위치를 표시할 수 있고, 다시 댓글에 대한 답글을 입력할 수 있습니다.

STEP 02

프로젝트 공유하고
실무에 활용하기

프로젝트 공유는 Android, iOS, 웹 형식에 맞는 이미지 내보내기와
디자인 가이드 및 인터랙션을 공유할 수 있습니다. 실무에서는 개발자
공유를 가장 많이 사용합니다.

준비 파일 프로젝트 06\프로젝트 공유 폴더

운영체제별 프로젝트 공유하기

프로젝트 공유하고 사양 보기

Android와 iOS, 웹(Web) 운영체제로 제작한 프로젝트를 공유 모드에서 내보내기합니다. [내보내기 대상]을 [Android]나 [iOS], [웹]으로 선택하고 [링크 만들기]를 클릭합니다. 이렇게 생성된 링크를 클릭하면 공유 페이지로 이동합니다. 공유 페이지에서 [사양 보기]를 클릭해 프로젝트의 사양을 확인합니다. 사양 보기 페이지는 실제 개발자와 협업을 하는 화면으로, 디자인 가이드, 인터랙션, 에셋, 색상 스타일, 문자 스타일을 확인할 수 있습니다.

TIP 웹 공유는 Android와 iOS 공유와 동일한 기능이지만, 웹 사이트 제작을 위한 CSS 코드를 생성하는 변수 기능이 추가되어 있습니다.

에셋, 색상, 문자 스타일 확인하기

사양 보기 페이지에서 현재 보이는 화면(디자인)의 에셋, 색상, 문자 스타일을 확인할 수 있습니다. 에셋은 PNG, SVG, PDF 형식 중 원하는 포맷으로 다운로드할 수 있으며 색상과 텍스트를 선택하면 자동 복사됩니다.

① **화면 세부 정보** | 현재 화면의 크기와 스크롤 시 보여주는 전체 디자인 크기를 표시합니다.

② **에셋** | 현재 화면에 사용된 구성 요소를 표시하고 다운로드할 수 있습니다.

③ **색상** | 색상 스타일로 등록된 색상을 표시합니다. 색상 클릭 시 자동으로 색상 값을 복사합니다.

④ **문자 스타일** | 현재 화면에 사용된 문자 스타일을 표시합니다.

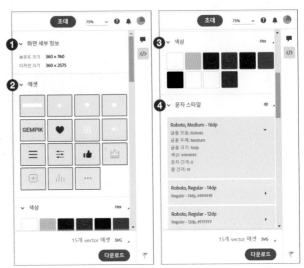

---

10 년차 선배의 멘토링   해상도에 맞게 공유 파일 내보내기

Android, iOS 내보내기

공유 모드에서 [내보내기 대상]을 [Android]로 설정하면 [에셋 다운로드]에서 Android 해상도에 맞는 XXXHDPI, XXHDPI, XHDPI, HDPI, MDPI, LDPI의 총 여섯 세트 이미지가 자동으로 저장됩니다. [iOS]로 설정하면 [에셋 다운로드]에서 iOS 해상도에 맞는 1:1, 2:1(@2x), 3:1(@3x)의 총 세 세트 이미지가 자동으로 저장됩니다. [에셋 다운로드]는 문서 에셋 등록 시 [내보내기에 대해 표시]에 체크하면 아트보드 안에 있는 구성 요소들을 공유 페이지에서 다운로드할 수 있습니다. [내보내기에 대해 표시] 기능의 협업 관련 자세한 내용은 이 책의 171쪽을 참고하세요.

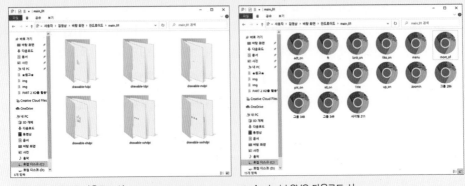

▲ Android PNG 다운로드 시   ▲ Android SVG 다운로드 시

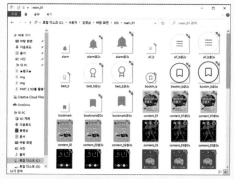

▲ iOS PNG 다운로드 시

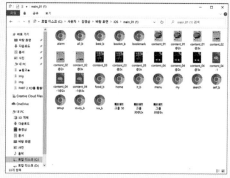

▲ iOS SVG 다운로드 시

웹 내보내기

공유 모드에서 [내보내기 대상]을 [웹]으로 설정하면 [에셋 다운로드]에서 Android 해상도에 맞는 1:1, 2:1(@2×)의 총 두 세트 이미지가 자동으로 저장됩니다. 최근에는 고해상도 화면의 모니터 또는 노트북들이 많이 출시되어 고해상도 모니터를 위한 2:1(@2×) 크기의 이미지가 자동 저장됩니다. 단, 웹 내보내기 기능은 [저장 포맷]을 [SVG]로 하더라도 사진과 같은 이미지는 비트맵 파일로 저장됩니다.

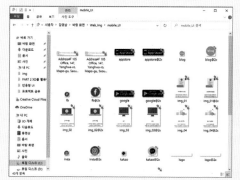

▲ 웹 PNG 다운로드 시

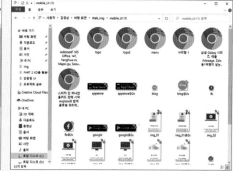

▲ 웹 SVG 다운로드 시

디자인 가이드, 인터랙션 확인하기

디자인 가이드는 디자인과 개발 파트 사이에 가장 중요한 기능으로 전체 레이아웃의 위치와 크기를 확인할 수 있습니다. 디자인 가이드를 확인하려면 먼저 화면의 해당 레이아웃을 선택합니다. 이때 Shift 를 누른 채 선택하면 인터랙션이 적용된 핫스폿을 확인할 수 있고, 인터랙션이 적용된 레이아웃이라면 인터랙션 정보도 표시됩니다.

① **텍스트** ┃ 텍스트의 크기와 위치가 표시되고 운영체제별 텍스트 종류를 확인할 수 있습니다.

② **스타일** ┃ 텍스트의 폰트 스타일 정보를 확인할 수 있습니다.

③ **모양** ┃ 색상과 불투명도를 확인할 수 있습니다. 색상 상자를 클릭하면 자동으로 색상값이 복사됩니다.

④ **내용** ┃ 텍스트의 내용을 확인할 수 있습니다. 내용을 클릭하면 자동으로 텍스트가 복사됩니다.

⑤ **구성 요소** ┃ 구성 요소의 이름과 내부 인스턴스를 동시에 보여주고 선택할 수 있습니다.

⑥ **그룹** ┃ 선택한 구성 요소 또는 그룹의 이름과 크기, 위치를 확인할 수 있습니다.

⑦ **에셋** ┃ 선택한 구성 요소를 PNG, SVG, PDF 형식으로 다운로드할 수 있습니다.

⑧ **인터랙션** ┃ 인터랙션 정보를 확인할 수 있습니다.

> **TIP** 웹 공유는 웹 사이트 제작에 필요한 CSS 코드가 표시됩니다.

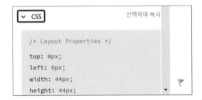

이와 같이 공유 기능을 이용하면 각 운영체제 개발에 필요한 디자인 가이드, 에셋, 색상 및 문자 스타일, 인터랙션 정보 등을 개발자와 공유하여 협업할 수 있습니다.

웹사이트 제작에 필요한 변수 CSS 다운로드

웹 공유는 화면 전체 디자인에 필요한 CSS 색상 코드를 다운로드할 수 있습니다. 공유 페이지에서 [변수]를 클릭하면 화면 디자인에 필요한 CSS 코드가 표시됩니다. [CSS 다운로드]를 클릭해 외부 스타일 시트 파일을 다운로드합니다. 웹사이트 제작에 필요한 CSS 코드가 생성됩니다.

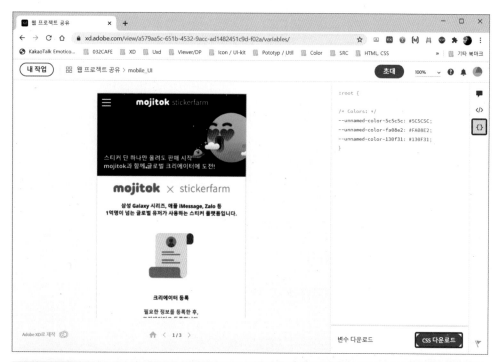

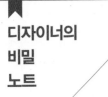
제플린을 활용해
프로젝트 공유하기

실무에서는 XD와 스케치(Sketch)를 많이 사용하지만 제플린(Zeplin)을 활용해 프로젝트를 공유하는 경우도 적지 않습니다. 이번에는 기존 개발자 혹은 XD를 사용하지 않는 개발자와 협업하기 위한 제플린 활용법을 알아봅니다.

준비 파일 프로젝트 06\제플린 프로젝트 공유.xd

제플린 설치하고 프로젝트 만들기

01 제플린 웹사이트(https://app.zeplin.io)에서 제플린을 다운로드하여 설치하고 회원 가입까지 마칩니다.

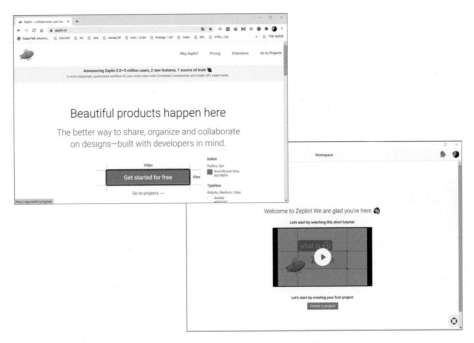

> **TIP** 제플린은 무료 버전과 유료 버전으로 나뉩니다. 무료 버전은 프로젝트를 한 개만 생성할 수 있고, 유료 버전은 여러 개의 프로젝트를 생성할 수 있습니다.

02 ① 제플린을 실행하고 [Create a project]를 클릭합니다. ② 원하는 프로젝트의 운영체제를 선택하고 ③ [CREATE]를 클릭합니다. 여기서는 [Android]를 선택했습니다.

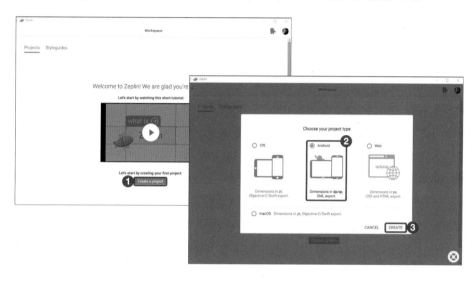

03 프로젝트의 이름, 환경 설정, 메모 등 프로젝트에 대한 정보를 설정합니다. 프로젝트 해상도 및 크기를 수정해야 한다면 수정을 클릭합니다.

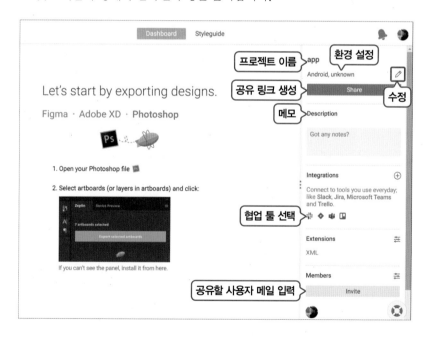

04 프로젝트의 정보 설정이 끝나면 [Workspace]를 클릭해 프로젝트 메인 페이지로 이동합니다.

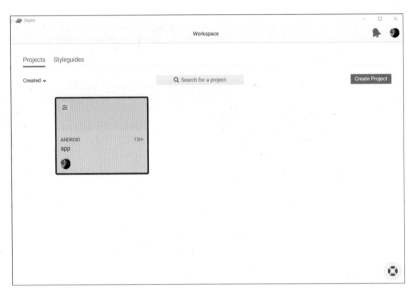

TIP 프로젝트의 옵션을 클릭하면 프로젝트 URL 복사, 공유할 사용자 추가, 프로젝트 삭제 기능을 실행할 수 있습니다. 프로젝트 삭제 시 프로젝트 이름을 정확히 입력하여 삭제합니다.

XD에서 제플린으로 프로젝트 공유하기

01 ①제플린으로 공유할 아트보드를 선택하고 ②[메뉴]-[내보내기]-[Zeplin]을 클릭합니다.

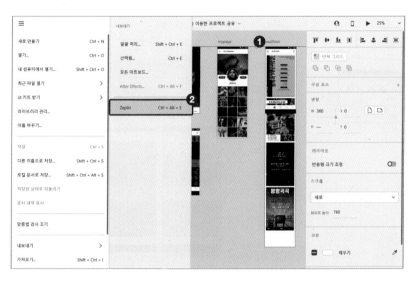

> **TIP** 제플린이 설치되어 있지 않으면 [메뉴]-[내보내기]-[Zeplin] 메뉴가 나타나지 않습니다.

02 ①앞서 제플린에서 생성한 프로젝트 목록이 나타납니다. 공유할 프로젝트를 선택하고 ② [EXPORT]를 클릭합니다. XD의 아트보드가 제플린으로 공유됩니다.

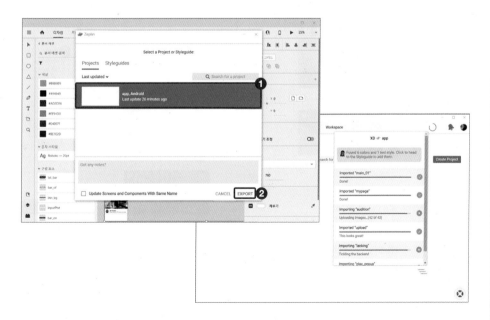

03 제플린의 프로젝트 메인 페이지에 XD에서 공유한 이미지가 섬네일로 만들어집니다. 프로젝트 메인 화면을 클릭하면 각 아트보드가 표시된 전체 화면으로 이동합니다. 다시 아트보드를 클릭하면 아트보드 상세 화면으로 이동합니다.

04 아트보드의 레이아웃이나 텍스트를 선택하면 디자인 가이드와 상세 정보가 표시됩니다.

TIP ① 에셋의 이름과 크기, 좌표가 표시됩니다.
② 에셋을 보여주고 PNG 또는 SVG 파일로 다운로드할 수 있습니다.
③ 텍스트의 폰트와 스타일, 색상이 표시됩니다.
④ 텍스트를 이미지 형태인 PNG 또는 SVG 파일로 다운로드할 수 있습니다.
⑤ 텍스트 내용을 보여주고 클릭 시 자동 복사됩니다.
⑥ Android 개발에 필요한 XML 코드를 표시합니다.

링크 생성하여 공유하기

제플린의 프로젝트 메인 페이지에서 옵션을 클릭해 공유된 페이지를 다시 공유할 수 있습니다.
또는 프로젝트 공유 페이지의 [Share]를 클릭해 공유 페이지의 URL을 복사할 수 있습니다.

TIP ① 프로젝트 공유 페이지의 URL을 복사합니다.
　　② 제플린이 설치된 사용자에게 제플린 프로그램으로 공유할 수 있는 URL을 복사합니다.

▲ URL을 통한 제플린 프로젝트 공유　　　　　　▲ 제플린 프로그램을 실행한 프로젝트 공유

제플린 사용자를 위한 XD의 프로젝트 공유 방법에 대해 알아봤습니다. 최근에는 XD의 공유
기능만으로도 충분히 프로젝트를 공유할 수 있습니다.

INDEX

10년차 디자이너에게 1:1로 배우는 모바일 UX /UI 디자인 강의

INDEX